KB160927

마테오 리치의 곤여만국전도와
조선후기의 세계관

景仁文化社

이 연구총서는 실학 발전에 獻誠한 慕何 李憲祖 선생의 지원을 받아 출판되었음.

간행사

  실학박물관은 개관 이래 실학사상에 관한 자료의 수집·연구·교육 및 전시를 통해 조선후기 실사구시實事求是의 신 학풍의 출현 배경과 그 내용을 이해하는 데 이바지하고, 나아가 실학이 추구한 개혁과 문명지향의 정신을 오늘과 새로운 시대를 위한 가치 모색의 동력으로 삼고자 힘써 왔습니다. 이러한 방향에 맞추어 상설전시실에서는 실학의 형성과 전개, 실학과 과학 등 사상 전반을 체계있게 보여주고 있으며, 해마다 두 차례의 특별기획 전시회를 개최하고 있습니다.

  아울러 전시회 주제를 널리 알리고 학술적인 성과를 축적하여 향후 박물관의 전시 교육에 활용하기 위해 해마다 실학 관련 주제를 선정하여 학술회의를 진행해 왔습니다. 2009년 10월 개관기념 동아시아실학국제학술회의를 시작으로 특별 기획전시의 개최에 즈음하여 관련 학회와 협력하여 학술회의를 기획하였습니다. 관련 연구자들의 새로운 논문과 토론은 실학 연구의 자산임과 동시에 '신실학新實學 운동'을 모색하고자 하는 박물관의 운영 방향에 충실한 사업이었습니다.

  이제 그간 진행되어 온 학술회의의 성과들을 주제별로 모아 단행본으로 묶어 내려 합니다. 앞으로 이 사업을 계속함으로써 조선후기 실학사상에 대한 이해와 해석, 그리고 새로운 생활적 사유와 문화 창조에 작으나마 도움이 되기를 기대합니다.

『마테오 리치의 곤여만국전도와 조선후기의 세계관』은 2011년 하반기 특별전 '곤여만국전도, 세계와 우주를 그리다'를 개최할 때 한국문화역사지리학회와 공동으로 기획한 학술회의 발표 논문들입니다.

1602년 마테오 리치는 중국학자 이지조李之藻와 함께 곤여만국전도를 제작했고 이를 통해 동양인들은 서양 천문 지리의 과학성을 새롭게 인식하게 되었습니다. 이 지도가 우리나라에도 전래되어 조선후기 세계관의 변화에 큰 영향을 미쳤습니다. 1708년에는 숙종의 명으로 어람본 곤여만국전도를 그렸습니다. 실학박물관은 특별기획전을 준비하면서 이 어람본 곤여만국전도를 복원하였고 이를 연구 자료로 제공하여 관련 연구의 활성화에 큰 기여를 하였습니다.

이 책은 곤여만국전도의 조선 전래와 그 내용을 주제로 한 6편의 글을 수록하고 있습니다. '마테오 리치의 『곤여만국전도』와 중국인들의 반응', '곤여만국전도에 표출된 리마두의 천문지리체계', '회입 곤여만국전도와 조선후기의 서구식 지도', '중국 소장 마테오 리치의 세계지도', '곤여만국전도(1602)의 해양 지명에 재현된 세계의 표상', '곤여만국전도 복원기'가 그것입니다.

V

연구총서의 발간을 계기로 관련 주제에 대한 학계와 일반인의 관심이 더욱 높아지기를 기대하며, 좋은 논문을 집필해 주신 필자 여러분과 책 출판을 지원해주신 이헌조李憲祖 선생께 깊은 감사의 말씀을 드립니다.

2013년 11월
경기문화재단 실학박물관장 김시업

▌ 차 례 ▌

마테오 리치의 『곤여만국전도』와 중국인들의 반응

송영배 | 서울대학교 명예교수

1. 머리말

마테오 리치Matteo Ricci(중국 명 이마두利瑪竇, 1552~1610)는 예수회소속 이태리인 선교사요 중국 최초의 천주교회 창립자이며, 17세기 이래 동서 문명교류를 촉발한 위대한 문화매개와 융합의 사도라고 평가될 수 있다. 그는 당시 로마의 교황령에 속한 중부 이탈리아의 마체라타 Macerata에서 출생하였다(1552. 10. 6). 16세에 부친의 권유로 법학을 공부 하기 위해 로마로 갔으나 법학공부를 중도 포기하고, 예수회수련원 산트 안드레아Sant' Andrea에 들어갔다(1571. 8. 15). 일 년 뒤 로마대학 Roman College에 입학하여, 당시 유명한 수학자 클라비우스Christopher Clavius 로부터 수재로 인정을 받았다. 그러나 그는 예수회의 동양 전교 사업 에 마음을 정하고, 당시 인도로의 정기항로는 일 년에 단 한번 오직 포르투갈의 리스본에서만 있었기 때문에 그곳으로 갔다(1577. 5. 18). 다 음해 봄 출항할 때까지 리스본의 코임브라Coimbra대학에서 수학하였 고, 1578년 봄에 리스본을 출항하여 당시 천주교 동방전교의 중심지 인 인도의 고아Goa에 도착하였다(1578. 9. 13). 그곳에서 신학을 공부하 고 코친Cochin에서 사제서품을 받았으며(1580. 7. 25), 드디어 1582년 마카 오로 출항했다.

사실 중국과 서양과의 문명 교섭은 기원전 3세기 한漢제국의 성립 이래 중앙아시아, 즉 실크로드를 통한 서역과의 교역이 그 대표적인 것이었다. 이 과정에서 칭기즈칸(1162~1227)의 대정벌이 돌출적인 특징 이었다면, 이 시대를 마감하는 동서 교섭의 위대한 증거인은 마르코 폴로Marco Polo(1254?~1324)였다고 하겠다. 그러나 원元(1271~1368)제국의 멸망과 함께 이러한 북방경로의 카라반여행을 통한 동서 교섭은 그

(세계사적인) 실질적 의미를 상실하고 만다. 그 대신 해상무역의 발전과 함께 해로를 통한 동서교섭이 점점 더 큰 의미를 갖게 되었다. 포르투갈인 바스코 다 가마Vasco da Gama(1469?~1524)의 인도항로발견(1497)은 현대사의 시작인 서세동점西勢東漸의 효시라고 하겠다. 그러나 넓은 동아시아대륙에서 몇 천 년 동안 자체의 찬란한 문명과 전통을 지녀온 중국은 명조明朝(1368~1644)에서도 여전히 스스로를 '천하의 중심의 나라[中國]'로 당연하게 확신하는 중국문화 중심주의적 세계관 속에 완고하게 젖어 있었다. 중국문명만이 '화華' 즉 문화의 꽃이요, 이 문명의 교화를 받기를 거부하거나 도대체 그것과 이질적인 먼 변방의 문명은 '이夷' 즉 야만의 상태일 수밖에 없다고 생각하였다. 따라서 중국을 지도하는 문화적 엘리트, 즉 유림儒林들이나 관료들은 화승총을 들고 해안을 노략질하는 포르투갈사람이나 왜구倭寇들 모두를 야만인으로 취급하였다. 따라서 포르투갈사람이나 기타 서구의 스페인이나 홀란드상인들의 활동은 마카오와, 광주廣州에서의 년 2회에 걸친 시장교역에만 제한되어 철저한 감독을 받고 있었을 뿐, 중국 내륙 전역에 대한 그들의 접근은 거의 완전 봉쇄되어 있었다. 그러나 당시 예수회의 동방전교 총책임자인 프란치스코 사베리오Franciscus Xavierius(1506~1552)는 그의 성공적인 일본전교에 이어 강력하게 중국 전교를 추진하는 도중 중국 내륙에 발을 디뎌보지도 못하고 발병하여 광주廣州 근해의 상천上川도에서 사망하였다. 예수회 동방전교의 순안사巡按使[Visitator]가 된 발리냐노Alessandro Valignano는 그의 유지를 이어 중국의 언어, 관습과 세계관을 철저하게 습득한 탁월한 인재를 통하여 당시 폐쇄된 '중화제국'을 복음화하려는 매우 야심적인 계획을 수행해 나갔다. 그는 먼저 고아로부터 루지에리Michele Ruggieri를 1579년 마카오로 불렀다. 그로 하여금 삼 년여에 걸쳐서 중국어와 한문을 열심히 배우게 하면서 중국인들과의 몇 가지 예비적인 접촉시도를 해보게 하였다. 이런 무수한 시도들을 통하여 루지에리는 중국 관헌들의 호의를

얻게 되었다. 발리냐노는 마침내 루지에리와 로마와 고아에서 동학한 마테오리치를 마카오로 불러서(1582. 8. 7), 이 둘로 하여금 중국 전교 사업을 맡게 하였다. 이들은 가진 노력을 통해 마침내 당시 광동廣東과 광서廣西 양성의 겸임총독인 진서陳瑞의 이해와 당시의 성도 조경肇慶의 지부知府인 왕반王泮의 호의를 얻어서 드디어 1583년 9월 10일(후에 중국전교사의 기념일이 됨)에 그곳 조경肇慶에 정착하게 된다. 이들 최초의 두 예수회선교사 루지에리와 리치의 최대의 과제는 결국 자신들이 노략질이나 폭력을 일삼는 포르투갈이나 카스틸리아(스페인)에서 온 상인(즉 '야만인')이 아니라는 점을 강조하는 일이었다. 그들은 사실 언제라도 중국의 관헌들에 의해 가차 없이 추방당할 수 있는 불안과 악몽에 시달렸기 때문에, 한편으로는 열심히 중국의 경전들과 관습들을 배우고 이해하고자 했으며, 그리고 다른 한편으로는 기회 있을 때마다 당시 서방의 최고 명품들을 지부知府나 총독總督에게 선사함으로써, 그리고 동시에 중국의 지식인들에게 '새로운' 우수한 서방의 기기機器를 제시함으로써, 자기들이 결코 '야만인'이 아님을 입증하고자 노력하였다. 그리고 중국인들로 부터 이상한 혐오감을 사지 않기 위해 그들은 우선 일본에서의 성공적인 전교경험을 토대로 불교식의 복장과 삭발을 한 서방의 승려[서승西僧]로 행동을 했고, 따라서 그들은 조경肇慶에서 중국총독의 윤허와 도움으로 최초로 세운 천주교회의 이름을 '선화사僊化寺'라고 하였다.

2. 마테오 리치의 저술업적

400여 년 전 완전히 봉쇄된 중국지역에 들어가 서구적 학문을 바탕으로 오로지 중국문화를 배우고 또 그것에 탁월하게 적응함으로써 동서 문명융합의 새로운 지평을 열 수 있었던 리치의 가상한 업적은 그의 초인적인 재능과 노력뿐만 아니라 그에게 감화된 당시 중국 지성계의 열려진 마음이 함께 어우러져 성취된 것임에 틀림없지만, 이러한 대 성공의 배경적 이유는 또한 – 그 당시 세계문명 어디에도 – 찾아볼 수 없었던 당대 중국의 높은 인쇄문화와 광범한 독서문화층의 절대적 지배에서도 찾아질 수 있다. 사실 리치의 활동과 업적은 이렇게 발달된 당대 중국의 높은 문화수준과 목판 인쇄술에 의한 용이한 서적의 간행과 보급에 의한 것이었다. 새로운 관념 및 지식의 유포에 주요한 수단이 되었던 목판 인쇄술의 뛰어난 역할은, 리치를 비롯해서 그의 뒤를 이어 중국에 온 서양선교사들에게 매우 놀라운 사실이었으며, 그들은 그것을 최대로 이용하였다. 리치는 그의 회고록에서 인쇄된 서적 덕택에 "기독교법의 명망이 점점 더 빨리 그리고 점점 더 널리 전파되고 있다"고 말하고 있다. 그리고 그는 다음과 같이 쓰고 있다. "이 왕조[明朝]에서는 책읽기가 너무나 일반화 되어 있기 때문에 서적에 관해서 완전히 무지한 사람은 별로 없다. 그들의 모든 교파는 민간에 대한 설교나 연설을 통해서가 아니라, 서적을 통해서 전파되고 발전되어 왔다. 이 점은 우리들이 기독교도들에게 필요한 기도문들을 가르치는 데 큰 도움이 되었다. 왜냐하면 인쇄된 기독교 교리서를 그들이 스스로 읽거나, 아니면 친척이나 친구들로 하여금 그것을 낭독시킴으로써, 그들은 즉각 그 기도문들을 암기하였기 때문이며, 결코 그들 중에 읽을 줄 아는 사람들을 찾지 못하는 경우는 없었기 때문이다."[1] 리치가 중국에 와서 활동하다 죽기까지 (1582~1610) 28년 동안 그는 "사전의 편찬과 『사서四書』의 번역을 비롯해서 종교와 천문, 그리고 지리와 수학 등 전교에 도움이 될 만한 저술들을 한문으로 이십여 권이나"[2] 저술하였다. 이 중에서 그 유명한 건

---

1) Gernet, 16쪽.
2) Cronin, 이기반 번역, 318쪽.

륭乾隆(1736~1795) 연간에 수집·정리된 방대한 양의『사고전서총목四庫
全書總目』에 수록된 리치의 저술은 다음과 같다.『건곤체의乾坤體義』2권
;『동문산지同文算指』전편前篇 2권, 통편通編 8권, 이마두利瑪竇 역;『기하
원본幾何原本』6권, 이마두 역;『변학유독辨學遺牘』1권;『이십오언二十五
言』1권;『천주실의天主實義』2권;『기인십편畸人十編』2권(부록「서금곡의西
琴曲意」1권);『교우론交友論』1권 등이다.

　이 중에서 전통적인 중국문화권의 지식인들에게 가장 널리 읽혀
졌으며 가장 영향력이 큰 저술은『천주실의』라고 하겠다. 이 책은 수
세기에 걸쳐 중국은 물론 조선, 월남, 일본 등에서 까지 광범위하게
읽혀졌으며, 그 발행 부수만도 20여 만부를 헤아린다. 그 외에 리치의
최후의 한문저작인『기인십편』(1608)에는 동서 문명을 융합한 그의 완
숙한 정신과 신앙의 경지가 들어나고 있다.[3]

　하지만 동서 문명교류의 관점에서 볼 때, 가장 큰 마테오 리치의
업적은 유크리드의『기하원본』의 번역소개이며,『곤여만국전도』(북경,
1602)의 제작이다.[4] 리치는 철저하게 16세기 서양교육을 받고 중국에
들어왔기 때문에, 중국인들에게 서양 학문방법의 특징인 연역법을
자세히 소개하지 않을 수 없었다. 그것이 마테오 리치가 구술하고,

---

3) "『사고전서총목』에는 다음과 같은 해제가 실려 있다. "열편 모두 문답식으로
　천주교의를 전개하고 있다. 1편 사람들은 지나간 나이[세월]가 아직 있다고
　잘못 생각 한다; 2편 현세는 잠시 머물다갈 뿐이다; 3편은 늘 죽을 때를 생
　각하고 좋은 일을 함이 길하다; 4편 늘 죽을 때를 생각하고 죽음의 심판에
　대비하라; 5편 군자는 말 수가 적고 무언(無言)하고자한다; 6편 금식의 본뜻
　은 살생을 금하는 것이 아니다; 7편 스스로 반성하고 스스로 책임을 물어 허
　물이 없게 하라; 8편 선악의 보응은 죽고 난 다음 (영혼이 받는 것이다); 9
　편 미래를 헛되이 찾으면 갑자기 불행을 만나 죽게 된다; 10편 부자이면서
　인색한 것은 가난한 것보다 더 괴롭다. 언론전개가 장대하며 거침없는 달변
　이여서 자못 설득력이 있다", 『四庫全書總目』上권, 1080쪽.
4) 송영배(2009),「마테오 리치가 소개한 서양학문관의 의미」,『韓國實學研究』
　제17호, 16~41쪽 참조.

서광계徐光啓(Xu Guangqi)가 찬술한 『기하원본』이다. 이 『기하원본』의 영향력에 관해서는 마테오 리치의 장지葬地 하사를 두고 벌린 섭향고葉向高(Ye Xianggo, 1559~1627)의 논변에서 극명하게 들어난다.

> "당신은 원방에서 온 빈객들 중에 도리[道]와 덕행[德]에서 리치선생 같은 이가 한 사람이라도 있는 것을 보았습니까? 다른 일은 따지지 않더라도 『기하원본』 하나를 번역한 것으로도 장지를 하사할 만합니다!"[5]

그리고 중국 전래의 <천원지방天圓地方>을 송두리째 뒤엎고, 중국 중심의 세계지도를 부정하는 『곤여만국전도』의 제작이다.

3. 『곤여만국전도』 제작의 의미

마테오 리치가 중국을 중심에 두고 처음으로 제작한 「산해여지도山海輿地圖」(조경肇慶, 1584)는 종래의 중국 중심의 '천하관'을 허물기 시작한 것이요, 중국의 문화와 위치를 서양의 그것에 대해서 상대적으로 생각할 수 있게 하는 새로운 세계인식의 지평을 제시하는 첫발이었던 셈이다. 사실 이로부터 중국 전통문화 속에 "서학西學"이 발붙일 수 있는 최초의 계기가 마련되었다고 하겠다. 리치의 중국학자들과의 교류에 결정적인 계기가 된 것은 그가 조경肇慶에 부임한 신임 총독에 의해 그곳에서 쫓겨나서 좀 더 내륙의 소주韶州에 정착(1589. 8. 26)하게 된 이후의 일이다. 리치는 그곳에서 자기로 부터 연금술을 배우겠다고 찾아온 중국의 문인 구태소瞿太素를 최초의 천주교 교화인

---

5) "有內官言於相國葉公文忠曰:「諸遠方來賓者從古皆無賜葬, 何獨厚於利子?」文忠公曰:「子見從古來賓, 其道德有一如利子乎? 毋論其他事, 卽譯《幾何原本》一書, 便宜賜葬地矣!」", 『大西利先生行蹟』, 艾儒略述, 北京, 1919再版, 7쪽.

으로 만들기에 성공하였다. 리치는 그에게 천주교의 교리 외에 서양의 수학, 기하학, 역학 등을 가르쳤으며, 동시에 그로부터 사서오경四書五經을 배우면서 그것을 라틴어로 번역하고 주해하기 시작하였다. 특히 구태소의 제안에 따라 당시 중국사회의 지도층인 유림儒林들과의 자유로운 접촉과 교류를 위하여, 불교식의 승복을 벗고 중국에 온 지 12년 뒤인 1594년부터는 로마본부의 허락을 얻어 유림의 복장을 하고 '리 마또우'(이마두利瑪竇, 리치 마테오의 한음역漢音譯)라는 이름 외에 별도로 문인들의 관습에 따라서, 호號를 서태西泰라 짓고 **서방에서 온 학자**[서사西士]의 신분으로 중국 문인들과 본격적인 교류를 시작하였다. 리치는 이들 중국문인들에게 정밀한 지도, 지구의, 천체의天體儀를 제작해 보이는 일 외에 그의 한문지식이 발전되어 감에 따라 한문으로 저술함으로써 그의 전교활동을 더욱 발전시켰다. 이런 학문과 저술 활동을 통하여 리치는 많은 중국 문인들을 지기로 만들 수 있었다. 1598년 남경南京의 예부상서禮部尚書 왕충명王忠銘을 수행하여 북경에 가서 황제를 알현하고 조공을 바치고자 하였으나 실패하고 남경南京으로 다시 돌아와 전교 활동을 하였다. 그리고 유교경전이나 효孝관념에 근거하여 중국 전래의 <천天> 또는 <상제上帝>(하느님) 관념과 연관하여 천주교의 하느님을 <천주天主>라 설명하였다. 그는 '천주교'의 교리란 중국의 전통적인 유교적 세계관과 윤리관에 적대적 모순적인 것이 아니라 오히려 그런 유교적인 관념을 더욱 완전하게 하는 것이라고 하는 보유론補儒論을 강하게 표명하였다. 이와 같이 유교적 세계관에 타협적인 그리스도교 호교론을 폄으로써 중국 지식인[사대부士大夫]들의 일부를 그리스도교에 귀의시킬 수 있는 대단한 호응을 얻기 시작하였다. 리치는 그가 중국에서 활동한지 19년 만에, 그의 나이 49세에 마침내 그와 예수회가 간절히 목표하던 북경에 입성하여 명明 신종神宗 황제(만력, 1573~1619년간)를 알현하게 된다. 리치는 중국 황제에게 정교한 자명종自鳴鍾, 프리즘, 클라비어코드, 원색의 천주상과 성

모상 등등 당시 진귀한 서방의 진품들을 조공하고 결국 자명종의 수
선이나 클라비어코드의 교수, 또는 천문역학에 관한 일로 인해 명 황
궁[자금성紫禁城]에서 일을 하게 되면서 북경에서의 거주를 허락받게 되
었다.

　　당시 자아독존적인 중국인들의 세계관에 전혀 생소한 서방의 기
독교 진리를 성공적으로 전교한 리치의 업적은 사실 초대교회의 사
도들의 전교활동만큼이나 지난한 업적으로 평가받을 만한 것이다.
먼 서방에서 온 이국선교사로서 당대 중국을 대표하는 최고의 지성
인인 서광계徐光啓(Xu Guangqi, 1562~1633)나 이지조李之藻(Li Zhizao, 1565~1630)
등을 천주교로 개종시킨 사실은 리치의 사상과 신념의 크기가 결국
동서 문화의 융합의 새로운 지평을 열 수 있었을 만큼 대단히 큰 것
이었음을 입증하고도 남는 것이다. 그는 그곳에서 많은 중국의 최고
급 문인들과 교류하면서 서양의 수학과 천문지식 뿐만 아니라 중국
문명에 이미 훈습된 필치로 서양의 그리스도 교리를 전파하였다. 바
로 이점에서 이지李贄(Li Zhi, 1527~1602), 황종희黃宗羲(Huang Zongxi, 1609~
1695), 왕부지王夫之(Wang Fuzhi, 1619~1692) 등과 같은 명말의 대표적인 탁
월한 철학자들은, 그의 교설에 우호적이든 혹은 비판적이든, 모두 서
방학자 리치[이서태자利西泰子, 즉 이마두利瑪竇]의 이와 같은 학문적 업적을
증언하고 있다. 그가 58세의 나이로 북경에서 사망(1610. 5. 11)하자 신
종神宗황제는 그에게 북경성 밖에 장지를 하사하고 그의 덕을 기렸다.

　　리치는 우선 자기가 16세기 유럽에서 배운 서양의 서양학문의 우
수성을 세계지도 제작을 통해 중국인들에게 선포하고자 하였다. 이
에 그는 중국 전래의 천원지방天圓地方의 우주관을 부정하고, 그 대신
서방의 프톨레마이오스의 우주관을 소개하였다. 그는 『곤여만국전
도』(북경, 1602)의 서문에서 원형의 하늘(우주) 아래서, 그 중심에 있는
원형의 지구 위에 모든 인류가 살고 있음을 다음과 같이 상세하게
설명하고 있다.

땅과 바다는 본래 원형이고 합쳐져서 하나의 둥근 공 모양[구체球]을 이루며, 천구天球(우주)의 중심에 있다. 마치 계란의 노른자가 흰자 속에 있는 것 같다. 어떤 이가 땅이 네모라고 말하는 것은 땅이 안정되어 움직이지 않는 것을 말한 것이요, 땅의 형체를 말한 것이 아니다. (둥근) 하늘이 지구를 일단 둘러싸고 있으니 곧 이들은 서로 상응한다. 그러므로 천상에 남북 두 극이 있으니, 지구 또한 그러하다. 하늘은 360도로 나누어지고 지구 또한 동일하다. … 내 생각에 중국은 북도의 북쪽에 있으며, 해가 (천구의) 적도를 따라가면 낮과 밤(의 길이)은 같지만, 남도를 따라가면 낮이 짧고, 북도를 따라가면 낮이 길다. 그러므로 천구에서 낮과 밤이 같은 '둥근 선[원圜]'(즉 적도赤道)은 중간에 있고, 낮이 짧고, 낮이 긴 두 '둥근 선'(즉 남북회귀선南北回歸線)은 남과 북에 있음으로 태양이 주행한 경계를 나타낸다. 지구 또한 세 '둥근 선[원圜]'(즉 적도, 남회귀선과 북회귀선)이 있으니, (천구의 세 '둥근 선'과) 아래에서 마주하고 있다. 단 하늘이 지구를 둘러싼 밖은 매우 크니, 하늘의 크기는 광대하다. 지구는 하늘의 복판에 있어 매우 작기에 그 크기는 (매우) 협소하다. 이것이 그 차이일 뿐이다! … 지구의 두께는 28,636리里.36(36/100)분分이고, (지구의) 상하와 사방, 모든 곳에 사람들이 살고 있다. (지구는) 통 털어 합치면 하나의 공[일구一球]이니, 원래 위도 아래도 없다. (지구는) 하늘의 중심에 있으니, (지구에서) 어디를 쳐다보아도 하늘 아닌 곳이 있는가? 우주에서 무릇 (사람이) 발로 서있는 곳은 곧 아래가 되고 무릇 머리가 향하고 있는 곳은 바로 위가 된다. [그러나 중국 사람들은] 오로지 자기 몸이 서있는 곳을 가지고 위쪽과 아래쪽을 구분하는데, 그럴 수는 없다! … 또 지세地勢대로 지도를 나누어보면 (지구에) 5대륙이 있다. 유럽, '리웨이야'[Libya, 지금의 아프리카], 아시아, 남북아메리카, 마젤라니카(Magellanica, 지금의 Australia 대륙)이다. … 각 나라는 아주 많아서 다 싣기 어려웠으니, 대략 각 대륙은 100여개의 나라를 가지고 있다. 원래 마땅히 구형의 지구[도]를 만들어야하나, 그것을 지도에 그려 넣기가 쉽지 않아서, 원을 평면으로, 둥근 선을 반대로 하여[반원反圜] 선線으로 쉽게 처리하지 않을 수 없었다. 지구의 모양을 알려면 반드시 동편해도[동해도東海圖]와 서편해도[서해도西海圖]를 서로 합성하여 한편[一片]으로 만들어야 한다. (지구의) 경선經線과 위선緯線은 본래 각 1도度마다 그리어 넣어야하지만, 지금 각각

10도를 한 지역으로 묶어서 복잡함을 피하였다. 이렇게 하여 각 나라를 그 (해당) 장소에 나누어 배치하였다. 동서[로 뻗은] 위선은6) 세계[지구]의 길이[longitude, 즉 둘 레]를 숫자화한 것이니, 밤과 낮이 같은 선[적도]을 가운데 두고 위로는 북극(점) 아 래로는 남극(점)까지를 숫자화[劃]했다. 남북[으로 이어지는] 경선은7) 세계[지구]를 [동 서 간의] 폭[latitude]으로 숫자화[劃]했으니, 카나리아제도[제일자오선]로부터 시작하여 10도씩 정하니 360도가 되어 다시 만난다. … 경선 상에서 두 곳의 서로 떨어진 거리가 몇 시진時辰인지를 결정한다. 해의 궤도가 하루에 한번 돈다면 매시진마다 30도를 주행한 것이니, 두 곳이 서로 30도의 차이가 난다. (그렇다면, 두 곳은) 한 시 진時辰의 시차가 난다. … 만약 적도에서 떨어진 도수가 또한 동일하고 남북의 차 이가 있다면 두 곳의 사람들은 발바닥을 (지표면에) 맞대고 반대편[즉 대척점 antipodes]에서 걸어 다닐 것이다. 그러므로 '난징[남경南京]'이 적도에서 북으로 32도, 카나리아군도에서 128도이고 남아메리카의 '마팔'이 적도에서 남으로 32도, 카나 리아군도에서 308도 떨어져있다면 '난징'과 '마팔'에서 사람들은 발바닥을 서로 반 대편에서 맞대고 걸어 다닐 것이다. 그러므로 여진女眞지역이 카나리아군도에서 (동경) 140도 떨어져있고, 미얀마가 110도 떨어져있다면 여진은 미얀마와 한 시진 [2시간]의 차이가 있다. 여진이 묘시卯時라면, 미얀마는 인시寅時이다. … 이것으로써 같은 경선에서는 같은 시간에 살면서 동시에 일식과 월식을 볼 것이다. 이것이 대 략의 설명이고, 상세한 것은 지도에 갖추어져 있다. 이마두 씀.8)

---

6) 남반구나 북반구에 있는 한 지점에서의 지구의 길이(longitude), 즉 원둘레를 표시한 것이 위선緯線(longitude)이다. 지구 중간에 있는 적도에서 지구의 길 이(즉 원둘레)가 제일 길고 남북의 극점에서는 영零이 될 것이다.

7) 지구상의 한 곳(예 대서양의 Canary Islands, 즉 서양고대의 the Fortunate Islands) 을 제1자오선(the prime meridian)으로 정하고, 그 기준점에서 동쪽이나 서쪽으 로 지구의 폭(latitude)을 360도로 분할한 것이 경선經線이다. 1884년에 영국의 왕립그린니치천문대(Royal Greenwich Observatory)가 기준점으로 정해졌다.

8) "地與海本是圓形而合爲一球, 居天球之中, 誠如鷄子, 黃在靑內. 有謂地爲方者, 乃語其定而不移之性, 非語其形體也. 天旣包地, 卽彼此相應, 故天有南北二極, 地亦有之; 天分三百六十度, 地亦同之. … 按中國在北道之北, 日行赤道則晝夜 平, 行南道則晝短, 行北道則晝長. 故天球晝夜平圈列於中, 晝短晝長二圈列於南

『곤여만국전도』에는 지구에 관한 이런 긴 설명문 외에도, 「일월식을 논함[論日月蝕]」, 「태양이 지구보다 큼을 논함[論日大於地]」, 「지구는 구중천의 별들보다 얼마나 멀리 있고 얼마나 큰 것인가를 논함[論地球比九重天之星遠且大幾何]」 등 우주를 천문학적으로 기술하고 있다.9) 위의 인용문에서 우리가 알 수 있는 것은, 리치가 비록 2세기부터 확립된 프톨레마이오스의 천문학을 소개함으로써, 중국의 전통적인 '천원지방'의 세계관을 유감없이 부정하였다고 믿었다.

물론 리치는 중국인들의 중화중심관을 시각적으로 세계지도에서 도전한 것은 아니지만, 지구가 평평한 것이 아니라 구형이기 때문에 중국을 포함한 어느 나라도 중심이 될 수 없음을 명백히 설명하고 있다. 지구는 북극에서 남극에 이르기까지 유럽, '리웨이야'(즉 아프리카), 아시아, 남북아메리카와 '모와라니쟈(Magellanica)' 대륙으로 구성되었음

北, 以著日行之界. 地球亦設三圈, 對於下焉. 但天包地外爲甚大, 其度廣; 地處天中爲甚小, 其度狹, 此其差異者耳. … 夫地厚二萬八千六百三十里零百分里之三十六分, 上下四旁皆生齒所居, 渾淪一球, 原無上下. 蓋在天之內, 何瞻非天? 總六合內, 凡足所佇卽爲下, 凡首所向卽爲上, 其專以身之所處分上下者, 未然也. … 又以地勢分輿地爲五大州, 曰歐羅巴, 曰利未亞, 曰亞細亞, 曰南北亞墨利加, 曰墨瓦蠟泥加. … 繁夥難悉, 大約各州俱有百餘國, 原宜作圓球, 以其入圖不便, 不得不易圓爲平, 反圈爲線耳. 欲知其形, 必須相合連東西二海爲一片可也. 其經緯線本宜每度畫之, 今且每十度爲一方, 以免雜亂, 依是可分置各國於其所. 東西緯線數天下之長, 自晝夜平線爲中而起, 上數至北極, 下數至南極; 南北經線數天下之寬, 自福島起爲一十度, 至三百六十度復相接焉. … 用經線以定兩處相離幾何辰也. 蓋日輪一日作一週, 則每辰行三十度, 而兩處相違三十度, 並爲差一辰. 故視女直離福島一百四十度, 而緬甸離一百一十度, 則明女直於緬甸差一辰, 而凡女直爲卯時, 緬方爲寅時也. … 如所離中綫度數又同而差南北, 則兩地人對足底反行, 故南京離中綫以北三十二度, 離福島一百二十八度, 而南亞墨利加之瑪八作離中綫以南三十二度, 離福島三百又零八度, 則南京於瑪八作人相對反足底行矣. 從此可曉同經線處並同辰而同時見日月蝕矣. 此其大略也, 其詳則備於圖云. 利瑪竇撰. 『坤輿萬國全圖』, 수록『利瑪竇著譯集』, 173~176쪽.

9) 마테오 리치는 이런 『곤여만국전도』 안에서의 설명문을 『乾坤體義』(1605)에서 더욱 자세하게 밝히고 있다. 『乾坤體義』, 수록. 『利瑪竇著譯集』, 513~552쪽 참조.

을 말하고 있다. 또한 대륙 각각에 속한 나라들과 사람들의 풍속 등을 해설하고 있다. 그중에서 아세아에 속한 지역으로 '따차따[大茶答]' 섬, '북[극]해', '꺼얼모[哥兒墨]', '니우티 투췌[牛蹄 突厥]', '이모[意貌]산', '다탄[韃靼]', '어우췌리[嫗厥律]', '우러허우[烏洛侯]', '취뚜메이[區度寐]', '와지에즈[襪結子]', '누얼깐[奴兒干]', '북쪽 스웨이[室韋]', '이리바리[以力把力]', '조선朝鮮', '위티엔[于闐]', '일본日本', '중국[大明]', '안이허[安義河]', '방글라데쉬[榜葛剌]', '따니[大泥]', '태국[暹羅]', '짠청[占城]', '스마트라[蘇門答剌]', '말라카[滿剌加]', '뽀얼뤄허[波爾匿何]', '마루꾸[馬路古]'지방, '큰 쨔바[大爪蛙]', '쨔바[爪蛙]', '뉴 기니아[新入匿]', '마리뚜[馬力肚]', '왜인국矮人國', '유대아[如德亞]' 등등을 열거하여 설명하고 있다.[10] 중국은 아시아의 동북부에 속하는 나라이며, "문물이 풍성한 것으로 명성이 났으며, (북위) 15도에서 42도에 이르기까지의 모든 (지역)이다. 그 밖에 조공국들이 매우 많다"[11]라고 소개하고 있다. 중국이 천하의 중심이라는 중화중심관을 명백히 부정하고 있다.

리치는 또한 『곤여만국전도』에서 중앙의 열대, 남반부와 북반부에 각각 온대, 남북 양극지방의 한대를 구분하여, 지구의 기후대를 소개하고 있다. 그리고 지구상의 모든 곳을 경도와 위도의 숫자로써 표시했으며, 남반부와 북반부에 있는 대척점(antipodes)에서 계절의 변화는 정반대이며. 또한 같은 경도 상에서 사는 사람이면 같은 시간대에 살기 때문에 일식·월식을 동시에 볼 수 있지만, 경도가 다른 곳에 살면 경도의 차에 따른 시차가 불가피하다는 설명을 하고 있다.

16세기 유럽의 사상가들(예 클라비우스, 갈릴레이 등)은 토미즘의 자연신학에 훈습되어 있었기 때문에, '이성의 빛'을 통해서 자연을 연구하는 것은 하느님의 창조의 섭리를 이해하는 것이었다. 그들에게는

---

10) 『利瑪竇著譯集』, 205~211쪽 참조.
11) "大明聲名文物之盛, 自十五度至四十二度皆是, 其餘四海朝貢之國甚多.", 상동, 207~208쪽.

천지자연의 비밀을 연구하고 해독하는 것은 만물을 창조한 하느님의 섭리를 연구하고 해독하는 것과 같았다. 16세기 서양의 자연과학자들에게 자연이란 – 성경과 마찬가지로 – '하느님의 책'(ein Buch Gottes)[12]에 다름이 아니었다. 리치는 이런 서양의 16세기 정신문화에 익숙하였기 때문에, 그가 배운 세계지도 작성법에 따라서 자연스럽게 세계지도를 제작하고 그것을 중국문인들에게 소개하였다. 이것이야말로, 그들에게 기독교 하느님의 교리를 전하는 효과적인 방법이라고 그는 확신하였다.

4. 중국문인들의 반응

리치의 지시대로, 『곤여만국전도』의 제작에 참여한 이지조李之藻(1565~1630)는 중국에서는 처음으로 "위로 천문天文을 취하여 아래로 '땅의 도수[地度]'의 기준"[13]을 삼았다고 『곤여만국전도』의 특징을 말하고 있다. 그는 그것을 이렇게 설명하고 있다.

> 저들 나라 유럽에는 원래 판각板刻 인쇄법이 있어서, 지도를 만들 때, 하늘의 남북양극을 경經으로 삼고, 천구天球를 둘러 싼 경위經緯를 360도로 하고 지구도 그에 상응하게 하였다. 지구의 1도度마다 250리里로 고정하였다. … 지구의 남과 북은 극성極星을 가지고 징험徵驗하고, 지구의 동과 서는 해와 달의 충衝과 식蝕에서 추산했다. (리치가 말하는) 땅의 원형은, 채옹蔡邕이 『주비周髀』를 풀어 말한, 하늘과 땅은 각각 가운데는 높고 밖은 낮다[中高外下]는 설명에 이미 나와 있으며, 『혼천의

---

12) *Europäische Enyzklopädie zu Philosophie und Wissenschaften*, (hrsg., Sandkhüler), Bd. 3, Hamburg, 1990, 510쪽.
13) "不謂有上取天文, 以準地度, 如西泰子萬國全圖者。", 『곤여만국전도』에 실린 李之藻의 서문(이하에서 <李之藻서문>으로 인용).

『주혼天儀注』 역시 땅은 계란鷄卵의 노른자 같이, 외로이 하늘 안에 자리 잡고 있다고 말했다. 각처 주야晝夜의 장단長短이 같지 않다는 것도, 이미 원元대 사람이 27곳을 측경測景하여, 역시 밝히 기록해 놓았다. 다만 바닷물이 육지와 함께 하나의 원형을 만들고, 그 원을 빙 둘러서 모두 사람들이 산다는 말은 처음 듣는 얘기로 매우 놀라웠다.14)

이지조는 이와 같이 리치가 전하는 유럽의 세계(우주)에 대한 지식을 중국 전래의 천문학적 지식에서 합당하는 부분을 찾아서 이해하면서, 리치가 전해준 새로운 서양의 천문지리 지식에 감탄해 하였다. 그리고 이지조는 그의 서문을 계속 이렇게 쓰고 있다.

서태자 선생은 몸소 배를 타고 적도赤道 아래를 지났는데, 그때 그는 하늘의 남북 두 극을 수평선 위에서 동시에 바라볼 수 있었다. 그리고 더 남쪽으로 내려가 대랑산大浪山에 이르러 하늘의 남극이 땅에서 얼마나 올라왔는지를 바라보니, 그 각도가 36도에 이르렀다. 옛날사람 중에서, 일찍이 이처럼 멀리 가서 측경測景한 사람이 있었는가? (리치) 선생은 조용하고 담백하여 이익을 탐하지 않고, 도를 터득한 사람 같다. 말하는 바는 이치에 맞고, 망령스럽지 않다. 또 그 나라 사람들은 멀리 여행하기를 매우 좋아하고 천문학을 배웠다. 산을 오르거나 항해하면서, 도처에서 (하늘과 땅을) 측정하니, (옛날 우禹임금의 부하) 대장大章과 수해竪亥를 훨씬 뛰어 넘는다. 계산은 절묘하여 (우리 중국 사람들을) 어리둥절하게 하고 연구하게 만든다. 그가 가지고 온 그 나라의 지도와 서적을 보면 가장 완벽하게 연구하였다. 어찌 분명하게 설명한 성인이 없었겠는가? 기이한 사람이나 기이한 책은 세상에

14) "彼國歐羅巴原有鏤版法, 以南北極爲經, 赤道爲緯, 周天經緯捷作三百六十度, 而地應之. 每地一度定爲二百五十里, … 其南北則徵之極星, 其東西則算之日月衝食, 種種皆千古未發之秘. 所言地是圓形, 蓋蔡邕釋<周髀>已有, 天地各中高外下之說, 渾天儀注亦言地如鷄子·中黃, 孤居天內. 其言各處晝夜長短不同, 則元人測景二十七所, 亦已明載. 惟謂海水附地共作圓形, 而周圓俱有生齒, 頗爲創聞可駭.", <李之藻 서문>.

서 쉽게 만날 수 있는 것이 아니다. 그의 나이와 체력이 쇠해 가면서 그것들을 다 번역할 수 없음이 안타깝다. 이 지도는 남경南京의 여러 분들이 일찍이 번각한 바 있으나, (지도의) 폭이 좁아서 (내용을) 다 싣지 못 했었다. 나는 동지들의 권유로 여섯 폭 짜리 병풍을 만들게 되었다. 틈이 날 때 다시 써 나갔다. 역관들의 잘못을 바로 잡고 빠진 곳을 채우니, 옛날 일보다 두 배가 되었다. 고금에 중국에 조공한 여러 나라들이 다수 빠져 있었다. 혹 옛날과 지금 명칭이 다르거나, 또는 방언이 다르게 번역되었어도 의심나는 것은 전하지 않았고, 스스로 자신의 견해가 있어 도 크게 무리하지 않았다. 따로 남북 양반구 지도가 있는데, 적도를 따라서 둘로 가르고, 바로 남북 양극성이 중심이 되어, 동서와 상하를 지도의 가장자리로 삼아 서, 왼편에 부각附刻하였다. … 나는 옛날 선비들이 하늘을 잘 설명했다고 여겼는 데, 지금 이 지도(『곤여만국전도』)를 보니, 뜻이 암암리에 맞는다. 동양과 서양은 마 음도 같고, 도리도 같다. 이 말을 어찌 믿지 않을 수 있는가? … 이지조 씀15)

이 글을 보면, 이지조가 리치의 뜻을 잘 이해하고 잘 따랐음을 알 수 있다. 그리고 이지조가 얼마나 『곤여만국전도』의 새로운 가치를 흠모했는지를 알 수 있다. 이 지도를 통해서 그가 도달한 결론은 "동 양과 서양은 마음도 같고, 도리도 같다"는 확신이었을 것이다.

그러나 리치가 힘주어서 설명하고자 하였던 우주에 대한 그의 이 해가 얼마나 당시의 중국 지식인들이게 전해졌을까는 큰 의문이다.

15) "西泰子汎海, 躬經赤道之下, 平望南北二極。又南至大浪山, 而見南極之高出地 至三十六度。古人測景曾有如是之遠者乎? 其人恬澹無營, 類有道者, 所言定應 不妄。又其國多好遠遊, 而曹習於象緯之學, 梯山航海, 到處求測, 蹤逾章亥, 算 絕撓隸, 所攜彼國圖籍, 玩之最爲精備, 夫也奚得無聖作明述焉者。異人異書, 世 不易遘, 惜其年力向衰, 無能盡譯。此圖白下諸公曾爲翻刻, 而幅小未悉。不佞 因與同志爲作屏障六幅, 暇日更事殺靑, 釐正象胥, 益所未有, 蓋視舊業增再倍, 而于古今朝貢中華諸國名尙多闕焉。意或今昔異稱, 又或方言殊譯, 不欲傳其所 疑, 固自有見, 不深强也。別有南北半球之圖, 橫剖赤道, 直以極星所當爲中, 而 以東西上下爲邊, 附刻左方。… 昔儒以爲最善言天, 今觀此圖, 意與暗契。東海 西海, 心同理同, 于玆不信然乎? … 李之藻撰", <李之藻 서문>.

1600년에 남경南京에서 일찍이 '짜오칭[肇慶]'에서 최초로 출판된 세계지도, 즉 「산해여지도山海輿地圖」(1584)를 자기가 비용을 들여서 「산해여지전도山海輿地全圖」라는 이름으로 출판했던 오중명吳中明(Wu Zhongming)은 다음과 같이 서문을 쓰고 있다.

추연鄒衍 선생은, "(중국 밖에) 중국과 같은 땅이 아홉인데, 비해裨海가 그것들을 둘러싸고 있다"고 했다. 이 말은 너무 커서 근거가 없는 것 같다. 세전世傳에 의하면, 곤륜산崑崙山의 동남쪽 한 지맥支脈이 중국中國으로 들어와, 그 때문에 중국의 물은 모두 동류東流한다고 한다. 그러나 곤륜산의 서북쪽 한 지맥도 중국의 반半을 차지하고 있어서, 결국 역시 그 경계를 밝힐 수 없다. 과연 땅은 넓고 크다. 그러나 형태를 가진 것은 반드시 다함이 있는 법인데, 중국의 경우를 보면, 그 땅은 동남쪽으로는 바다를 넘지 못하고, 서쪽은 곤륜崑崙산을 넘지 못하고, 북쪽으로는 사막沙漠을 넘지 못한다. 이렇게 볼 때, 하늘과 땅의 끝을 궁구하는 일이 어찌 어렵다고 하지 않을 수 있겠는가? 이미 본 것에 구속되어, 천지天地가 작다는 의견을 낸다든지, 보지도 못한 것을 과장하여 멋대로 크다는 의견을 내는 경우가 있는데, 이런 의견은 모두 망녕된 것이다. 산인山人 이마두 선생은 유럽으로부터 중국에 들어와서, 『산해여지전도山海輿地全圖』를 저술했다. 그리고 많은 사대부들이 이를 전파하였다. 나는 지도를 보기 위하여, 그의 처소를 방문한 일이 있는데, 거기 있는 지도는 모두 그 나라에서 판각한 구본舊本들이었다. 그 나라(즉 이탈리아)의 사람들과 포르투갈 사람들은 모두 먼 곳을 여행하기를 좋아한다. 그리하여, 때로는 절역絶域을 지나갈 때도 있는데, 이런 경우에는 서로 그곳의 정보를 전하고 기록해 둔다. 이런 기록이 누적累積되어 여러 해가 지나면, 그 절역의 지형의 전체 모습을 얻을 수 있게 된다. 그러나 남극南極 일대처럼, 아직 사람의 발이 닿지 않은 곳도 있다. 그러므로 현재 남극 일대는 사람들이 바라본 세 귀퉁이만을 가지고 그 일대를 추측할 수밖에 없으니, 이치상 마땅히 이러할 뿐이다. 산인山人 선생은 깨끗하여 요구가 없으며 조용히 수행하여 하늘을 공경하는 분이다. 아침저녁으로 스스로에게 맹세하는 것은 망념妄念, 망동妄動, 망언妄言이 없는 것이다. 하늘과 일

월성신日月星辰의 멀기와 크기를 나타내는 수數에 이르러서는, 나는 쉽게 이해할
수 없다. 그렇지만 그 주장은 스스로 근거를 가지고 있을 것이다. 여기에 아울러
기록해 놓으면서, 잘 설명해 줄 사람이 나타나기를 기다린다. 안휘성安徽省 섭현歙
縣사람 오중명吳中明 씀.16)

여기에서 오중명은 「산해여지전도山海興地全圖」를 소개하면서, 특히
남극 일대의 '마젤라니카'주는 사람들이 아직 가 본 일이 없으며, 추
측하여 쓴 것임을 밝혀두고 있다. 그 자신은 천문학적인 수치는 잘
이해하지 못하지만, 후일에 이것들을 잘 설명해줄 선비가 나타내주
기를 기대한다고 말하고 있다. 그리고 산인山人 리치선생의 인품은 욕
심이 없이 맑고 조용하여 하늘을 조용히 공경하는 분으로 묘사하고
있다. 이러한 인격의 소유자에게 지도를 그린 공적에 감사하며 이 지
도의 천문학적 의미들도 잘 해명되기를 오중명은 바라고 있다.

양경순楊景淳(Yang Jingchun)의 발문跋文은 중국 전래의 지리서인 순舜
임금의 신하 대장大章과 수해豎亥, 우공禹貢의 책, 중국관청에 기록한
지리서, 즉 직방職方의 기록, 그리고 반고班固의 『한서漢書 지리지地理
志』의 기록들이 다 훌륭하지만, 리치의 『곤여만국전도』와 비교해보
면, 크게 부족한 것들이라고 말한다. 그의 발문은 이렇게 계속된다.

---

16) "鄒子稱: 中國外, 如中國者九, 裨海環之。其語似閎大不經。世傳崑崙山東南一
支入中國, 故水皆東流; 而西北一支仍居其半, 卒亦莫能明其境。夫地廣且大矣,
然有形必有盡, 而齊州之見, 東南不踰海, 西不踰崑崙, 北不踰沙漠, 於以窮天地
之際, 不亦難乎? 囿於所見, 或意之爲小, 放浪於所不見, 或意之爲大, 意之類皆
妄也。利山人自歐邏巴入中國, 著山海興地全圖, 薦紳多傳之。余訪其所爲圖,
皆彼國中鏤有舊本。蓋其國人及拂郞機國人皆好遠遊, 時經絶域, 則相傳而誌之,
積漸年久, 稍得其形之大全。然如南極一帶, 亦未有至者, 要以三隅推之, 理當如
是。山人淡然無求, 冥修敬天, 朝夕自盟以無妄念、無妄動、無妄言。至所著天
與日月星遠大之數, 雖未易了, 然其說或自有據, 並載之以俟知者。歙人吳中明
撰", 『坤興萬國全圖』에 실린 <吳中明의 서문>.

그러나 육합六合[우주]과 대조하면 한 가지는 건질 수 있지만 만 가지가 빠진다. 누가 서태자西泰子처럼 육합을 큰 주머니에 싸서 다 열거할 수 있는가? (리치) 선생의 지도와 설명은 매우 상세하여, 위로는 극성極星에 대응하고, 아래로는 지기地紀를 궁구했으니, 위아래로 관찰한 내용은 최고의 경지에 가깝다. 즉 (아득한 황제黃帝 시대의) 대요大橈가 다시 살아 난다해도, 아마도 마땅히 이 지도를 골라 뽑을 것이다. 이 지도는 마치 대장大章의 빠른 걸음이 우禹임금의 개척을 도운 것과도 비슷하고, 반고班固의 「지리지地理志」의 수집과도 비슷하다. 그러하니 (리치 선생의) 공功을 묘소眇少하다 할 수 있겠는가? 그리고 모든 곳을 유헌輶軒을 타고 가서, 마음과 눈으로 인식했으며, 또 평생을 다 했으니, 어찌 그것을 이식耳食, 억결臆決, 관규管窺, 려측蠡測과 한 자리에 놓고 얘기할 수 있겠는가? 이 중에는 아직 해석이 미진未盡한 부분이 남아있으니, 역시 (장자莊子가 말한) 논이불의論而不議의 뜻이 아닐까? 서태자西泰子 선생도 어려움이 있었을 것이니, 서태자 선생도 또한 쉽지 않았음을 알겠다. (『장자莊子』에 이르기를) "천년千年이 지나야 지기知己가 나오나, 그 만남은 하루사이에 이루어지는 것과 같다"고 했는데, 원元나라의 야율耶律과 절강浙江의 청전青田이 그 하나의 증험證驗이다. 이처럼, 진지振之 이지조李之藻씨와 서태자西泰子는 천년千年이 하루와 같았으니, 크게 기이한 일이 아닌가? 이 지도가 일단 나오니, 그 범위는 (지구의) 규모를 넓히는데 기여했고, 그 박아博雅함은 밝혀 살펴볼 대상을 넓히는데 기여했고, 그 초연원람超然遠覽함은 또한 (일찍이 장자莊子의) '큰 창고 안의 낟 알[太倉稊米]'이란 말이나 '말 몸통에 터럭 하나[馬體毫末]'란 말이 빈 말이 아님을 실증해 주었다. 유독 (장자莊子의) 거창한 하늘 이야기나 보잘 것 없는 달팽이 뿔 같은 나라의 이야기는 하물며 황망한 견해로 볼 수만 있겠는가? 나 양경순楊景淳은 진지振之 이지조 씨와 동료 간으로 막역莫逆하다 할 수 있고, 서태자西泰子는 처음 만났으나, 옛 친구와 같다. 그러므로 이 지도의 판각板刻에 (세 사람 모두) 같은 마음이다. 사천성四川省 촉동蜀東사람 양경순楊景淳 씀.[17]

---

17) "而質之六合, 蓋且挂一而漏萬, 孰有囊括苞舉六合如西泰子者? 詳其圖說, 蓋上應極星, 下窮地紀, 仰觀俯察, 幾乎至矣. 卽令大撓而在, 當或採撫之; 其彷佛章步羽翼禹經開拓, 班志之蒐羅者; 功詎眇小乎哉! 而凡涉之乎輶軒, 識之乎心目,

양경순 역시 리치선생을 존경하고, 그와 이지조와의 만남을 천년 만에 만나는 지기知己들의 만남으로 비유하고 있다.

기광종祁光宗(Qi Guangzong)이나 진민지陳民志(Chen Minzhi)도 비슷한 입장에서 리치 선생의 지도제작의 수고와 그 작품의 영향력에 대하여 다음과 같이 감탄하고 있다.

> 옛 사람이 말하기를, 천지인天地人 삼재三才를 통달하면 유儒라 했다. 그런데 그 통달이 어찌 쉽게 용허容許될 일이겠는가? 다만 고리타분한 말재주를 긁어모아도, 천고千古의 비밀을 캐낼 수는 없는 일이니, (좁은) 대롱으로 하늘을 살피는 것처럼 어찌 허망한 소견이 아니겠는가? 그것이 천지天地에 무슨 도움이 되겠는가? 서태자西泰子는 제국諸國을 유람하기 수 십 년에, 몸소 듣고 본 것에 의거하고, 자신의 독자적 해석을 가미하여, 왕왕 앞 사람들이 아직 말한 일이 없는 것을 말하고 있다. 지구의 도수[地度]가 하늘의 궤도[天躔]에 상응한다든지, 천지天地의 책을 읽는다든지 하는 말에 이르러서는, 그는 위기지학爲己之學을 하고 있는 것이니, 이는 '도道'에 가깝다. 내 친구 진지振之 이지조는 (리치 선생의) 이런 뜻을 크게 사랑하고 전파했다. 그리고 그것을 다시 글로 쓰고 지도로 그려, 병풍을 만들었으니, 앉은 채로 천지天地의 광대함을 첩미간眉睫間에 똑똑히 볼 수 있게 되었다. 이 지도를 그린 사람의 가슴속에 이 지도가 이미 갖추어져 있지 않았다면, 어떻게 이런 지도가 만들어질 수 있단 말인가? 아마도 그 사람은 천지인天地人 삼재三才를 통달한 사람이 아닐까? 나는 아직 문도聞道의 경지에 이르지 못했고, 홀로 유도지언有道之言을 배고프고 목마르게 좋아할 뿐이다. 그러므로 넘쳐나는 '도'가 이와 같음을 느끼지

亦且窮年, 夫豈耳食臆決管窺蠡測者可同日語? 而其中有未盡釋者, 儻亦論而不議之意乎? 第西泰子難矣, 而知西泰子亦不易。語云: 千載而下有知己者出, 猶爲旦暮遇. 元之耶律, 浙之青田, 其一證矣。玆振之氏與西泰子聯千載於旦暮, 非大奇遘耶? 此圖一出, 而範圍者藉以宏其規摹, 博雅者緣以廣其玄矚, 超然遠覽者亦信太倉稊米馬體毫末之非窾語。寧獨與譚天蝸角之論, 倘恍悠謬之見並眎之也。不佞淳與振之氏爲同舍郎, 稱莫逆, 而與西泰子傾蓋如故者。玆刻也, 蓋同心云。蜀東楊景淳識", 『坤輿萬國全圖』에 실린 <楊景淳 발문>.

는 못한다. 내가 이 지도에 서敍를 썼다고 해서, 내가 (지도의) 뜻을 이해했을 것이라고 말한다면, 나는 부끄럽다. 하남성河南省 동군東郡사람 기광종祁光宗 씀.[18]

　서태자 리 선생의 이 지도는 차라리 배를 띄워서 바둑 두기, 발로 걷지 않고 방안에서 세상 구경하기가 아닌가? 배수裵秀[19]가 그린 지도의 육체六體가 (그릇으로 쓰는) 게 등 껍질[20]이고, 계연計然[21]의 오토五土[22]도 매미장식모자[蟬冠]의 갓끈 정도이다. 또 수해豎亥와 대장大章의 빠른 걸음으로 땅 끝까지 갔어도 결국 되돌아오고 말았다. 그런데 이 지도는 위로는 푸른 하늘의 끝까지 닿았고, 아래로는 황천의 극極에 달했다. (세상의) 사유四遊와 구영九瀛 가운데 아직 다 가보지 못한 곳까지도 모두 하나의 끈으로 묶었다. 하나하나 짚어가며, 저것은 오계惡溪요, 비해沸海요, 함하陷河요, 현도懸度요, 하다가 곧바로 빈한한 사람들이 남에게 말하기를, '야랑夜郞국은 한漢나라보다 크다'는 것을 꾸짖었다는 것은 또한 통사들의 부질없는 말이요, "(하늘을) 지탱한다는 거대한 바다거북"은 허황된 것이리라! 서태자께서 10만 리를 거쳐 와서, 20년을 우리나라에서 머물고, 마침내 장안長安에 들어와서, 선부繕部의 이지조李之藻와 아침저녁으로 만난 일, 이 모두 우연이요 기이한 일이다! 하남성 비양沘陽사람 진민지陳民志 발문.[23]

---

18) "昔人謂通天地人曰儒。夫通何容易? 第令掇拾舊吻, 未能抉千古之秘, 何必非管窺也, 于天地奚裨焉! 西泰子流覽諸國, 經歷數十年, 據所聞見, 參以獨解, 往往言前人所未言。至以地度應天躔, 以讀天地之書, 爲爲己之學, 幾於道矣。余友李振之甫愛而傳之, 乃復畫爲圖說, 梓之屛障, 坐令天地之大, 歷歷在眉睫間, 非胸中具有是圖, 烏能爲此, 儻所謂通天地人者耶? 余未爲聞道, 獨于有道之言嗜如饑渴, 故不覺津津道之如此。如以余之敍玆圖也, 而倂以余爲知言, 則余愧矣。東郡祁光宗題。",『坤輿萬國全圖』에 실린 <祁光宗 발문>.

19) 裵秀(224~271)는 晉 武帝때 사람으로,『禹貢地域圖』18편이 있다. 그의 "制圖六體"가 알려져 있다.

20) 蟹匡은 蟹筐으로도 쓰며, 게의 등껍질이다. 그것은 물건을 담을 수 있는 바구니로 쓸 수 있다.

21) 計然은 중국고대 范蠡의 스승이다.

22) 五土는 산림, 川澤, 丘陵, 墳衍(산등성이의 땅과 평지)과 原隰(고원과 저습한 땅)을 말한다.

기광종祁光宗에 의하면, 천·지·인에 통달한 사람이 유儒인데,『곤여만국전도』를 지은 리치선생은 그런 '유'라고 보았다. 지구의 도수를 하늘의 궤도에 따라 계산한 리치선생이나 이지조는 모두 천지인 삼재에 통달한 사람으로 찬탄하고 있다. 진민지陳民志 역시『곤여만국전도』에서 옛 사람들이 하지 못한 새로운 신비감을 느끼고 기이한 일로 여긴다.

그리고 최석정崔錫鼎은 1708년에 숙종에게『곤여만국전도』를 다시 모사하여 올리면서 다음과 같이 말하고 있다.

　　이제 서사西士의 설은, 땅이 구球라고 주장하면서, 말하기를, "천天이 원圓하고 지地도 원圓하다. 소위 지地가 방方하다는 말은 곤도坤道가 주정主靜하고, 그 덕德이 방정[方]하다는 말이다"라 하고 있사옵니다. 그리고 하나의 큰 원권圓圈으로 체體를 삼고, 남북으로 세만선細彎線을 가加하고, 동서로는 횡직선橫直線을 그려 놓았사옵니다. 둥근 지구의 상하사방上下四方에 만국의 명목名目을 분포하고, 중국中國의 구주九州는 북계北界 가까이의 아세아亞細亞 땅이 있다고 하니, 그 설說은 굉활교탄宏闊矯誕하고, 무계불경無稽不經하다 아니할 수 없사옵니다. 그러나 그 학술이 전해주는 바는 스스로 경솔히 변파할 수 없는 무엇을 가지고 있으니, 우선은 마땅히 보존하여, 그 새로운 견문을 널리 알릴 필요가 있다고 생각되옵니다.[24]

---

23) "西泰子之有是役也, 夫寧是浮舟碁局, 脛之所不走而以臥遊? 蓋裹秀體蟹匡爾, 計然五土蟬綏爾, 亥之步而章之搜至涯而反爾, 方之此圖, 窮青冥, 極黃壚, 四遊九瀛之所未甞而粲粲焉。臚而指諸掌, 彼惡溪沸海, 陷河懸度, 直以甕牖語人, 而叱夜郎爲大于漢, 此亦胥象之侈事, 柱鼇之曠則矣。夫西泰子經行十萬里, 越二十禩而屆吾土, 入長安, 李繕部旦暮而遇之, 遇亦奇矣哉! 沘陽陳民志跋",『곤여만국전도』에 실린 <陳民志 발문>.

24) "今西士之說, 以地球爲主。其言曰: 天圓地亦圓, 所謂地方者, 坤道主靜, 其德方云爾。仍以一大圓圈爲體, 南北加細彎綾, 東西爲橫直線。就地球上下四方, 分佈萬國名目。中國九州在近北界亞闊亞地面, 其說宏闊矯誕, 涉於無稽不經。然其學術傳授有自不可牽而卞破者, 姑當存之, 以廣異聞。", 崔錫鼎, 「西洋乾象坤輿圖二屏總序」

당시 조선의 형편으로 서양인들의 천문지리의 설명은 황탄한 것이 겠으나, 이 "새로운 견문을 보존"할 필요가 있음을 최석정은 말하였다.

5. 맺음말

리치는 무엇보다도 먼저 토미즘의 입장에서 출발하여 자연이성이 나 도덕성에 초점을 맞추어서, 천주교의 교리를 중국의 문인들이 잘 납득할 수 있게끔 설명했기 때문에, 유교적 토양에 천주교 교리의 조화적 적응, 말하자면 천주교 교리에 "중국옷을 잘 입힘"25)으로써, 여하간 상당한 전교의 성과를 잠정적으로 크게 얻을 수 있었다고 하겠다. 그러나 계시종교로서의 천주교의 특성은 인간의 원죄에 의한 유한한 자기 한계와, 그로 인한 하느님에 대한 절대적 귀의와 신앙을 강조한다. 따라서 이런 계시종교로서의 천주교 교리는 결국 '자기 계발'에 의한 자기의 인격과 도덕의 완성[위기지학爲己之學]이라는 중국인 들(특히 신유학新儒學)에게 고유한 자율적 학문경향과 배치되기 때문에, 리치는 『천주실의』에서 계시종교로서의 천주교교리의 특성에 대하여는 별로 언급하지 않거나 타율신앙적 성격을 상당히 변조하여 중국인들을 설득하였다.

이런 관점에서 『곤여만국전도』의 완성은 서양 천문지리의 정확성·과학성을 입증한 좋은 사례이다. 그러나 그의 이런 자연과학적, 또는 그리스도교 전파의 목적은 그리 성공적이라고 볼 수 없다. 왜냐하면 (이들 『곤여만국전도』의 서문과 발문을 쓴 사람들 이외에) 완고한 중국과 동방의 문인들은 대부분 아예 그와 같은 새로운 지식을 받아드릴 정신적 여유가 허용될 수 없었기 때문이다.

---

25) P. A. Rule, 54쪽.

참고문헌

크로닌, 빈센트(1989),『서방에서 온 현자: 마테오 리치의 생애와 중국 전교』, 왜관: 분도출판사.

송영배(2009),「마테오 리치가 소개한 서양학문관의 의미」,『韓國實學研究』제 17호.

Gernet, Jacques(1982), Chine et Christianisme, Paris: Editions Gallimard.

Rule, Paul A(1986), K'ung-tzu or Confucius?: The Jesuit interpretation of Confucianism, Allen & Unwin Ausralia.

Amin Regenbogen(1990), Europäische Enyzklopädie zu Philosophie und Wissenschaften, (hrsg., Sandkhüler), Bd. 3, Hamburg.

『四庫全書總目』, 全二册, [清] 永瑢 等撰, 北京: 中華書局 影印本(1965).

『大西利先生行蹟』, 艾儒略述, 北京(1919再版).

『利瑪竇著譯集』(朱維錚主編), 上海: 復旦大學出版社(2001).

『坤輿萬國全圖』에 실린 <李之藻의 서문>.

『坤輿萬國全圖』에 실린 <吳中明의 서문>.

『坤輿萬國全圖』에 실린 <楊景淳 발문>.

『坤輿萬國全圖』에 실린 <祁光宗 발문>.

『坤輿萬國全圖』에 실린 <陳民志 발문>.

崔錫鼎,「西洋乾象坤輿圖二屛總序」.

孫尙揚(1992),『明末天主教與儒學的交流和衝突』, 臺北: 文津出版社.

『坤輿萬國全圖』에 표출된 리마두의 天文地理體系

정 기 준 │ 서울대학교 명예교수/대한민국학술원 회원

1. 프롤로그

　『곤여만국전도坤輿萬國全圖』는 전교사傳敎士로 중국에 온 예수회 신부 리마두(마테오 리치)가 중국의 사대부士大夫들을 위해 그린 최초의 서양식 세계지도다. 이 지도는 중국 및 한국, 일본의 지식인들의 세계관 내지 우주관을 바꾸는 데 지대한 공헌을 하였다.

　리마두는 『곤여만국전도』의 남회귀선 바로 아래에 실린 발문에서, "나는 위대한 중국을 흠모해 왔다", "중국은 손님인 나에게 분에 넘치는 호의를 베풀어 주었다" 등의 말을 하고 있다. 그러나 『곤여만국전도』는 그러한 중국에 대해서 단순히 감사의 표시로 그린 것은 아니다. 그 지도는 리마두의 전교傳敎 및 외교활동의 일환이기도 하다. 즉 그는 천주교와 이탈리아 문화의 위대성을 중국의 사대부들에게 확인시키는 수단으로 이 지도를 그렸던 것이다. 그는 어디까지나 예수회 신부로서 전교傳敎의 의무를 지고 있던 사람이다. 중국의 사대부들을 종국적으로 천주교로 개종시키는 것이 자신의 사명이었다. 그는 이 세계가 그리고 이 우주가 하나님의 창조물이라는 것을 굳게 믿었다. 그러므로 중국의 사대부들에게 이 하나님의 창조물에 대한 이해의 수준을 높여줌으로써, 그의 사명을 보다 쉽게 달성할 수 있을 것으로 믿었다.

　이처럼 『곤여만국전도』의 제작이 '예수회 사업'의 연장이었기 때문에, 리마두는 그 지도가 자신의 주장하고 싶은 바를 뒷받침할 수 있어야 한다고 생각했다. 당시 서양지도에서 볼 수 있는 화려한 장식물로 치장한 지도는 그에게는 필요 없었다. 철저히 합리적이고 과학적인 지도를 만들었다. 『곤여만국전도』에는, 현재의 눈으로 보면, 황

당하다고 느껴지는 내용이 일부 들어있는 것은 사실이다. 그러나 그
것은 리마두 당시의 권위있는 문헌에 근거를 둔 내용들이었다.

리마두는 당시 중국의 사대부들에게 생소했던 경도經度와 위도緯度
에 관해서 상세히 설명하고 있다. 해가 달보다 크다는 것도 증명해
보인다. 지구중심설地球中心說에 따라, 지구를 중심으로 하는 해와 달
과 행성行星들의 공전주기公轉週期도 제시한다. 지구에서 행성들까지
의 거리도 제시한다. 위도가 달라짐에 따라, 지구상의 각 지점에서
하지夏至 또는 동지冬至 때의 낮과 밤의 길이가 달라지는 모습도 보여
주고 있다. 절기에 따라 태양의 고도高度가 달라지는 모습을 기하학적
幾何學的으로 보여주기도 한다. 지구가 그야말로 둥근 구체라는 것을
확실히 보여주기 위하여, 리마두는 본지도 외에 북극과 남극을 각각
중심에 둔 두 반구도半球圖를 그려, 그것이 본지도와 어떤 보완관계를
가지는지도 설명한다. 리마두는 이러한 사실 모두가, 천지天地를 관장
하는 하나님이 지극히 선한이요, 지극히 위대한 이요 지극히 하나이
신 분임을 증거한다고 말한다[主宰天地者之至善至大至一也].

그리고『곤여만국전도』는 또 두 개의 위대한 문명의 교차점을 묘
술描述하고 있다. 그의 지구의 기술은, 중국의 사대부들에게 예수회
신부들의 문명관文明觀, 지구관地球觀을 보여줄 수 있도록 기술하고 있
다. 그리하여 그 서술방법은 겸손하면서도 자신에 차있는 모습으로,
상대방을 존경하면서도 자신의 신념을 굽히지 않는 모습으로, 진실
된 고마움을 표하면서도 자기긍정적인 모습으로 나타나 있다.『곤여
만국전도』에서 유럽을 설명한 것을 보면, 당시 활발하던 대항해시대
大航海時代의 모습을 될 수 있는 대로 축소하고, 당시 종교 개혁에 따
른 종교적 갈등을 숨긴 채, 유럽인들은 모두 독실한 천주교신자이며,
천문학과 철학에 정통하며, 유럽 각국의 왕들은 모두 부유한 것으로
기술하고 있다. 유럽과 중국을 제외한 다른 지역에 대한 기술 속에는
『걸리버 여행기』를 읽는 듯한 느낌을 주는 기괴한 기술들이 많다. 난

쟁이 나라, 식인의 나라 몬도가네 같은 나라 등등. 이 기술들은 물론 리마두의 창작이 아니라 당시 믿을만한 문헌에 근거를 두고 있음은 의심의 여지가 없다. 그러나 이러한 문명권文明圈과 비문명권非文明圈의 차별적 기술에서 리마두가 의도하는 바는 분명하다. 리마두의 조국祖國인 이탈리아를 비롯한 유럽의 문명과 리마두가 개종하려는 중국의 문명의 수준이 이 세계에서 얼마나 대단한 성취인가를 과시하고 싶은 것이다. 즉 자존심이 극히 강한 중국의 사대부들의 비위를 건드리지 않으면서, 유럽의 과학과 천주교의 높은 성취도를 이들에게 설명함으로써, 천주교 전교의 기초를 닦는데 이 지도를 이용하고 싶은 것이다. 사실 그는 예수회 본부에 수시로 보내는 보고서 중의 하나에서 다음과 같이 기술하고 있다. "중국인들은 자국自國의 위대성에 대해서 강한 자부심을 가지고 있습니다. 다른 모든 세계를 야만으로 여기고 있을 정도입니다. 이런 믿음을 바꾸지 않고서야 어찌 전교가 가능하겠습니까? 이러한 중국인들로 하여금 우리 천주교를 신뢰하게 하는 수단으로서, 이 지도는 우리가 사용할 수 있는 가장 유용한 물건입니다"(*Catholic Encyclopedia*의 Matteo Ricci 항에서).

그러므로 『곤여만국전도』는 단순한 지도가 아니라, 리마두가 가지고 있는 우주관과 목적이 그대로 표출되어 있는 귀중한 자료다. 그리고 리마두의 우주관은 단순한 지식의 집적이 아니라, 탄탄한 '체계'를 이루고 있다. 그 체계의 견고성은 그가 *Elementa*, 즉 『기하원본幾何原本』의 번역자라는 사실을 상기하게 한다. 리마두는 당대 제일급의 천문학자요 수학자인 클라비우스(리마두가 말하는 정선생丁先生)의 제자다. 클라비우스Clavius(1537~1612)는, 1582년 율리우스 력曆을 우리가 현재 사용하고 있는 그레고리 력曆으로 개편하는 과정에서 주역을 담당했다. 그는 또 1574년에, 유클리드의 *Elementa*를 라틴어로 평주評注한 책을 내어 인기를 끌었으며, 리마두가 번역한 『기하원본』은 바로 이 평주서評注書의 번역인 것이다.

리마두의 우주론인 우주체계 내지 천문지리체계는 현대용어로 표현하면 "공리적 접근법(axiomatic approach)"을 따르는 "공리체계公理體系"다. "공리(axiom)"란 "수학적 논리체계 내에서, 어떤 명제가 진실임이 전제되지만, 그 진실이 논리적으로 증명되지는 않은 그런 명제"를 말한다. 이때 그 논리체계가 몇 개의 공리 위에 세워져 있을 때 그 체계는 공리체계이며, 그러한 체계구축방법이 공리적 접근법이다.

공리적 접근법의 전범典範은 유클리드의 *Elementa*다. 르네상스 이후에 서양에서는, 어느 학문분야에서도 이 책이 제일급 교과서가 되었으며, 과학적 추론의 전범이 되었다. 뉴턴의 *Principia*에서는 운동의 3법칙이 뉴턴 역학力學의 공리체계를 이룬다. "공리"란 말은 이처럼 법칙(law)이란 말로 표현될 때도 있고, 아인슈타인의 상대성이론에서의 상대성원리란 말처럼, 원리(principle)란 말로도 표현된다. 공준公準(postulate)이란 말도 공리의 뜻으로 사용된다. 뉴턴이나 아인슈타인은 모두 공리적 접근법을 써서 크게 성공을 거두었다. 현재 공리적 접근법은 자연과학에서 뿐 아니라 경제학과 같은 사회과학에서도 중심적인 연구방법이 되어 있다. 리마두는, 당시 이탈리아가 르네상스의 중심 국가였다는 사실에 어울리게, 공리적 접근법에 익숙해 있었다.

이 글에서는 리마두의 우주관이 『곤여만국전도』에서 어떻게 표출되어서, 그의 공리적 접근에 의한 천문지리체계를 이루고 있는지를 보고자한다. 그는 이 면에서 서양의 과학문명의 우수성을 유감없이 과시하고 있고, 이는 중국의 사대부들에게 문명적 충격을 주기에 충분했다. 우리의 17세기 이후의 실학운동은 이러한 문명적 충격이 가져온 현상이다.

2. 리마두의 정의定義/공준公準 체계

1) 우주의 경계인 천구天球는 둥글다.

2) 지구地球는 둥글다.

3) 지구는 우주의 중심이며, 영항부동永恒不動이다.

4) 모든 천체天體는 원궤도圓軌道를 따라 지구를 돈다.

5) 우주를 구성하는 원소元素는 토土, 수水, 기氣, 화火 4가지다(이를 사원행四元行 또는 사행四行이라 한다).

6) 지구의 중심은 우주의 가장 아래이며, 이는 또한 우주의 중심이다.

7) 사행四行은 성질에 따라, 무거운 것은 아래, 가벼운 것은 위에 포치布置한다.

8) 토土와 수水는 일체一體가 되어 지구의 구체球體를 구성한다.

9) 지구 위의 하늘은 아홉 겹의 구중천九重天으로 되어 있다.

10) 제구중천第九重天인 종동천宗動天은, 그 아래의 팔중천八重天을 이끌고, 천구天球의 남북극南北極을 축軸으로 하루에 한 바퀴씩, 동쪽에서 서쪽으로, 우주의 중심인 지구를 돈다.

11) 제사중천第四重天에 속하며, 유일한 발광천체發光天體인 일륜日輪 즉 태양은, 천구天球의 황도黃道를 따라, 하루에 한 바퀴씩 종동천宗動天에 이끌리어 도는 것과는 별도로, 1년(=365.23일)에 한 바퀴씩, 서쪽에서 동쪽으로, 지구를 돈다. 천구의 적도면赤道面과 황도면黃道面의 교각交角은 23.5도다.

12) 제일중천第一重天에 속하는 월륜月輪 즉 달은, 황도黃道 근방의 자신의 궤도를 따라, 종동천宗動天에 이끌리어 도는 것과는 별도로, 서쪽에서 동쪽으로, 1달(27.31일)에 한 바퀴씩, 지구를 돈다.

13) 천구天球의 적도赤道와 황도黃道는 두 점 즉 춘분점春分點과 추분점秋分點에서 교차한다. 춘분점을 원점으로 하여, 적도좌표계赤

道座標系와 황도좌표계黃道座標系가 각각 정의定義된다.

14) 천구의 적도좌표계는 춘분점을 적경赤經 0도로 정한 다음, 적도를 따라 동쪽으로 360도로 분할한 것을 적경赤經으로 하고, 적도에 수직인 자오선子午線을 따라 적위赤緯를 정의定義한다.

15) 천구의 황도좌표계黃道座標系는 춘분점을 황경黃經 0도로 정한 다음, 황도黃道를 따라 동쪽으로 360도로 분할한 것을 황경黃經으로 하고, 황도에 수직인 방향으로 황위黃緯를 정의定義한다.

16) 지구의 좌표계는 지구의 적도와 양극兩極이 천구와 대응하도록 정의한다. 그러면 지구좌표계의 위도는 천구와 대응하게 되며, 경도는 대응이 불가능하다. 따라서 경도는 "복도福島"를 지나는 자오선을 경도 0도인 본초자오선本初子午線으로 하여, 따로 정의한다.

17) 1일은 100각刻으로 나눈다. 즉 1각刻은 100분의 1일이다.

18) 경도經度 30도차度差는 1시진時辰(=1시간)이다.

19) 지구좌표계의 위도緯度 1도 간의 거리는 250리다.

20) 원주율圓周率은 22/7이다.

21) 1보다 작은 수는 분수分數로 표기한다.

22) 숫자 영零(0)을 쓰지 않는다.

이상의 명제들은 리마두의 공준公準들과 정의定義들이다. 이들을 가지고 우리는 리마두의 우주체계 내지 천문지리체계를 모두 설명할 수 있다.

3. 이 정의定義/공준公準 체계로부터 유도되는『곤여 만국전도』상의 명제들 : 요약

1) 지구에 관한 사실들
(1) 지구의 둘레는 9만리다.
(2) 지구의 두께는 2만8636.36리다.
(3) 지면에서 지구의 중심까지는 1만4318과 2/11리다.

2) 천세天勢에 따라 나누이는 지구의 오대五帶의 경계
(1) 주장권晝長圈은 북위北緯 23.5도度다.
(2) 주단권晝短圈은 남위南緯 23.5도度다.
(3) 북극도北極圈는 북위北緯 66.5도度다.
(4) 남극도南極圈는 남위南緯 66.5도度다.

3) 경도 1도 간의 거리
(1) 위도 1도 간의 거리는 어디에서나 똑같이 250리다.
(2) 경도 1도 간의 거리는 적도에서만 위도 1도 간의 거리와 같고, 적도에서 멀어질수록 그 거리는 줄어들며, 양극兩極에서 0이 된다.

4) 태양의 "공전公轉"운동과 천구의 적도좌표
(1) 태양은 "공전"궤도인 황도黃道를 따라 등속원운동等速圓運動한다.
(2) 이 운동의 좌표는 천구의 적도좌표로 표현할 수 있다.

5) 하주장夏晝長/동주장冬晝長 : 위도 및 계절에 따른 낮과 밤의 길이의 변화
(1) 해가 천구의 적도에 오는 춘분春分 또는 추분秋分에 낮의 길이

와 밤의 길이는 어디에서나 다같이 50각刻이다.

(2) 지구의 적도에서, 낮의 길이와 밤의 길이는, 계절에 관계없이 똑같이 50각이다.

(3) 하지夏至에 북반구의 낮의 길이는 가장 길다. 그러나 그 하지의 낮의 길이, 즉 하주장夏晝長은, 적도에서 북위 66.5도 사이에서, 위도가 높아질수록 길어진다(50각에서 100각 사이에서).

(4) 동지冬至에 북반구의 낮의 길이는 가장 짧다. 그러나 그 동지의 낮의 길이 즉 동주장冬晝長은, 적도에서 북위 66.5도 사이에서, 위도가 높아질수록 짧아진다(50각에서 0각 사이에서).

(5) 남반구는 북반구와 정반대다.

6) 장주長晝/장야長夜 현상

(1) 남북반구를 막론하고, 위도 66.5도 이상에서는 낮의 길이 또는 밤의 길이가 하루보다 긴 장주長晝/장야長夜 현상이 나타난다. 그 장주長晝/장야長夜의 길이, 즉 장주장長晝長/장야장長夜長은 66.5도와 극極 사이에서 위도가 높아질수록 길어진다(1일에서 반년半年 사이에서).

(2) 리마두 공준公準 체계에서 이 현상은 남북반구에서 대칭적이다.

4. 리마두의 지구

리마두 체계에서, 지구가 둥글다는 것은 지구가 완전한 기하학적인 구체라는 뜻이다. 그러므로 기하학의 구球의 성질을 그대로 지구에 적용할 수 있다. "지구"라는 말은 바로 이를 의미는 말이다.

지구의 둘레는 적도를 따라, 그리고 그와 직각인 자오환子午環을 따라 360도로 분할된다. 그리고 적도와 자오환의 길이는 같다. 자오환

을 따라 측정되는 위도 1도간의 거리는 250리로 일정하므로,

지구의 둘레 = (250리)×(360) = 9만리

의 관계가 얻어진다. 리마두는 이 "9만리"를 수없이 언급함으로써, 동아시아인들의 뇌리에 이 개념을 심어주려 노력하여 성공을 거두고 있다.

지구는 완전한 구체이므로, 이 둘레를 원주율圓周率로 나누어 지구의 지름을 구할 수 있다. 즉, 리마두의 원주율 22/7을 쓰면,

지구의 지름 = 9만리 / (22/7) = (2만8636 + 4/11)리

지구의 반지름 = (1만4318 + 2/11)리

가 얻어진다. 리마두는 지구의 지름을 지후地厚 즉 "땅의 두께"라는 말을 사용하면서 "地厚二萬八千六百三十六里零百分里之三十六"이라고 표현하고 있다. 4/11을 소수小數로 쓰면 0.3636...인데, 소수를 기피하는 리마두는 이를 단수端數 처리하여 36/100으로 이해하고 있는 것이다. 리마두는 또 지구의 반지름을 언급하면서, "地面至其中心得一萬四千三百一十八里零九分里之二"라고 말하고 있다. 이는 우리의 계산결과와 일치한다. 다만 2/11을 2/9라고 하고 있는데, 이는 단순한 이기상移記上의 오류일 것이다.

5. 리마두의 지구투영법地球投影法

리마두는 지구의 구면球面을 평면에 지도로 그려내는 방법, 즉 투영법을 고안하느라 여러 가지 궁리를 했다.

리마두 세계지도의 전체 구도

1) 경선經線과 위선緯線의 기준

우선 적도의 길이가 9만리이고 북극과 남극을 잇는 자오선의 길이는 그 반이라는 점에 착안하여, 같은 크기의 두 원을 서로 접하도록 작도하고, 각 원의 지름을 자오선의 길이와 같게 하면, 접점을 지나는 지름의 두 배의 길이가 되는 선분(그림의 EH)은 적도의 길이가 된다. 리마두는 그 선분 EH를 지도의 적도로 삼았다. 그리고 그와 직각인 두 원의 공통접선 NS를 지도의 중심을 지나는 자오선으로 삼았다. 그리고 지도 전체의 모습에 대한 배려와, 중국을 될 수 있는 대로 중심에 오게 하려는 배려로, 중심자오선 NS는 복도福島 동쪽 170도의 자오선으로 삼았다. 복도福島는 현재의 카나리아군도를 말하는데, 2세기 프톨레미 시대에 유럽세계의 가장 서쪽에 있는 육지로 인식하여, 여기를 지나는 자오선을 본초자오선本初子午線으로 삼았는데, 리마두 시대에도 이 전통이 이어지고 있었다. 리마두는 이 자오선을 지도의 가장 서쪽이 되게 작도할 생각을 했겠지만, 그보다 10도 서쪽의 350도 경선을 지도의 서쪽 끝으로 하는 것이 낫다고 판단한 것 같다. 그래서 중심자오선이 170도 경선으로 된 것이다(알레니는 1623년에 리마두의 구도와 거의 같은 세계지도, 『만국전도』를 그리면서, 복도福島를 지나는 본초자오선을 지도 양단의 자오선으로 삼고 있다. 그러므로 알레니의 『만국전도』에서는 중심자오선의 경도가 180도다). 그러면 그 중심자오선에서 180도 떨어진 350도의 자오선은, 지도의 동쪽 끝인, 점 H를 지나는 반원 BHD로 나타내지거나, 또는 지도의 서쪽 끝인, 점 E를 지나는 반원 AEC로 나타내진다. 그 반원으로 나타내지는 자오선의 실제 길이는 지름 NS로 나타내지는 170도 자오선의 길이와 같은 것이지만, 지도에서는 이처럼 길이가 달리 표현되는 것은, 리마두의 투영법投影法에서는 불가피한 일이었다.

2) 위선緯線과 경선經線의 작도作圖

가능한 한, 실제의 축척에 충실하게 지도를 그리기 위하여 리마두는 여러 가지 궁리를 하였다. 우선 위도간의 간격은 위도에 관계없이 같다는 사실을 지도에 반영하기 위하여, 리마두는 선분 NS를 18등분하여 각등분점에서 적도에 평행한 직선을 그려, 그것이 10도 간격의 위선이 되게 했다. 그리고 이 간격 각각을 다시 10등분하여 검은색과 흰색을 번갈아 표시한 띠를 선분 NS와 반원 AC 및 BD에 그려 넣음으로써, 1도 간격의 눈금 역할을 하게 했다.

또, 적도를 따라서 경도 1도간의 간격은 어디에서나, 위도 1도간의

간격과 같다는 사실로부터 리마두는 안심하고 적도赤道 EH를 36등분
하여 10도 간격의 경선經線이 지나가게 했다. 그리고 이 간격 각각을
다시 10등분하여 검은색과 흰색을 번갈아 표시한 띠를 적도赤道 EH를
따라 그려 넣음으로써, 1도 간격의 눈금 역할을 하게 했다.

3) 양극점兩極點, 북극北極과 남극南極의 처리

리마두의 지도를 보면, 점 A, B, C, D 각각에 해당하는 점에 "구십
九十"이란 글자가 또렷하다. 북위 90도 또는 남위 90도란 뜻이다. 점 A
와 B는 경도가 350도에 북위 90도이니 원래 같은 점이다. 마찬가지로
점 C와 D도 같은 점이다. 원래 지구에는 북위 90도인 점은 북극뿐이
고, 남위 90도인 점은 남극뿐이니, 이 이외에 따로 북극이 있고, 남극
이 있을 수 없다. 그런데 리마두 지도를 보면, 점 N에 해당하는 점이
"북극"이라고 표시되어 있고, 점 S에 해당하는 점이 "남극"이라고 표
시되어 있다. 더 나아가서, 리마두는 극지방에서 모든 자오선을 N 또
는 S라는 한 점에 수렴하는 것으로 그리고 있다. 고로 극지방에서는
불가피하게 자오선간의 간격에 왜곡이 생긴다. 즉 "북극"과 "남극" 근
방의 자오선간의 간격은 지나치게 조밀하고, 지도의 좌우 가장자리
의 자오선들 간의 간격은 지나치게 넓다. 이는 리마두가 자신의 세계
지도에서 점 A, N, B가 모두 북극이고, 점 C, S, D가 모두 남극이라는
사실을 망각(?)하고 저지른 무리無理라고 보일 정도다.

현대의 지도투영법에는 "평극법平極法"이라는 것이 있다. 리마두의
경우처럼 A, N, B가 모두 북극인 경우에는 지도에서 북극을 무리하게
어느 한 점으로 보지 않고, 그 세 점을 포함하는 선분 ANB를 "평평한
북극으로 보는 법"인 것이다. 마찬가지로 선분 CSD를 평평한 남극으
로 본다. 그렇게 보는 평극법의 지도에서는 극지방에서 자오선을 무
리하게 한 점으로 수렴시키지 않고, 선분인 북극과 남극에 등분산等分

散시키는 것이다. 이렇게 하면, 지도의 중심과 가장자리에서 자오선들 간의 간격을 쉽게 통일시킬 수 있다. 리마두는 이 평극법을 쓰지 않았기 때문에, 지도의 고위도高緯度에서 중심의 경도 간격이 좁고, 가장자리의 경도간격이 넓어, 중심에 있는 중국은 가장자리에 있는 유럽보다 과소하게 그려져 있다. 이는 확실히 리마두의 의도한 바는 아닐 것이다.

6. 위도와 경도 각 1도의 간격 : 직도直度와 횡도橫度

리마두는 세로를 직直, 가로를 횡橫이라는 말로 표현한다. 그러므로 남북의 길이를 측정하는 위도緯度는 직도直度이며, 동서의 폭을 측정하는 경도經度는 횡도橫度다. 지도의 남아메리카 남쪽의 여백에 자리 잡은 「총론횡도리분總論橫度里分」이란 제목의 난에서 그는 이 관계에 관하여 설명하고 있다.

남북의 길이를 재는 위도 즉 직도直度는 매도每度가 250리라는 것은 리마두의 대전제다. 그리고 리마두의 체계에서 이 값은 지구상의 모든 지점에서 같다. 그러나 동서의 폭을 재는 경도 즉 횡도橫度의 매도每度는 적도赤道에서만 250리로 직도直度와 같고, 적도에서 양극으로 멀어질수록 점점 좁아진다. 즉 횡도는 250리에 미치지 못한다. 그는 그 줄어드는 산법算法이 따로 있다고(別有減分減秒算法) 하면서, 적도에서 멀어지는데 따르는 매횡도每橫度의 광협을 분초分秒로 나타내는 표를 제시하고 있다. 그리고 나서, 리수里數는 이로부터 추산할 수 있다고 말하고 있다. 여기서 말하는 분초는 직도直道 매도每度 250리의 60분의 1이라는 의미의 분分이고, 또 분의 60분의 1이라는 의미의 초秒다. 그러므로 1분分의 간격은 250/60리, 즉 4와 1/6리다(以地準之...每分徑得四里零六分里之一). 그러나 리마두는 다만 표를 제시할 뿐, "산법算法"은 제시하지 않고 있다. 나는 그가 이 표를 만드는데 사용했을 "산법"이 무엇일지를 "역설계逆設計(reverse engineering)"의 방법으로 추론해 보았다.

그 추론은 그리 어려워 보이지 않았다. 적도로부터 위도의 값이 커질수록, 즉 직도가 증가할수록, 횡도는 좁아지는데, 그 이유는 위도가 커질수록 그에 대응하는 위선이 그리는 원이 작아지기 때문이다. 지구의 반지름을 1이라 하면, 적도가 그리는 원의 반지름은 역시 1이다. 그러나 y도의 위선이 그리는 원, 즉 "y위도환緯度環"의 반지름 g는 1보다 작다. 그리고 그 위도에 대응하는 횡도 매도의 길이, 즉 경도 1도간의 거리도, 그 반지름 g와 같은 비례로 줄어든다. 그 줄어드는 방식은 위도의 값 y만의 함수다.

1) 횡도橫度의 계산식 유도

일반적으로 y위도환緯度環의 반지름은 $\cos y$임을 다음과 같이 보일 수 있다. 위도가 y인 한 지점을 P라 하고, 지심地心 O와 P를 이은 선분線分 OP를 적도면에 투영할 때, 점 P의 투영점을 Q라 하면, 삼각형 POQ는 직각삼각형이고, 이 삼각형의 빗변 OP는 1, 각 POQ는 y다. 이때, 그 y위도환의 반지름 g는 OQ다. 그런데 삼각함수의 정의에 따라,

$$g = OQ = OP^*(\cos y) = \cos y$$

이므로 우리가 구하는 반지름은,

$$g = \cos y$$

가 된다. 이를 리마두의 용어로 표현하면,

(위도 y도에서의 횡도 1도) = g*(직도 1도) = 60*(cos y)분

우리는 이 공식을 리마두의 표의 배경이라고 추론할 수 있다. 이 추론이 옳은지의 여부는 이 공식을 이용한 계산 결과를 직접 리마두의 표와 비교해 보면 알 수 있다.

2) 횡도橫度의 계산값과 리마두의 값 비교

다음 표는 위도 즉 직도 y가 0도에서 90도까지 변할 때, 횡도 1도의 계산값인 cos y의 변화를 소수로, 그리고 분초 단위로 계산하고, 이를 리마두의 <횡도리분표橫度里分表>의 값과 비교한 것이다.

횡도의 계산값과 리마두의 값 비교

위도y	g=cos y	계산값의 분초표시	리마두의 값	불일치 설명
0	1.00000	60분 00초		
1	0.99985	59분 59초		
2	0.99939	59분 58초	59 57*	단수端數 처리 탓
3	0.99863	59분 55초	59 52*	5를 2로 잘못 본 듯
4	0.99756	59분 51초		
5	0.99619	59분 46초		
6	0.99452	59분 40초		
7	0.99255	59분 33초		"동북대" (59 23*)
8	0.99027	59분 25초		
9	0.98769	59분 16초		
10	0.98481	59분 05초		
11	0.98163	58분 54초		
12	0.97815	58분 41초		
13	0.97437	58분 28초		
14	0.97030	58분 13초		

위도y	g=cos y	계산값의 분초표시	리마두의 값	불일치 설명
15	0.96593	57분 57초		
16	0.96126	57분 41초		
17	0.95630	57분 23초		
18	0.95106	57분 04초		
19	0.94552	56분 44초		
20	0.93969	56분 23초		
21	0.93358	56분 01초		
22	0.92718	55분 38초		
23	0.92050	55분 14초		
24	0.91355	54분 49초		
25	0.90631	54분 23초		
26	0.89879	53분 56초		
27	0.89101	53분 28초		
28	0.88295	52분 59초		
29	0.87462	52분 29초		
30	0.86603	51분 58초		
31	0.85717	51분 26초		"규장각" (50 28)
32	0.84805	50분 53초		
33	0.83867	50분 19초	50 29*	一을 二로 본 듯
34	0.82904	49분 45초		
35	0.81915	49분 09초		
36	0.80902	48분 32초		
37	0.79864	47분 55초		
38	0.78801	47분 17초	47 27*	一을 二로 본 듯
39	0.77715	46분 38초		"규장각" (49* 28*)
40	0.76604	45분 58초		
41	0.75471	45분 17초		
42	0.74314	44분 35초		
43	0.73135	43분 53초		
44	0.71934	43분 10초	43 20*	一을 二로 본 듯
45	0.70711	42분 26초		"규장각" (41* 26)

위도 y	g=cos y	계산값의 분초표시	리마두의 값	불일치 설명
46	0.69466	41분 41초	41 40*	단수 처리, "혼개渾蓋" (41 47*)
47	0.68200	40분 55초		
48	0.66913	40분 09초		
49	0.65606	39분 22초		
50	0.64279	38분 34초		
51	0.62932	37분 46초		
52	0.61566	36분 56초		"규장각" (36 45*)
53	0.60182	36분 07초	36 01*	七을 一로 본 듯
54	0.58779	35분 16초		
55	0.57358	34분 25초		
56	0.55919	33분 33초		
57	0.54464	32분 41초		
58	0.52992	31분 48초		
59	0.51504	30분 54초		
60	0.50000	30분 00초		
61	0.48481	29분 05초		
62	0.46947	28분 10초		
63	0.45399	27분 14초		
64	0.43837	26분 18초		
65	0.42262	25분 21초		
66	0.40674	24분 24초		
67	0.39073	23분 27초		
68	0.37461	22분 29초		
69	0.35837	21분 30초		
70	0.34202	20분 31초		
71	0.32557	19분 32초		
72	0.30902	18분 32초		
73	0.29237	17분 33초		
74	0.27564	16분 32초		
75	0.25882	15분 32초		
76	0.24192	14분 31초		

위도y	g=cos y	계산값의 분초표시	리마두의 값	불일치 설명
77	0.22495	13분 30초		
78	0.20791	12분 28초		
79	0.19081	11분 27초		
80	0.17365	10분 25초		
81	0.15643	9분 23초		
82	0.13917	8분 21초		
83	0.12187	7분 19초		
84	0.10453	6분 16초		
85	0.08716	5분 14초		
86	0.06976	4분 11초		
87	0.05234	3분 08초		
88	0.03490	2분 06초		
89	0.01745	1분 03초		
90	0.00000	0분 00초		

주 : (1) 리마두의 값이란 『곤여만국전도』(1602)와 『양의현람도兩儀玄覽圖』(1603)의
　　　값을 말한다.

3) 이 비교를 통해 본 1602년판 『곤여만국전도』 평가

　　이 표를 통하여 우리는 리마두의 값이, 우리가 추론한 대로, cos y
를 써서 계산되었음을 확인할 수 있다. 이 표의 90개의 분초값 가운
데 83개의 값이 완벽하게 우리의 계산과 일치한다. 불일치하는 7개의
값들도 자세히 검토해보면, 확실히 계산상의 오류로 보이는 것이 있
기는 하지만, 한자 수자의 판독判讀 오류로 보이는 것이 대부분이다.
여기서 우리는 4백여 년 전 리마두 또는 그가 인용한 문헌의 삼각함
수 계산이 놀랍도록 정확했음을 확인할 수 있다.
　　이 표를 통해서 우리가 알 수 있는 부수적 사실이 있다. 리마두 세
계지도의 결정판은 1602판 『곤여만국전도』라는 사실의 확인이다. 그

후에 나온 어떤 판도 (『사고전서四庫全書』를 포함하여) 이보다 더 우수한 판은 없다는 의미에서다. 1603년에 나온 숭실대본 <양의현람도兩儀玄覽圖>의 표는 그 1602년판과 완벽하게 일치한다. 『사고전서』판 "혼개통헌도설渾蓋通憲圖說"(주유쟁 p.414)은 1개소의 불일치(오류)가 더 있다. 조선조 숙종 때(1708년)에 만든 서울대학교 규장각본『곤여만국전도』와 일본에서 만든 동북대본『곤여만국전도』는 1602년판의 오류를 모두 공유하며, 각각 자신의 추가오류가 있다. 역시 숙종 때 만든 서울대학교 박물관본『곤여만국전도』는 손괴損壞로 판독불능의 부분이 태반이나, 판독 가능한 부분 중에서도, 31도로부터 37도까지에는 체계적인 오류가 있다. 그 값은 다음 표와 같다.

서울대학교 박물관본의 추가오류

직도 y	횡도 cos y	횡도의 분초표시	리마두의 표		"박물관본"의 값	
31	0.85717	51분 26초	51	26	(50	53)
32	0.84805	50분 53초	50	53	(50	29)
33	0.83867	50분 19초	50	29	(50	45)
34	0.82904	49분 45초	49	45	(49	09)
35	0.81915	49분 09초	49	09	(49	32)
36	0.80902	48분 32초	48	32	(48	55)
37	0.79864	47분 55초	47	55	(47	27)
38	0.7880	47분 17초	47	27	--	

체계적인 오류란, 그 오류구간의 실제 값은 31도에서 37도까지가 아니라, 32도에서 38도까지의 값으로 오기했다는 뜻에서다.

이런 사정을 감안하여, 우리는 안심하고, 1602년판『곤여만국전도』를 "리마두 세계지도의 표준"으로 삼는다.

7. 하주장夏晝長/동주장冬晝長

하주장/동주장은 하지의 낮의 길이, 동지의 낮의 길이를 의미한다. 그와 대칭이 되는 하야장/동야장은 리마두 체계에서는 그야말로 대칭이기 때문에 따로 설명할 필요가 없다 그리고 마찬가지 이유로 하주장만을 설명하고 동주장을 따로 설명할 필요가 거의 없다. 그러므로 이하에서는 주로 하주장만을 설명한다.

어느 지점의 하주장은 그 지점의 위도 y에만 의존하기 때문에 y와 하주장간의 관계를 분석할 필요가 있다. 리마두는 본지도의 좌우 가장자리에 위도 5도 간격으로 하주장/동주장, 하야장/동야장의 수치를 제시하고 있다.

1) 하주장夏晝長 분석을 위한 수학적 예비작업

지구상에서 북위北緯 y도의 한 지점을 상정하자. 그 지점의 천정天頂 G와 천구天球의 북극 N을 지나는 천구의 대원大圓을 그린 것이 가운데 보이는 원이다. 이 대원大圓에서 N의 대척점 S는 천구의 남극이고, NS의 수직이등분선 AB가, 천구의 적도를 이 대원평면大圓平面에 투영한 도형이다.

지구는 천구天球에 비하면 무한소無限小로 볼 수 있기 때문에, 천구의 중심 O는 지구상의 어떤 점도 이를 대표한다. 따라서 그 특정 지점은 이 대원大圓의 중심 O로 나타내진다. O를 지나고 OG와 수직인 평면이 그 지점의 지평면地平面인데, 그 지평환地平環을 천구의 대원大圓으로 보아, 이를 앞의 대원평면大圓平面에 투영한 도형을 선분 EF로 나타냈다. 그리고 EF를 지름으로 하는 그 지평환 자체는 맨 위에 원으로 표시했다. 이는 천구의 대원大圓의 하나다. 이 두 대원大圓이, 선분 EF 및 그 선분상의 점 EOPF를 공유하고 있음에 주목할 필요가 있다.

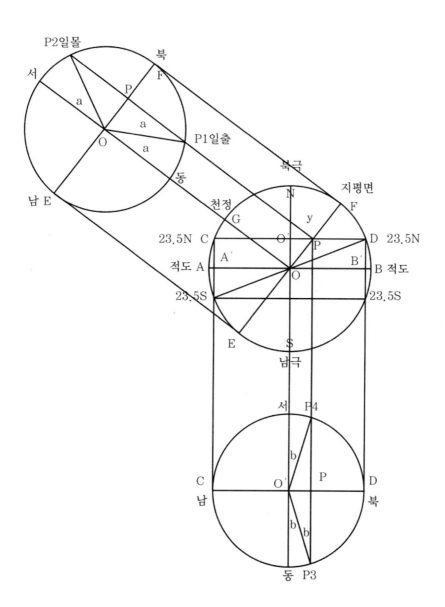

가운데 대원大圓에서 선분線分 CD는 천구상의 북위 23.5도의 위선을 그 대원에 투영한 도형이다. 그 위선은 하지에 태양이 지나가는 길이다. 즉 태양은 하짓날 종동천宗動天에 이끌리어, 등각속도等角速度로 그 위선緯線을 따라서 한 바퀴를 돈다. 그리고 CD를 지름으로 하는 그 위선환緯線環 자체는 맨 아래에 원으로 표시했다. 이 원은 대원大圓보다는 작으나, 선분 CD 및 그 선분상의 점 CO'PD를 공유하고 있음에 주목할 필요가 있을 것이다.

가운데의 투영천구도投影天球圖에서, 선분 CD는 하지에 태양이 지나가는 길의 투영도다. 그리고 우리의 특정지점 O의 지평면의 투영도 EF와는 점 P에서 만난다. 그런데 우리의 특정지점에서는 지평면의 아래에 있는 천체는 보이지 않고 그 천체가 위로 떠오를 때만 보인다.

선분 EF를 회전축으로 하여 90도 회전하면 우리는 위쪽의 원과 같은 지평환地平環을 얻게 된다. 그 지평환에서 동서남북 사방의 위치는 표시된 대로이며, 일출점 P1과 일몰점 P2가 그림에서처럼 표시된다(지평면의 투영도 EF 위에서는 세 점 P1, P, P2는 모두 한 점 P로 나타내진다). 우리는 이 지평환에서 일출점이 정동正東에서 a도만큼 북쪽으로 치우쳐 있음을 알 수 있고, 일몰점 P2 역시 정서正西로부터 a도만큼 북쪽으로 치우쳐 있음을 알 수 있다.

이 편각 a는 우리의 특정지점의 위도 y에 의존하게 되는데, 우리는 a를 y의 함수로 표현하는 것이 가능하다.

2) 일출의 지평환 편각偏角 a의 계산

지평환과 투영천구도를 보면, 두 그림에서 선분 OP가 공통이다. 그런데 지평환 그림에서 선분 OP는 각 a로 나타낼 수 있고, 투영천구도에서는 OP를 y로 나타낼 수 있다. 우리는 이 두 관계를 결합하여 소기의 목적을 달성할 수 있다.

천구의 반지름을 1이라 하자. 그러면 지평환의 반지름도 역시 1이다. 지평환의 그림에서 직각삼각형 OPP1을 고려하면 각 OPP1은 직각이고, 각 PP1O는 a다. 그리고 지평환의 반지름인 P1O의 길이는 1이다. 그러므로 우리는 다음 관계를 얻는다.

$$OP = \sin a.$$

다음은 투영천구도에서, 우리는 OP를 포함하는 직각삼각형 OPO'에 주목하고자 한다. 이 삼각형에서 각 OO'P가 직각이고, 각 POO'가 바로 y다. 그 각은 우리의 특정지점 O의 북극고北極高이고, 북극고는 위도 y와 같기 때문이다. 그러므로 다음 관계가 성립한다.

$$OO'/OP = \cos y$$

즉,

$$OP = OO'/\cos y.$$

여기서 우리는 OO'만 알면 OP가 y에 의하여 표현될 수 있음을 안다. 이 그림의 점 D에서 적도에 수선을 내려, 그 발을 B'라 하자. 그러면 OO" = B'D가 된다. 그런데 직각삼각형 ODB'에서, 천구의 반지름 OD는 1이고 각 DOB'은 23.5도다. 그러므로 B'D = sin 23.5 이고, 따라서

$$OO' = \sin 23.5$$

를 얻는다. 이를 위의 식에 대입하면, OP는 y의 함수로 다음과 같이 표현된다.

$$OP = (\sin 23.5)/(\cos y).$$

이를 지평환의 그림에서 구한 OP의 표현과 결합하면 다음식이 얻어진다.

$$\sin a = (\sin 23.5)/(\cos y).$$

즉, 역함수를 취하면,

$$a = \arcsin\{(\sin 23.5)/(\cos y)\}$$

이로써 일출의 편각偏角 a가 위도 y의 함수로 표현되었다.

3) 일출의 위도환 편각偏角 b 및 하주장夏晝長의 계산

맨 아래 그림은 천구의 적위 23.5도의 위도환을 그린 것인데, 이는 가운데 그림의 선분 CD를 90도 회전하여 얻어진 것이다. 하지 날에 태양은 이 위도환을 따라 등속으로 한 바퀴 돌게 되는데, 점 P3에서 C를 지나 P4까지 갈 동안이 낮이고, 점 P4에서 D를 지나 P3까지 갈 동안이 밤이다(일출점 P3는 P1의 다른 이름이고, 일몰점 P4는 P2의 다른 이름 이다). 태양은 360도를 하루 즉 100각에 돌므로, 1각당 회전속도는 3.6 도다. 정동正東에서 일출점 P3까지의 편각偏角을 b도라 하면, 정서正西에서 일몰점 P4까지의 편각偏角도 b도다. 그러므로 각刻으로 표시한 낮의 길이 즉 하주장夏晝長은 b를 써서 표시할 수 있다. 즉 낮의 부채꼴의 중심각 (180+2b)도를 회전속도 3.6도로 나누면 된다. 즉,

$$\text{하주장夏晝長} = (180+2b)/3.6 = 50 + b/1.8 \ (\text{刻})$$

그러면 편각 b는 어떻게 알 수 있을까? 아래쪽 그림의 직각삼각형 O'PP3를 보면, 각 PP3O'이 b이므로, 다음 관계가 얻어진다.

$$\sin b = O'P / O'P3$$

그런데 이 식의 분모 O'P3는 그 위도환의 반지름으로 O'D와 같고, 이는 가운데 그림에서 보면 OB'과 같다. 그리고 직각삼각형 DOB'에서 OD의 길이가 1이므로, OB'=cos 23.5다. 따라서,

$$O'P3 = \cos 23.5$$

를 얻는다. 한편, 그 식의 분자 O'P는, 가운데 그림의 직각삼각형 OO'P에서 볼 때, O'P=O'O tan y로 쓸 수 있고, 우리는 이미 O'O가 sin 23.5임을 알고 있으므로, 결국 우리는 위의 식을 다음과 같이 고쳐 쓸 수 있다.

$$\sin b = O'O*(\tan y)/(\cos 23.5) = \{(\sin 23.5)/(\cos 23.5))\}*\tan y$$

즉

$$\sin b = (\tan 23.5)*(\tan y)$$

$$b = \arcsin\{(\tan 23.5)*(\tan y)\}.$$

이리하여 b는 y만의 함수로 표현되었다. 이를 써서 위도 y인 지점의 하주장이 계산된다. 즉,

$$하주장夏晝長 = (180+2b)/3.6 = 50 + b/1.8 \ (刻)$$

4) 하주장夏晝長/동주장冬晝長 비교 및 평가

리마두는 실제로 지구의 가장자리에 위도 5도 간격으로 하주장/동주장의 값을 제시하고, 그 계산방법은 제시하지 않고 있다. 나는 역설계(reverse engineering)의 방법으로 그 방법을 추적해 본 것이다.

앞에서 수행한 내 추적의 결과가 리마두가 사용한 방법과 같은지의 여부는 우리의 계산값과 리마두의 값을 직접 비교하면 알 수 있다. 비교해보자. 이를 비교함에 있어서는 리마두(1602)뿐 아니라, 남회인南懷仁의 『곤여전도坤輿全圖』(1674) 및 장정부莊廷尃/최한기崔漢綺의 『지구전후도地球前後圖』(1800, 1834)의 하주장夏晝長 값도 함께 비교해 보기로 한다.

리마두, 남회인, 장정부/최한기의 하주장 값의 비교

北緯y	계산값	利값	오차	南값		오차	莊/崔값		오차
66.5	100.0	100.0	–	96각	=100.0		96각	=100.0	–
65	88.2	88.5	+0.3	84각10분=87.7		-0.5			
60	77.2	77.0	-0.2	72각30분=75.5		-1.7	74각	=77.1	-0.1
55	71.3	71.5	+0.2	68각 7분=70.9		-0.4			
50	67.3	67.5	+0.2	64각 9분=66.8		-0.5	64각 9분=67.3		0.0
45	64.3	64.0	-0.3	60각26분=62.9		-1.4			
40	61.9	62.0	+0.1	56각51분=59.2		-2.7	59각 6분=61.9		0.0
35	59.8	59.0	-0.8	56각21분=58.7		-1.1			
30	58.1	58.0	-0.1	52각59분=55.2		-2.9	55각14분=58.3		+0.2
25	56.5	55.5	-1.0	52각33분=54.7		-1.8			
20	55.1	55.0	-0.1	52각12분=54.4		-0.7	52각12분=55.0		-0.1
15	53.7	53.5	-0.2	48각53분=50.9		-2.8			
10	52.4	52.0	-0.2	48각36분=50.6		-1.8	50각 6분=52.5		+0.1
5	51.2	50.5	-0.7	48각17분=50.3		-0.9			
0	50.0	50.0	–	48각	=50.0	–	48각	=50.0	–

주 : (1) 표의 단위는 모두 리마두의 刻, 즉 100분의 1일로 통일했다.
　　 (2) 편의상, y=0 및 y=66.5의 행을 추가하여, 이론적 값을 제시하였다.
　　 (3) 원래 남회인의 1각은 96분의 1日, 1분은 60분의 1각이다.
　　 (4) 원래 장정부/최한기의 1각은 96분의 1日, 1분은 15분의 1각이다.
　　 (5) 북위 45도의 남회인 하야장은 60각 56분으로 된 곳이 8곳 중 1곳 있다.

이 표를 보면서 우리가 느끼는 것은, 이 표가 여러 단계에서 삼각함수 및 그 역함수의 계산을 요하는 델리케이트한 계산의 결과임에도 불구하고 다음과 같이 자신 있게 말할 수 있다는 사실이다.

(1) 리마두의 방법에 대한 우리의 추론이 옳았다.
(2) 리마두값의 오차가 최대 1각에 불과할 정도로 정확하다.

그리고 이 표에 의하여 우리는 다음과 같은 평가를 내릴 수 있다.

(1) 남회인의 수치는 리마두의 수치보다 격이 떨어진다. 즉 리마두의 오차는 1각을 넘지 않는데, 남회인의 오차는 그 세 배나 된다. 그리고 그 오차가 한 쪽으로 편향되어 있다.
(2) 장정부/최한기의 오차는 놀라울 정도로 작다. 리마두의 수치보다 훨씬 정확하다. 『지구전후도』의 모본인 장정부(1800)를 발굴 내지 추적해볼 가치가 있다.

8. 황도黃道의 황경黃經 s에 대응하는 적도좌표赤道座標(x, y) 계산법 유도

리마두는 그의 설명에서 황도의 황경 s와 그 적도좌표 (x, y) 간의 관계를 여러 가지로 이용하고 있다. s를 알 때 좌표 (x, y)를 구하는 계산법을 유도해 보자.

천구는 하나의 구체球體다. 이제 천구의 중심을 O라 하고, 천구의 반지름을 1이라 하자. 그러면 천구의 적도와 황도는 둘 다, 중심 O를 공유하고, 반지름이 1인 대원大圓이다. 그리고 그 두 원의 교차각은 23.5도다. 이 두 원은 서로 두 점에서 만나는데, 그 한 점이 춘분점春分

(1) 〈황도면〉　　　　　　　　　　　　(2) 〈적도면〉

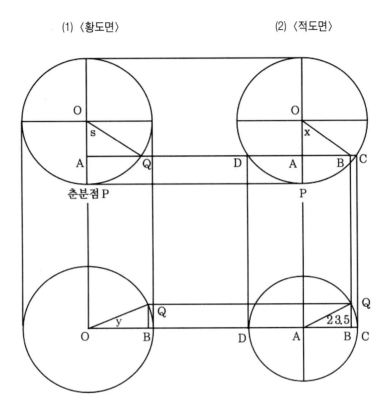

(3) 〈세 점 QOB를 지나는 적도면에 수직인 천구환〉 (4) 〈A에서, 적도면/황도면과 수직인, 천구의 단면〉

點이다(춘분점에서 중심을 건너 반대편의 교점은 추분점秋分點이다). 이 춘분점을 P라 하자. 다음은 황경 s도인 황도상의 점을 Q라 하자. 황도는 천구상의 대원이므로, 그 대원 상의 점인 Q는 당연히 천구상의 한 점이며, 따라서 이 점을 적도좌표로, 즉 적경 x도와 적위 y도를 s의 함수로 나타낼 수 있다. 이 문제를 풀어보자.

　먼저, 천구의 반지름을 1로 놓으면, 황도면, 적도면의 대원大圓의 반지름은 1이다. 그림 (1)은 황도면의 그림이다. 이 그림에는 천구의 중심 O와 춘분점 P, 그리고 황도상의 황경黃經이 s인 점 Q가 그려져 있다. 즉, 각 QOP가 s인 것이다. 선분 OP는 적도면과의 교선交線이기도 하다.

그림 (2)는 적도면의 그림이다. 이 그림에는 황도면과 공유하는 선분 OP가 그려져 있고, Q의 투영점 B가 그려져 있다. 점 Q의 적경赤經은 바로 이 그림에서의 각 BOP로 정의되며, 우리는 이 각을 x라고 부르고 있는 것이다. 점 Q의 적위赤緯 y는 각 QOB로 정의되는데, 이는 그림 (3)에 표시되어 있다. 즉, 세 점 QOB를 지나는 적도면에 수직인 천구환이며, 이 속에서 그 각을 나타낼 수 있다. 그리고 각 QBO는 작도에 의해서 직각이므로, 삼각형 QOB는 직각삼각형이다.

이제, 점 B에서 선분 OP에 수선을 내려 그 발을 A라 하자. 그림 (4)를, 점 A를 지나고, 황도면/적도면에 동시에 수직인 천구의 단면이라 하면 제 점 A, Q, B는 바로 그 단면 내의 점이며, 낀각이 23.5도인 직각삼각형을 이룬다. 그 각은 바로 황도면과 적도면의 교각交角이기 때문이다.

이제 우리는 그림 (1), (2), (3), (4)에 네 개의 직각삼각형을 가지게 되었고, a를 알 때 x와 y를 구하는 과제를 안게 되었다. 그런데 직각삼각형에 알맞는 수학적 기법은 삼각함수이므로, 이 기법을 활용할 수 있다. 우선 우리는 황도면 (1)의 직각삼각형 QOA에서, OQ=1임을 알고 각 QOA=s임을 알기 때문에, 나머지 두 변의 길이를 다음과 같이 표현할 수 있다.

$$OA = \cos s,$$
$$QA = \sin s.$$

선분 QA는 그림 (4)의 직각삼각형 QAB의 빗변이다. 그리고 그 삼각형의 낀각의 크기가 23.5도인 것을 우리는 이미 안다. 그러므로 이제 우리는 나머지 두 변의 길이를 구할 수 있다. 즉,

$$AB = QA^*(\cos\ 23.5) = (\sin\ s)^*(\cos\ 23.5)$$
$$QB = QA^*(\sin\ 23.5) = (\sin\ s)^*(\sin\ 23.5).$$

이 결과를 종합하면, 우리는 우리가 원하는 Q의 적경 x와 적위 y를 구할 수 있다.

1) 적경赤經 x 구하기

먼저 x를 포함하는 직각삼각형 BOA가 들어있는 적도면의 그림 (2)를 보자. 이 그림에서 우리는 이미

$$OA = \cos\ s$$
$$AB = (\cos\ 23.5)^*(\sin\ s)$$

임을 안다. 그러므로 우리는 다음 표현을 얻을 수 있다.

$$\tan\ x = AB/OA = (\cos\ 23.5)^*(\sin\ s)/(\cos\ s).$$

여기서, $(\cos\ 23.5)=0.90706$, $(\sin\ s)/(\cos\ s)=(\tan\ s)$임을 감안하면,

$$\tan\ x = (\cos\ 23.5)^*(\tan\ s) = 0.90706^*(\tan\ s)$$

즉,

$$x = \arctan\{0.90706^*(\tan\ s)\}.$$

이리하여 Q의 적경赤經이 구해졌다.

2) 적위赤緯 y 구하기

적위 y를 구하기 위하여 y를 포함하는 직각삼각형 QOB가 들어있는 그림 (3)을 보자. 여기서 빗변 OQ=1 이고, 각 y의 맞변 QB는,

$$QB = (\sin s)^*(\sin 23.5).$$

임을 우리는 이미 알고 있다. 그리고 sin 23.5 = 0.39875 이므로 다음 표현이 얻어진다.

$$\sin y = QB/OQ = QB = 0.39875^*(\sin s)$$
즉,
$$y = \arcsin\{0.39875^*(\sin s)\}$$

이로써 우리는 Q의 적도좌표 (x, y)를 모두 구하였다.

3) 리마두의 적위赤緯 y 구하기 : 별해別解

리마두는 우리가 구한 관계식,

$$\sin y = QB = (\sin s)^*(\sin 23.5)$$

를 유도하거나 제시하지는 않고 있다. 그러나 그는 이 식에 대응하는 관계를 다음과 같이 설명하고 있다. 즉, 지름이 1인 원을 그려, 이를 천구의 대원으로 삼는다. 이 원의 중심 O를 지나는 수평지름 AOB를 천구의 적도면으로 본다. 점 B의 상하의 원주상에 중심각이 +23.5도, −23.5도 되게 두 점 C, D를 잡고, 그 두 점을 지나며 중심이 B인 작은

원을 그린다(리마두는 이 작은 원을 황도권黄道圈이라고 부르는데, 명칭이 그리 좋아보이지는 않는다). 그러면 이 원의 반지름은 sin 23.5가 된다.

　이 작은 원과 적도면의 연장과 만나는 두 점을 각각 E, F라 하자. 그리고 작은 원의 F를 기점으로 중심각이 s인 원주상의 점을 G라 하고, G에서 BF에 내린 수선의 발을 H라 하자. 그러면

$$GH/BG = \sin s$$

가 된다. 그런데 BG는 작은 원의 반지름으로 sin 23.5도다. 그러므로, 우리는 다음 관계식을 얻는다.

$$GH = BG*(\sin s) = (\sin 23.5)*(\sin s).$$

　다음은, G에서 적도면에 수평인 직선을 그려, 그 직선과 대원大圓이 만나는 점을 I라 하고, I에서 적도면에 내린 수선의 발을 J라 하자. 그리고 점 I의 대원의 중심각 IOB를 y라 하자. 그러면

$$IJ/OI = \sin y$$

인데, IJ=GH, OI=1 이므로,

$$\sin y = IJ = GH = (\sin 23.5)*(\sin s)$$

의 관계를 얻는다. 이 관계식은 우리가 이미 알고 있는 식,

$$\sin y = QB = (\sin s)*(\sin 23.5)$$

와 비교할 때, 점 I의 중심각 y는 황경黃經 s에 대응하는 Q의 적경赤經 y임을 알 수 있다.

이리하여, 우리는 리마두의 "黃赤二道錯行中氣之界限"의 설명의 타당성을 입증한 셈이다. 리마두는 이 방법을 써서 12개 중기中氣의 적경赤經의 계한界限을 작도作圖해 내고 있는 것이다.

4) 아날렘마Analemma

리마두는, "黃赤二道錯行中氣之界限"의 설명의 마지막에, 갈날릉마葛捺楞馬라는 단어를 소개하고 있다. 이 단어는 analemma의 음역音譯인데, Random House Webster Dictionary에 의하면 인 단어가 영어에 들어온 것이 1650년 전후라 한다. 그렇다면 리마두는 이 단어가 영어에 들어오기 50년 이전에 중국에 소개했다는 것이 된다. 당시의 이탈리아가 르네상스의 발상지로, 과학의 선진국 지위를 유지하고 있었음을 실증하는 사례라고 말할 수 있겠다.

이 아날렘마라는 천문학 용어는, 매일 동일한 시각의 태양의 위치가 1년을 주기로 변하는 모습을 그린 그래프인데, 리마두는 상하 운동 즉, 하지에는 북위 23.5도로 올라왔다가, 동지에는 남위 23.5도로 내려가는 모습만을 염두에 두고 이 말을 사용하고 있다. 황경黃經 s의 변화에 따른 적위赤緯 y의 변화모습이 그것이다. 그러나 리마두 시대 이후에, 하루의 길이가 계절에 따라 달라지는 것이 밝혀지고, 이를 기계식 시계로 측정할 수 있게 됨에 따라, 1년간에 걸친 하루의 평균 길이를 "평균태양일平均太陽日"이라 하여, 이를 계절과 관계없는 하루의 길이로 정의하는 것이 현재의 우리의 표준적 시간개념이다. 그러므로 태양이 남중南中하는 시각을 표준으로 하는 "해시계"의 시각과 표준시의 시각은 일치하지 않는다. 계절에 따라, 빠르기도 하고 느리기도 한데, 그 최대상차最大相差가 15분 정도가 된다.

"해시계"의 시각과 표준시의 시각의 상차相差의 크기는, 리마두 시대에도, s-x로 표현될 수 있었다. 즉, s-x>0 이면 해시계가 빠른 것이고, s-x<0 이면 해시계가 느린 것이다. 리마두는 『곤여만국전도』에는 제시하지 않고 있으나, <혼개통헌도設渾蓋通憲圖說>에 적경 x를 제시하고 있다. 이를 이용하여 "아날렘마" 그래프의 좌표를 계산해 보면 다음 표와 같다. 이를 그래프로 나타내면 "8"자형이 된다.

5) 아날렘마 계산

리마두는 아날렘마라는 말만 소개하고 그 의미를 충분히 설명하지는 않고 있다.

현대적 의미의 아날렘마는 "8"자형의 그래프이나, 그 완전한 설명은 리마두의 천문학체계를 벗어난다. 그러나 리마두의 체계 내에서도, "8"자형의 그래프를 다음 요령으로 그려볼 수 있다.

1년간의 y값의 변화를 세로축에 잡는다. 그리고 s-x의 값을 가로축에 잡는다. 그리하여 1년간의 (s-x, y)의 좌표를 곡선으로 연결하면 바로 리마두 체계의 아날렘마 "8"자형 그래프가 얻어진다. 이 그래프는 기계식 시계의 12시와 해시계의 남중시각(정오)과의 차이가 일년간에 걸쳐서 어떻게 변하는가를 보여준다. 기계식 시계는 하루의 길이가 항상 일정한데 반해서, 해시계의 하루의 길이는 1년간에 걸쳐서 일정한 것이 "아니기" 때문이다. 다음 두 표는 좌표 (s-x, y)의 값이다.

아날렘마 좌표(춘분春分에서 다음 춘분까지, 즉 s=0에서 360까지 15도 간격)

節氣	黃經s	s-x	赤緯y	四季(黃經 s기준)	四季(赤緯 y기준)
춘분	0	0.000	0.00		
청명	15	1.195	5.924		
곡우	30	2.100	11.501		봄 끝 여름 시작

節氣	黃經s	s-x	赤緯y	四季(黃經 s기준)	四季(赤緯 y기준)
입하	45	2.477	16.377	여름 시작	
소만	60	2.193	20.202		
망종	75	1.287	22.654		
하지	90	0.000	23.500		
소서	105	-1.287	22.654		
대서	120	-2.193	20.202		
입추	135	-2.477	16.377	가을 시작	
처서	150	-2,100	11.501		여름 끝 가을 시작
한로	165	-1.195	5.924		
추분	180	0.000	0.000		
한로	195	1.195	-5.924		
상강	210	2,100	-11.501		
입동	225	2.477	-16.377	겨울 시작	
소설	240	2.193	-20.202		
대설	255	1.287	-22.654		
동지	270	0.000	-23.500		
소한	285	-1.287	-22.654		
대한	300	-2.193	-20.202		
입춘	315	-2.477	-16.377	봄 시작	
우수	330	-2,100	-11.501		겨울 끝 봄 시작
경칩	345	-1.195	-5.924		
춘분	360	0.000	0.000		

주 : 절기상, 황경차黃經差 90도에 의해 정의되는 사입四立 즉 입춘, 입하 입추, 입동은 사계四季의 시작을 의미한다. 그러나 황도의 적위赤緯가 하지 및 동지의 반半인 23.5/2도 및 -23.5/2도에 가까운 절기는 우수雨水 · 곡우穀雨 · 처서處暑 · 상강霜降이며, 이들을 사계四季의 경계로 보면, 봄은 우수에 시작하여 약 2개월 후인 곡우에 끝나며, 여름은 곡우에 시작하여 약 4개월 후인 처서에 끝난다. 가을은 처서에 시작하여 약 2개월 후인 상강에 끝나며, 겨울은 상강에 시작하여 약 4개월 후인 우수에 끝난다. 우리는 "이성적"으로는 사계四季가 3개월씩이라고 말하면서도, "감각적"으로는 겨울과 여름이 길고, 봄과 가을이 짧다고 느끼며 살고 있는데, 그 이유를 여기 황경黃經과 적위赤緯의 비교에서 찾을 수 있다. 즉, 이성적으로는 황경黃經 90도 구간을 한 계절로 보는 것이 합당하다고 보지만, 해가 운행하는 적위赤緯의 값으로 계절을 구분하는 것이 감각적感覺的으로는 더 적절하게 느껴지는 것이다.

아날렘마 좌표(춘분에서 하지까지. 즉 s=(0도에서 90도)까지 5도 간격)

황경 s	s-x	y
0	0.000	0.000
5	0.413	1.992
10	0.814	3.970
15	1.195	5.924
20	1.542	7.838
25	1.847	9.702
30	2.100	11.501
35	2.294	13.221
40	2.421	14.851
45	2.477	16.377
50	2.458	17.786
55	2.363	19.065
60	2.193	20.202
65	1.953	21.186
70	1.648	22.006
75	1.287	22.654
80	0.884	23.122
85	0.450	23.405
90	0.000	23.500

주 : 이 표는 1개 상한象限의 값만을 제시하고 있지만, 대칭관계를 이용하면 이
표를 쉽게 4개 상한 전체로 확장하여, 8자형 그래프를 얻을 수 있다.

9. 장주장長晝長/장야장長夜長

1) 장주장/장야장 현상

장주장이란 극지방에서 해가 지지 않고 지속되는 "긴 낮의 길이",
즉 장주長晝의 길이이며 장야장은 그 반대인 긴 밤 즉 장야長夜의 길

이를 말한다. 『곤여만국전도』의 극지방의 테두리에는 위도에 따른 장주장長晝長/장야장長夜長의 수치가 제시되어 있는데, 이를 다음과 같이 표로 정리해 본다.

리마두의 장주장/장야장

위도	장주장	장야장
북위 90도	187.26일	187.26일
북위 85도	161.21일	161.21일
북위 80도	134.20일	134.20일
북위 75도	104.04일	104.04일
북위 70도	64.55일	64.55일
남위 90도	177.89일	177.89일
남위 85도	161.21일	161.21일
남위 80도	134.20일	134.20일
남위 75도	104.04일	104.04일
남위 70도	64.55일	64.55일

주 : 리마두는 〈구중천도九重天圖〉에서 1년은 365.23일이라고 하고 있다.

낮 또는 밤의 지속시간이 하루를 넘는 장주/장야의 현상은 위도 66.5도 이상에서 일어난다. 그러므로 리마두는 그 길이의 수치를 70도로부터 시작하여 5도 간격으로 제시하고 있다. 이 표에 의하면, 각 위도에서의 장주장과 장야장의 크기는 같다. 그리고 남반구와 북반구는 대응하는 수치는 서로 같으나, 오직 남위 90도와 북위 90도에서의 수치가 서로 같지 않다.

우리는 수리적 분석을 통하여 이들 수치를 확인하고자 한다. 그런데 그 확인에 앞서서 양극에서의 대응하는 수치가 서로 같지 않은 것은 리마두의 천문지리체계에 맞지 않는다는 점을 우선 지적해 두고 싶다(리마두 체계에서는 남과 북은 정확히 대칭이다). 분석과정에서 이 점도 밝혀져야 할 것이다.

2) 장주장 분석을 위한 수학적 분석

이 계산에는 태양이 황도를 따라 등속원운동을 한다는 "리마두의 체계"를 이용한다. 황도를 따라서, 1년에 360도를 같은 각속도로 원운동하는 것이다. 그러므로 위도의 변화에 따른 황경의 변화를 알면, 장주장/장야장의 시간의 분석이 가능하다. 시간은 황경의 변화에 비례하기 때문이다.

분석을 위한 그래프

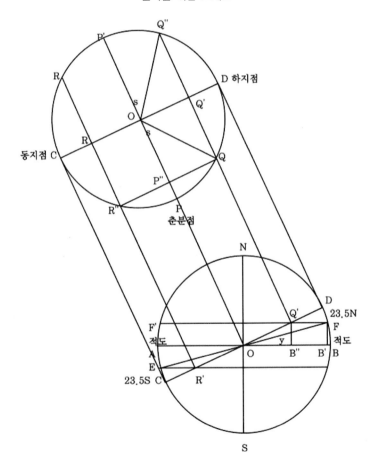

그래프의 두 원은 천구의 대원大圓으로 반지름은 모두 1이다. 아래 원은 적도를 가운데에 놓고, 북극 N과 남극 S를 각각 위 아래에 오게 한 자오환子午環인데, 춘분점 P를 천구의 중심 O에 투영하였다. 그러므로 가로 지름 AB는 적도赤道의 투영도投影圖이며, 23.5도 기울어진 지름CD는 황도黃道의 투영도다. 위의 대원大圓은 아래 원의 CD를 90도 회전시켜 얻어지는 황도환黃道環이다. 두 점 C와 D는 각각 동지점冬至點과 하지점夏至點이며, 춘분점 P와 추분점 P'은 거기서 90도 떨어져 있다.

북반구의 장주장이 일어나는 지역은 위도가 66.5도를 넘는 북극권 내의 지역이다. 그 지역 내의 위도가 (90-y)도인 한 지점을 고려하자. 그 지점의 지평환의 투영도를 아래쪽 원에 선분 EF로 나타내면, 그 지점의 위도는 북극고北極高의 각도 NOF가 된다. 이 그림에서 각 FOB를 y라 하면, 각 NOF는 (90-y)도가 된다. 그러므로 각 y는 적도와 지평환과의 교각이며, 그 지점이 북극권 내의 지점이므로, y는 0과 23.5 사이의 크기를 가진다.

우리가 여기서 y라는 각을 사용하는 이유는 그 지점에 대응하는 황도상의 특정 점 Q의 적위를 y로 나타내는 것이 편리하기 때문이다. 이러한 이유로 위도 (90-y)인 그 지점을 "y지점"이라고 부르기로 한다. 그리고 우리가 관심을 가지는 황도상의 점 Q란, y지점의 장주장이 시작되는 점이다.

자오환의 점 F에서 적도에 평행한 직선을 그려, 그 직선과 CD가 만나는 점을 Q'라 하고 반대편 자오환과 만나는 점을 F'라 하자. 그리고 F와 Q'에서 각각 적도에 수선을 내려 그 발을 B', B"라 하자.

황도환의 그림에서 Q'에 대응하는 두 점을 Q, Q"라 하자. 이 두 점의 공통점은 그 점에서의 적위가 y로 같다는 점이다. 태양이 춘분점 P를 출발하여 Q를 지나 하지점 D까지 가는 동안에, 황경은 0도에서 90도까지 증가하며, 적위는 0도에서 23.5도까지 증가한다. 그러므로 Q

는 황경과 적위가 모두 증가하는 국면의 점이다. 하지점 D를 지난 태양의 황경은 계속 증가하면서, Q″를 지나 추분점 P″에서 180도가 된다. 그러나 적위는 23.5도에서 계속 감소하여 0이 된다. 그러므로 Q″은 적위가 감소하는 국면의 점이다. 그리하여 Q″에서의 적위는 Q의 수준으로 감소하는 것이다. 그리고 태양이 P에서 출발하여, D를 지나 P″까지 가는 데는 "반년"이 걸린다. 그리고 이 운동을 자오환 그림의 황도 투영도에서 보면, 이 운동은 선분 OD상의 왕복운동이다. 황도상의 QDQ″ 구간의 운동은 황도투영도상의 Q′D 구간의 왕복운동이다.

　이와 같은 1년을 주기로 하는 느린 운동 이외에, 하루를 주기로 하는 빠른 운동이 있다. 리마두의 체계에서 말하는 종동천宗動天에 이끌려서 이루어지는 운동이다. 예를 들면 태양이 황도상의 Q에 있을 때, 적위 y에서의 양극 NS를 축으로 하는 원주圓周 운동이다. 리마두가 <구중천도九重天圖>에서, "轉動一日作一周自東以西"라고 표현하고 있는 운동이다. 그 궤도는 적위도 y의 위도환이며, 이의 투영도 표현은 선분 FF′이다. 즉 투영도로 말하면, 태양은 하루 동안에 그 선분의 점 F를 출발하여 F′까지 갔다가 F로 돌아온다(엄밀히 말하면, F에서 출발하여 F로 다시 돌아오는 하루 동안에, 태양은 약 1도만큼 황도를 따라 회전하고, 그에 따라 적위도 y보다 약간 커질 것이므로, 돌아온 F점은 출발점 F보다 미세하게 위쪽에 있을 것이지만, 우리는 이를 무시하고 설명한다).

　여기서 선분 FF′과 지평면 선분 EF와의 관계에 주목하자. 두 선분은 점 F만 공유할 뿐 FF′이 EF보다 위쪽에 있다. 해가 지지 않음을 의미한다. 일출日出은 지평면을 아래서 위로 자를 때의 현상이고, 일몰日沒은 위에서 아래로 자를 때의 현상이기 때문이다.

　태양이 황도상의 점 Q에 오기 직전까지는, 태양의 1일 전동轉動 궤도가 FF′보다 아래의 평행선분이기 때문에 y지점의 지평면 EF와 교차한다. 즉 하루 동안에 일출과 일몰이 모두 있다. 그러나 태양이 황도상의 점 Q를 지나 하지점 D를 거쳐서 점 Q′에 갈 동안은, 태양의 1일

전동궤도가 FF'보다 위의 평행선분이기 때문에 y지점의 지평면 EF와는 교차하는 일이 없다. 즉 그 동안에는 일출과 일몰의 현상이 없다. 따라서 그 동안은 긴 낮, 즉 장주가 계속된다. 이것이 바로 장주 현상이다(장야 현상은, 적위가 −y가 되는 황도상의 점 R에서 동지점을 지나, 다시 적위가 −y로 되는 R'에 올 때까지, y지점에서 밤이 지속되는 현상인데, 이는 장주현상과 완전히 대칭이므로 따로 설명하지 않겠다). 그러면 그 장주현상의 지속시간, 즉 장주장은 얼마나 될까? 리마두의 체계에서, 태양은 황도黃道를 따라 등속 운동한다. 춘분점으로부터 Q까지의 운행각도 즉 Q의 황경黃經을 s라 하면, Q에서 Q"까지의 각도는 (180−2s)도다. 그러므로 우리는 다음관계를 얻는다. 즉,

$$(y지점에서의 \ 장주장) = (반년의 \ 길이)^*(180-2s)/180.$$

그러면 y를 알 때, s를 구할 수 있는가? 우리는 앞에서 황경 s를 알 때, 적도좌표를 구하는 문제를 풀어본 바 있다. 거기에서 우리는

$$\sin y = (\sin 23.5)^*(\sin s)$$

라는 관계를 얻은 바 있다. 이 식은 변형하여, y를 알 때 s를 구하는데 이용할 수 있을 것이다. 그러나 우리는 이 식에 의존하지 않고, 직접 y를 알 때 s를 구해보고자 한다.

위의 자오환의 그림에서, 직각삼각형 FOB'을 보자. 이 삼각형에서 OF는 천구의 반지름이기 때문에 길이가 1이고, 각 FOB'은 y다. 그러므로 FB'의 길이는,

$$FB' = \sin y$$

가 된다. 다음은 그 옆의 직각삼각형 Q'OB"을 보자. 이 삼각형에서 각
Q'OB"은 23.5도이고, Q'B"=FB'=$(\sin y)$다. 그러므로 다음 식을 얻는다.

$$\sin 23.5 = Q'B''/OQ' = (\sin y)/OQ'$$

즉,

$$OQ' = (\sin y)/(\sin 23.5).$$

다음은 황도권의 그림으로 가서, 직각삼각형 QOP"을 고려하자. 이
삼각형의 OQ는 천구의 반지름이므로 1이고, 각 QOP"은 우리가 알고
자 하는 황경 s다. 그러므로 P"Q를 s로 나타내면,

$$P''Q = \sin s$$

가 된다. 그런데 작도상 P"Q=OQ'이다. 그러므로 위의 두 식을 결합하
면 다음 식이 얻어진다. 즉,

$$\sin s = (\sin y)/(\sin 23.5)$$

이 식은 우리가 예상한 대로, s를 알 때 y를 구하는 식을 변형하여
얻을 수 있는 식과 같다. 그리고 역삼각함수를 써서 s를 표현하면, s의
명시적 표현을 얻을 수 있다. 즉,

$$s = \arcsin\{(\sin y)/(\sin 23.5)\} = \arcsin\{(\sin y)/0.39875\}.$$

이 s를 앞에서 구한 식

$$(y지점에서의 장주장) = (반년의 길이)*(180-2s)/180.$$

에 대입하면 장주장이 구해진다.

3) "반년"의 길이 h의 문제

이 장주장의 계산에는 반년의 길이 h의 값을 알아야 한다. 리마두는 구중천도에서 태양이 지구를 일주하는 데 걸리는 시간을 "365일 23각" 즉 365.23일이라고 하고 있다. 그러므로 반년은 이를 2로 나눈 값, 즉 182.615일이라고 보면 될 것으로 판단된다. 왜냐하면 리마두의 천문학체계에서 태양은 황도를 따라 등속원운동을 하기 때문이다. 그런데 문제가 되는 것은 리마두의 지도에서, 북위 90도 즉 북극점에서의 장주장/장야장을 187일 26각 즉 187.26일이라고 하고 있는 것이다. 반면에 남위 90도 즉 남극점에서의 장주장/장야장을 177일 89각 즉 177.89일이라고 하고 있는 것이다. 북극점에서의 장주장과 장야장의 합은 정의상 1년이 되어야 하는데, 그 합은 374.52일이다. 그러나 이는 1년의 길이가 될 수 없다. 남극에서도 마찬가지다. 남극점에서의 장주장과 장야장의 합은 역시 정의상 1년이 되어야 하는데, 그 합은 355.78일이다. 역시 불합리한 값이다.

4) 여러 가지 "반년"의 값에 따른 장주장의 계산값의 비교

이런 불합리한 점이 인지됨에도 불구하고 이 세 "반년의 길이의 값" h를 써서 장주장/장야장을 계산해보고, 리마두가 제시한 장주장/장야장과 비교 평가해 보자.

태양의 적위 y에 대응하는 황경 s의 변화와 그 경과시간, 그리고 장주장						
A 관심 북위도 (90-y)	90	85	80	75	70	66.5
B 대응하는 황도의 적위 y	0	5	10	15	20	23.5
E 대응하는 황경 s	0.0000	12.625	25.816	40.472	59.063	90.000

반년의 길이 h를 182.62일 (365.23/2) 로 볼 때						
H 장주장 j(182.62)	182.62	157.00	130.24	100.50	62.77	0.00
I 리마두장주장/장야장(북반구)	187.26	161.21	134.20	104.04	64.55	0.00
J 차 I - H	4.64	4.21	3.96	3.54	1.78	0.00
K 리마두장주장/장야장(남반구)	177.89	161.21	134.20	104.04	64.55	0.00
L 차 K - H (일)	-4.73	4.21	3.96	3.54	1.78	0.00
반년을 187.26일로 볼 때와 반년을 177.89일로 볼 때						
H* 장주장 j(187.26)	187.26	160.99	133.55	103.05	64.37	0.00
H** 장주장 j(177.89)	177.89	152.93	126.86	97.89	61.15	0.00
I 리마두장주장/장야장(북반구)	187.26	161.21	134.20	104.04	64.55	0.00
K 리마두장주장/장야장(남반구)	177.89	161.21	134.20	104.04	64.55	0.00
J* 차 I - H*	0.00	0.22	0.65	0.99	0.18	0.00
J* 차 K - H**	0.00	8.28	7.34	6.15	3.40	0.00

이 표에 의하면, 1년을 365.23일, 반년을 182.62일 (4분의 1년을 91.31일)로 볼 때, 우리가 계산한 장주장과 리마두가 제시한 장주장의 수치는 확실히 차이가 있다. 그 차이의 원천은 무엇일까? 나는 그 원천이, 리마두가 제시한 북위 90도 지점에서의 장주장 187.26일에 있다고 본다. 그는 북위 90도 지점에서의 장야장의 수치 역시 187.26을 제시하고 있다. 이 두 수치를 합한 374.52일은 1년의 길이가 되어야 할 것이다. 그러나 이것은 결코 1년의 길이가 될 수 없다. 리마두 자신이 <구중천도> 등에서 제시한 1년의 길이 365.23일과도 일치하지 않는다.

여기서 우리는 리마두를 의심하지 않을 수 없다. 즉, 무슨 이유인지는 모르나, 리마두는 여기서 반년의 길이를 187.26일로 본 것이라고밖에는 볼 수 없다. 이렇게 "잘못 본 상태에서" 장주장을 우리의 방법으로 계산한 것이 표의 H*행이다. 이렇게 계산한 값을 리마두가 제시한 북반구의 수치 (I행의 수치)와 비교하면, 모든 수치가 1일 미만의 차이를 보여줄 뿐이다. 이 정도면 만족스러운 추치 아닌가? 그런데 이 만족스러운 수치는 리마두의 착각(?)을 전제로 하여 얻어진 수치라는 것을 기억하자.

　리마두의 또 하나의 착각(?), 즉 남위 90도 지점에서의 장야장/장주장이 177.89일, 따라서 1년의 길이가 355.78일이라는 착각은 어떻게 이해해야할까? 이 착각을 그대로 받아들여 같은 방법으로 장주장/장야장을 계산한 것이 H**행이다. 이렇게 계산한 값을 리마두가 제시한 남반구의 수치 (I**행의 수치)와 비교하면, 그 비교 자체가 의미 없음을 알 수 있다.

　결론적으로 말하면, 리마두의 장주장/장야장의 수치는 잘못된 수치다. 잘못된 전제하에서 계산되었기 때문이다. 리마두의 잘못된 전제에 우리의 계산방법을 적용할 때, 리마두의 잘못된 장주장/장야장의 수치와 같은 결과가 얻어진다는 것은 우리의 계산방법이 리마두가 사용한 방법과 차이가 없다는 것을 웅변한다. 우리의 방법이 적절함이 밝혀진 이상, 1년의 길이가 365.23일이라는 올바른 전제에 우리의 방법을 적용하여 계산된 우리의 장주장/장야장 수치에 의해서 리마두의 잘못된 수치는 대치되어야 옳다. 적어도 "리마두 이론 체계의 일관성"을 위해서는 말이다. 그러나 여기에는 리마두 이론체계 자체에 문제가 있을 수도 있음을 염두에 두고 문제를 접근할 필요가 있다.

5) 남회인의 『곤여전도』(1674)의 장주장

　남회인의 『곤여전도』에는 장주장,/장야장의 수치도 있다. 다만 남회인은 장주장/장야장을 하주장/동야장이라 부른다. 여기서는 리마두의 용어로 통일해서 쓰기로 한다. 남회인의 경우 북반구와 남반구의 수치는 완전히 동일하다. 다만 남위 90도의 수치가 없다(고의로 뺀 것일까?). 그리고 하주장과 동주장의 대응하는 수치 역시 완전히 동일하다. 그러므로 남회인을 리마두와 비교하는 데는 북반구의 장주장(즉 남회인의 하주장)만을 비교해보면 충분하다.

이 비교에서는 리마두의 1각과 남회인의 1각이 서로 다름에 유의
하여야한다. 리마두의 1각은 100분의 1일이고, 남회인의 1각은 96분의
1일이다. 남회인의 1각은 현행의 시간단위로는 정확히 15분이다. 그
러나 현행의 1분과 달리 남회인의 1분은 1/60각이다. 그러므로 비교
를 위해서는 시간을 통일할 필요가 있다. 그리하여 우리는 우선 시간
단위를 모두 日로 통일하여 비교하기로 한다.

남회인과 리마두의 장주장 비교

위도	남회인의 값(A)	리마두의 값(B)	차(A-B)
북위 90도	187일24각=187.25일	187.26일	-0.01일
북위 85도	161일20각=161.21일	161.21일	0.00일
북위 80도	134일16각=134.17일	134.20일	-0.03일
북위 75도	104일 4각=104.04일	104.04일	0.00일
북위 70도	64일52각= 64.54일	64.55일	-0.01일

이 표를 보면 남회인과 리마두의 하주장/장주장의 최대 상차相差
는 0.03일에 불과하다. 이는 북위 90도의 "불합리한 수치"까지를 포함
한다. 그러므로 이 두 사람은 동일한 소스로부터 이 수치들을 인용했
을 것으로 추측할 수 있다.

6) 장정부莊廷尃/최한기의 『지구전후도』(1834)의 장주장/장야장

그런데 나는, 장정부에 의해 중국에서 제작되고, 1834년 최한기에
의하여 조선에서 중각重刻된 동서 양반구의 세계지도 즉『지구전후도
地球前後圖』에서 재미있는 사실을 발견하였다. 즉 그 지도의 가장자리
에 하주장(=리마두의 장주장)과 동야장(리마두의 장야장) 등이 기재되어
있는데, 그 수치가 리마두와는 구조적으로 다른 것이다.

장정부/최한기의 『지구전후도』의 하주장/동야장, 하야장/동주장

북반구 북위	동야장	하주장	남반구 남위	하야장	동주장
90	178일	187일	90	187일	178일
80	127	134	80	134	117*
70	61	64	70	61*	61

주 : 『지구전후도』의 하주장/동야장 등은 리마두의 장주장/장야장 등을 의미한다.

　이 표에서 하야장, 하주장이란 말은 리마두의 장야장, 장주장과 같은 의미로 쓰이고 있는데, 리마두 쪽이 더 논리적이라고 여겨진다. 남반구에는 하야장과 동주장이 있는데, 하야장은 북반구의 대응하는 하주장과 수치가 같고, 동주장은 동야장과 같다. 아마도 남반구에서의 하, 동은, 남반구와는 반대인 북반구의 계절을 그대로 답습하여 쓴 듯하다. 그리고 이 표에서 남위 80도의 하주장 117일은 127일의 잘못이고, 남위 70도의 하야장 61일은 64일의 잘못임을, 우리는 북반구와의 비교 및 우리의 계산결과와의 대조에 의해서 알 수 있다.

　이런 형식적인 잘못의 수정 뒤에, 우리는 『지구전후도』의 북반구의 하주장/동야장으로, 즉 장주장/장야장으로 비교작업을 수행하기로 한다. 이것으로 충분하기 때문이다. 다음 표는 이 비교작업을 위한 표다.

계산된 장주장/장야장과, 『지구전후도』의 하주장/동야장의 비교

A 관심 북위도	90	85	80	75	70	66.5
H* 장주장/장야장 j(187.26)	187.26	160.99	133.55	103.05	64.37	0.00
H** 장주장/장야장 j(177.89)	177.89	152.93	126.86	97.89	61.15	0.00
I 리마두장주장/장야장(북반구)	187.26	161.21	134.20	104.04	64.55	0.00
『지구전후도』의 하주장(북반구)	187	-	134	-	64	-
『지구전후도』의 동야장(북반구)	178	-	127	-	61	-

주 : 『지구전후도』의 하주장/동야장 등은 리마두의 장주장/장야장 등을 의미한다.

앞의 4개 행은 이미 제시되었던 수치들이다. 이를 『지구전후도』의 수치와 비교하면 우리는 다음 사실을 알 수 있다.

(1) 북반구의 하주장은 반년을 187.26일로 보는 제2행 장주장의 단수처리 결과와 일치한다.
(2) 북반구의 동야장은 반년을 177.89일로 보는 제3행 장야장의 단수처리 결과와 일치한다.
(3) 북극점의 하주장 187일과 동야장 178일의 합은 365일이다.
(4) 이 365일은 북극점의 장주장 187.26일과 (가상의) 장야장 177.89일의 합 365.15일에 대응하고, 이 두 합은 모두 1년의 길이 365.23일에 대응한다.

7) 춘분-추분 사이의 반년은 추분-춘분 사이의 반년과 다르다

2010년과 2011년은 모두 춘분이 3월 21일이고 추분이 9월 23일이다. 태양이 북반구에 오는 춘분에서 추분까지는 186일이고, 태양이 남반구에 오는 추분에서 춘분까지는 179일이다. 더 정밀한 자료에 의하면, 2010년의 춘분점에서 추분점까지의 시간은 186.40일이고, 2009년 추분점에서 2010년 춘분점까지의 시간은 178.84일이다.

지구상의 1년의 길이는 현재나 리마두의 시대나 별반 차이가 없었을 것이다. 그리고 춘분점과 추분점을 경계로 하는 두 개의 "반년"의 측정치도 400여 년 전에 벌써 리마두가 제시하는 수치, 즉 현재의 측정치와 매우 유사한 수치가 얻어졌을 것이다.

이 글을 쓰는 과정에서 나는 『원사元史』에서 흥미 있는 기사를 발견하였다. 『원사』 권52 「지사력志四曆」 1에 다음과 같은 관측결과가 실려 있는 것이다. 즉, "태양은 동지점을 지나 88.91일 만에 적도(춘분점)

에 도착하는데, 이는 춘분전 3日이라는 것이다. 춘분점을 지난 태양은 93.71일 만에 하지점에 도착하고, 거기서 93.71일 지나 적도(추분점)에 도착하는데, 이는 추분 후 3일이라는 것이다. 추분점을 지난 태양은 88.91일 만에 동지점에 도착한다".

그러므로 『원사』의 관측기록에 의하면, 적도북의 반년은 93.71일을 두 배한 187.42일이고, 적도남의 반년은 88.91일을 두 배한 177.82일이 된다. 여러 가지 반년들과 비교해보자.

여러 가지 반년半年의 비교(단위 : 日)

"반년"의 종류	2009-2010	〈元史〉	리마두	남회인	장정부/최한기
적도북 반년	186.40	187.42	187.26	187.25	187
적도남 반년	178.84	177.82	177.89	–	178
남북합 일 년	365.24	365.24	365.15	–	365

주 : (1) 리마두의 반년은 북위 90도의 장주장과 남위 90도의 장주장의 값이다. 『구중천도』에서는 1년을 365.23일이라고 하는데, 이 값과 약간의 차이가 있다.
(2) 남회인의 187.25일은 그의 "187일 24각"을 환산한 값인데 환산오차를 감안하면 리마두의 값과 같다고 볼 수 있다. 그는 적도남 반년인 남위 90도의 장주장의 수치를 (아마도 고의로?) 제시하지 않고 있다.
(3) 적도북 반년의 길이는, 현재의 관측치와 비교하면, 元나라의 관측치뿐 아니라 리마두 장정부의 관측치 모두가 하루 정도 길고, 적도남 반년의 길이는 그만큼 짧다. 이는 아마도 현재의 관측치가, 빛의 굴절현상 등을 감안한 때문이 아닐까?

8) 장주장/장야장을 둘러싼 리마두의 고뇌

그러면 리마두의 천문학 체계에서, 춘분점과 추분점 사이의 반년과 추분점과 추분점 사이의 반년의 길이가 서로 다른 것도 문제가 될 것이 없는가? 앞의 반년은 태양이 북반구에 머무는 기간이고, 뒤의 반년은 남반구에 머무르는 반년인데, 리마두의 체계에서 이 두 반년은 둘 다 태양이 황도를 따라 180도를 도는 시간이다. 그리고 리마두의 체계에서 태양은 황도를 따라 등속원운동을 하므로, 이 두 시간의 길이는 같아야 한다. 그러나 측정치는 187.26일과 177.89일로 약 9일의 차이가 난다!

자기가 신봉하는 "이론"과 "현실" 간의 모순에 직면한 리마두의 심정은 어떠하였을까? 어떻게 행동했을까? 이런 상황에 처한 리마두를 이해하기 위해서는 그가 처했던 시대상황을 알아야 할 것이다.

리마두(1552~1610)의 천문학체계는 그의 스승인 천문학자 Clavius (1538~1612)의 체계다. Copernicus(1473~1543)는 1543년에 지구중심의 우주관을 부인하고 지동설을 발표했으나, 교황청은 이를 받아들이지 않았다. 그 후 Galileo(1564~1642)와 Kepler(1571~1630)의 주장도 교황청은 받아들이지 않았다. 1582년 교황청은 종전의 율리우스력을 버리고 그레고리력을 채택하였는데 여기에 깊이 관여한 사람이 바로 Clavius다. 즉 클라비우스는 공식적으로 교황청이 인정하는 천문학체계를 인정하지 않을 수 없는 입장의 사람이었다. 그러나 그는 사실을 중시하고, Galileo의 주장에도 긍정적인 태도를 보이면서, 기존의 프톨레미 체계에 문제점이 있음을 인식하고 있었다. 그러므로 그는 태양이 춘분점에서 추분점까지 황경을 180도 도는데 걸리는 시간이, 추분점에서 춘분점까지 180도 도는 시간보다 길다는 관측결과가 프톨레미 체계와는 모순되는 상황에 직면하여, 이론체계보다는 관측결과에 더 신뢰를 보일 수 있었다고 보인다.

이러한 클라비우스의 태도가 리마두에게도 영향을 미쳐, 리마두는 북극의 장주장이 187.26일이고 남극의 장주장이 177.89일이라는 수치를 제시하였다. 그렇다면 당연히 북극의 장야장이 177.89일이라고 해야 할 터인데, 그는 그렇게 하지 않았다. 그 믿음은 다른 위도에서의 장주장을 거기에 맞추어서 다시 계산해야 한다고 생각할 만큼 강한 것은 아니었다. 이 작업은 장정부/최한기의 『지구전후도』(1800, 1834)의 제작 시기까지 기다려야했다.

10. 에필로그 : 최석정崔錫鼎의 시「論泰西坤輿」

1708년 조선 숙종판『곤여만국전도』를 모사模寫하게 하고 그 서문을 쓴 명곡明谷 최석정崔錫鼎이 이 지도를 두고 지은 시를 그의 문집『明谷集』에서 인용함으로써 에필로그를 대신한다. 그는 리마두의 천문지리체계가 동양의 체계와 다른 점을 이해하고 있었다.

땅의 덕은 원래 직방直方을 체體하고 있는 것,　　　　　坤德元來體直方

땅이 둥글다는 신설新說을 서양이 처음 알아냈구나.　　地球新說創西洋

백성은 다 같이 하늘 이고 땅 밟아 고하 차별 없으나　民均戴履無高下

해그림자 차이로 염량炎凉 주야장단晝夜長短 있도다.　景異炎凉有短長

옛 성인聖人이 육합六合을 불의不議로 남겨두니,　　　　六合聖人存不議

구주九州와 비해裨海의 크기를 자세히 알기 어려웠는데,　九州裨海較難祥

이제 망망한 우주가 천계千界에 가득함을 보니,　　　　茫茫宇宙彌千界

발빠르다 수해豎亥 대장大章에게 물은 까닭 있으랴!　健步何由問亥章

부록

1. 리마두 세계지도 중 입수판독가능본들의 간단한 계보

『坤輿萬國全圖』　　李之藻原刻版(1602)：(1) 日本 京都大學藏本(On line)

(2) 미국 John Bell Library 藏本(On line)

刻工私刻版：(1) 日本 東北大學 狩野(가노)藏本(On line)

朝鮮 肅宗版(1708)：(1) 서울대학교 奎章閣寫眞本

(2) 서울대학교 博物館本

『兩儀玄覽圖』(1603)：(1) 崇實大學校 韓國基督敎博物館 藏本

2. 리마두와 조선 實學者들의 數理/天文/地理常數 比較

항목	리마두	李漢	李圭景/장정부	金正浩
緯度1도	250리	250리	250리	200리
經度1도	250(cos y)	250	250리	200리
圓周率	22/7	3		
1日	100刻		96刻	96刻
1刻	60分		15分	15分
經度1도時差	1/30 辰		4分	4分
지구 둘레	9萬里	9萬里	9萬里	9萬里
지구 반지름	1.43萬里	1.5萬里		

3. 『渾蓋通憲圖說』의 黃赤二道差率略 : 黃經 s와 赤經 x

리마두 이지조의 『渾蓋通憲圖說』 上卷 12 「天盤黃道圖說」에는 黃赤二道差率略이라는 표가 제시되어 있다. 이 표는 黃道十二宮의 각궁 30도를 5도 간격으로 적경을 제시해주고 있다. 다시 말하면, 황도의 황경과 그에 대응하는 적경을 표로 제시해주고 있는 것이다. 이는 바로 앞에서 말한 황경 s와 적경 x의 관계표인 것이다.

이 표는 12궁 전체, 즉 황도 360도 전체에 관한 표인데, 그 관계의 대칭성을 고려하면, 0도에서 90도까지만 알면 나머지는 간단한 계산만으로 알 수 있다. 그러므로 그 표의 정확성을 점검해 보기 위하여, 이 범위에 한정해서, 그 관계를 우리의 방법에 따라 계산해보기로 한다. 우리의 방법이란, 앞에서 제시된 두 식, 즉

$$x = \arctan\{0.90706^*(\tan\ s)\}.$$

을 이용한 계산이다.

황경 s	적경 x(도 분)	적위 y(소수)	적경 x(소수)	s - x
백양궁 (춘분)				
0	(0 0)	0.000	0.000	0
5	(4 35)	1.992	4.587	0.413
10	(9 11)	3.970	9.186	0.814
15	(13 48)	5.924	13.805	1.195
20	(18 27)	7.838	18.458	1.542
25	(23 9)	9.702	23.153	1.847
30	(27 54)	11.500	27.900	2.100
금우궁				
35	(32 42)	13.221	32.706	2.294

40	(37 35)	14,851	37,579	2,421
45	(42 31)	16,377	42,523	2,477
50	(47 33)	17,786	47,542	2,458
55	(52 38)	19,065	52,637	2,363
60	(57 48)	20,202	57,807	2,193
음양궁 (쌍아궁)				
65	(63 3*) 30	21,186	63,047	1,953
70	(68 21)	22,006	68,352	1,648
75	(73 43)	22,654	73,713	1,287
80	(79 7)	23,122	79,116	0,884
85	(84 33)	23,405	84,550	0,450
90	(90 00)	23,500	90,000	0,000

주 : (1) 각 궁의 황경은, 백양궁에서 시작하여, 누계각도로 바꾸어 표기하였다.
 (2) *표는 수정된 숫자. 黃赤二道差率略의 표의 이 부분에서 유일하게 틀린 숫자는 음양궁 65도 30분이다. 63도 3분이 맞다.

우리의 식을 이용하여, 黃赤二道差率略의 표의 나머지 부분을 검토해 보자. 이를 위하여 이 표를 다음과 같이 연장하였다.

황경 s	적경 x(도 분)	황경 s	적경 x(도 분)	황경 s	적경 x(도 분)
거해궁 (하지)		천칭궁 (추분)		마갈궁 (동지)	
90	(90 00)	180	(180 00)	270	(270 00)
95	(95 27)	185	(184 35)	275	(275 27)
100	(100 53	190	(189 11)	280	(280 53)
105	(106 17	195	(193 48)	285	(286 17)
110	(111 39	200	(198 27)	290	(291 39)
115	(116 57	205	(203 9)	295	(296 57)
120	(122* 12*) (123 17)	210	(207 54*) 55	300	(302 12*) 17
사자궁		천갈궁		보병궁	
125	(127 22)	215	(212 42)	305	(307 22)
130	(132 27)	220	(217 35)	310	(312 27)

135	(137 29)	225	(222 31)	315	(317 29)
140	(142 25)	230	(227 33)	320	(322 25)
145	(147 18)	235	(232 38)	325	(327 18)
150	(152 6*) 9	240	(237 48)	330	(332 6*) 9
쌍녀궁 (실녀궁)		인마궁		쌍어궁	
155	(156 51)	245	(243 3)	335	(336 51)
160	(161 33)	250	(248 21)	340	(341 33)
165	(166 12)	255	(253 43)	345	(346 12)
170	(170 49)	260	(259 7)	350	(350 49)
175	(175 25)	265	(264 33)	355	(355 25*) 28
180	(180 00)	270	(270 00)	360	(360 00)

주 : (1) 각 궁의 황경은, 백양궁에서 시작하여, 누계각도로 바꾸어 표기하였다.
　　(2) *표는 수정된 숫자. 괄호 밖은 黃赤二道差率略의 표의 틀린 숫자.

이 두 표에서, 우리는 8개의 틀린 숫자를 발견할 수 있다. 숫자들 간의 대칭관계, 대응관계를 고려하면, 틀리는 곳의 위치는 쉽게 알 수 있다. (175 25)가 맞다면 (355 28)은 (355 25)여야 하고, (243 3)이 맞다면 (63 30)은 (63 3)여야 한다. 차가 180도이어야 하기 때문이다. (57 48)이 맞다면 (123 17)은 (122 12)여야 한다. 합이 180도여야 하기 때문이다. (122 12)가 맞다면 (302 17)은 (302 12)여야 한다. 차가 180도이어야 하기 때문이다.

4. 定氣法과 平氣法, 授時曆과 時憲曆

『元史』의 "半年" 관련 기사에서 우리의 관심을 끄는 것 중의 하나는 春分點과 春分日, 秋分點과 秋分日을 구별하고 있는 점이다. 춘분일전 3일에 춘분점이 있고, 추분일 후 3일에 추분점이 있다는 설명이니, 그 간격이 제법 긴 것이다. 동지와 하지에 대해서는 그런 식의 설명이 없다. 왜 그럴까? 그것은 절기를 두는 방법에 상이한 두 가지방법이 있기 때문이다. 定氣法과 平氣法이 그것이다.

　　본문의 인용기사에서 알 수 있듯이 원나라 사람들은 이미 1년의 길이가 365.24일임을 알고 있었고, 곽수경은 그보다 더 정확하게, 1년이 365.2425일임을 기준으로 하여 1281년에 수시력을 만들어, 이 曆은 1645년 시헌력으로 대치될 때까지 　364년간이나 사용되었다. 우리가 현재 사용하고 있는 양력은 1582년에 제정된 그레고리曆인데, 서양에서는 이때 비로소 1년의 길이를 365.2425로 하여 曆을 만들었으니, 수시력보다 300년이 뒤진 것이다.

　　이렇게 측정이 정확했기 때문에 원나라 사람들은, 태양이 황도를 도는 속도가 일정하지 않다는 것도 알았다. 平氣法은 태양이 황도를 일주하는 시간을 24등분하여 24절기를 배치하는 방법이다. 이때 기준점은 冬至點이다. 한편 定氣法은 태양이 황도를 일주하는 각도를 24등분하여 24節氣를 배치하는 방법이다. 그러므로 節氣 간의 黃道 간격은 정확히 15도다. 이때 기준점 역시 冬至點이다.

　　위의 기사에서 춘분점과 춘분일이 사흘 차이가 난다는 것은, 춘분점은 정기법에 의한 춘분에 해당하고, 춘분일은 평기법에 의한 춘분에 해당한다는 것이 중요한 이유일 것이다. 추분의 경우도 마찬가지다. 원나라의 수시력에서는 平氣法을 채택하고 있었다(定氣法은 청나라의 시헌력에서부터 채택되어 현재에 이르고 있다). 그런데 왜 동지와 하지에 관해서는 그와 같은 불일치를 언급하지 않을까? 우선 동지는 두 방법의 공통기준점이기 때문에 차이가 있을 수 없다. 하지는 어떨까? 2010년도의 경우를 가지고 이 사실을 검토해보자.

	춘분	하지	추분	동지
定氣法	3월 21일 2시	6월 21일 20시	9월 23일 12시	12월 22일 9시
平氣法	3월 23일 10시	6월 22일 18시	9월 22일 1시	12월 22일 9시

이 표에 의하면, 春分點이 平氣法에 의한 춘분일 이전에 있고, 秋分點이 平氣法에 의한 추분일 이후에 있다는 "방향"은 맞으나, 差의 크기는 3일보다 짧다. 그리고 하지도 하루 정도 차이가 난다. 지구의 공전 궤도의 근일점과 원일점이 각각 동지와 하지가 아니라는 것이 주된 이유다. 어쨌든 리마두의 체계는 이런 섬세한 차이를 설명해줄 정도로 정밀한 체계가 아니었고, 元나라의 觀測精密度도 현재와 같지는 않았다.

참고문헌

金良善(1972),「明末淸初 예수회 선교사 제작의 世界地圖」,『梅山國學散稿』, 숭전대학박물관, 서울.

서울역사박물관 편(2006),『이찬 기증 우리 옛지도』, 서울.

艾儒略 原著, 謝方 校釋(2000),『職方外紀校釋』, 中華書局, 北京.

李圭景,『五洲衍文長箋散稿』, 권38, 萬國經緯地球圖辨證說, 1834 직후.

李瀷,『星湖僿說』天地篇, 京城文光書林, 1929.

李燦(1991),『韓國의 古地圖』汎友社 서울.

張芝聯 主編(2002),『世界歷史地圖集』, 中國地圖出版社, 北京.

鄭基俊(2011),「奎章閣再生本 <坤輿萬國全圖>(2010)의 原本은 옛 奉先寺藏本이다」,『규장각』38, 서울대학교 奎章閣韓國學硏究院.

鄭基俊(2011),「마테오 리치(利瑪竇)의 <坤輿萬國全圖>/<兩儀玄覽圖>에 表出된 地球의 計量學」,『韓國基督敎博物館誌』제7호, 숭실대학교 한국기독교박물관.

朱維錚 主編(2001),『利瑪竇中文著譯集』, 復旦大學出版社, 上海.

黃時鑒 龔纓晏 著(2004),『利瑪竇世界地圖硏究』, 上海古籍出版社, 上海

其他 인터넷 온라인 資料.

특별부록

1도는 250리인가 200리인가?
- 전통적 중국과 조선의 경·위도 이해 -

1. 프롤로그

리마두 즉 마테오 리치는 『곤여만국전도』에서 위도 1도의 간격이 중국리로 250리라고 보고 여러 가지 추론을 진행하였다. 추론의 주요 내용은 다음과 같다.

> 1위도 = 250리(대전제, 가정)
>
> 지구의 둘레 = 90000리
>
> 　　　　(남북극을 잇는 대원의 둘레, 및 역시 대원인 적도의 둘레)
>
> 지구의 두께 = 90000/pi 리 = 90000/(22/7) 리 = 28636리 + 36/100리

그리고 이 "1도 = 250리"의 명제는 중국 사대부들에게도 자연스럽게 받아들여져, 『곤여만국전도』이후의 문헌에서 대세를 이루었다. 그러나 "1도"를 어떤 의미로 해석 내지 이해하느냐의 차이 때문에 혼란이 야기되기도 하였다.

이 책에 실린 내 글의 초고에서, 내가 이에 대한 약간의 언급을 한 데 대하여 서울대학교 임종태 교수가 코멘트를 해 주었고, 그 후에도 여러 차례 이 문제에 관한 토론을 하였다. 이 토론 과정에는 제주대학교의 오상학 교수도 관여되었다. 이 토론과정에서 나는 이 문제의 의미가 학계에서 명확히 인식되지 않고 있다고 느끼게 되었으며, 이

문제를 확실히 짚고 넘어가는 것이 여러 가지 의미에서 중요하다는 생각을 하게 되었다. 이 부록은 그런 생각을 담고 있다. 좀 더 자세한 논의는 따로 다룰 기회가 있을 것이다.

2. 중국/조선의 사대부들의 경도와 위도의 이해

"천원지방天圓地方"설에 따라 지평地平함을 믿는 중국의 사대부들은 동서와 남북을 다 같은 차원으로 보는 방격식方格式 지도에 익숙해 있었다. 방격식 지도는 마치 바둑판처럼 가로와 세로가 등간격으로 나누어진 격자모양의 구조를 바탕에 깔고 있다. 방격의 가로와 세로는 직각으로 만나며, 각방격의 가로 세로의 길이는 언제나 같다. 이 종횡등간격縱橫等間隔의 방격은 지상의 동서남북으로 동일한 거리를 동일한 길이로 나타낸다. 백리척의 지도에서는 지상의 백리를 지도의 1척으로 나타내며, 가로와 세로의 차이가 없다. 가로를 동서, 세로를 남북으로 나타낼 때, 동서 방향과 남북 방향에 아무런 차이가 없다는 말이다.

이러한 방격지도에 익숙한 중국/조선의 사대부들이 경도와 위도라는 말을 들었을 때, 경도는 세로를 재는 것이며, 위도는 가로를 재는 것임을 쉽게 알아차렸을 것이다. 그러므로 그것은 방격의 다른 표현에 불과하다는 선입견을 가지기 쉬웠다. 동서를 경도로 재고 남북을 위도로 잰다고 하지만, 경도 1도와 위도 1도가 달라야할 이유를 알기 어려웠다.

리마두는 이런 사태가 생길 것을 우려했다. 그는, "동서 위선은 천하의 길이를 세는 것[東西緯線數天下之長]"이요, "경선은 천하의 폭을 세는 것[經線數天下之寬]"이라고 말하면서도, 경도와 위도는 그 크기의 성질이 같지 않다는 것을 설명하려고 노력했다.

리마두는 경선을 따라 남북 방향으로 측정되는 위도 1도의 폭은 천하 어디에서나 같고 그 크기는 "1도 = 250리"라고 하였다. 그리고 여기에서의 1도는 "위도 1도"를 의미한다는 점을 강조한다. 그는 위선을 따라 동서 방향으로 측정되는 경도 1도는, 적도에서는 위도 1도와 같으나, 위도가 높아짐에 따라 점점 줄어든다는 것을 누누이 설명한다. 심지어는『곤여만국전도』오른쪽 아래에 특별히 표를 만들어 경도 1도의 값이 위도가 높아짐에 따라 줄어드는 모습을 수치로 보여주고 있다. 그 표의 일부를 보면 다음과 같다

위도 y도에서의 경도 1도의 간격(단위: 위도 度의 分, 秒)

(1)	(2)		(3) = cos(y)	(4) = 60*(3)	(5) = 250*(3)	(6)
y	위도분	위도초	위도도	위도분	里 환산	10리 단위
5	59	46	0.99619	59.771	250	250리
10	59	05	0.98481	59.089	246	250리
15	57	57	0.96953	57.956	241	240리
20	56	23	0.93969	56.381	235	230리
25	54	23	0.90631	54.379	227	230리
30	51	58	0.86603	51.962	217	220리
35	49	09	0.81915	49.149	205	200리
40	45	58	0.76604	45.962	192	190리
45	42	26	0.70711	42.427	177	180리

주 :『곤여만국전도』"總論橫度里分" 표에서 발췌하였다. 리마두는 위도緯度를 직도直度, 경도經度를 횡도橫度라고 표현하고 있다. 그가 말하는 분초는 위도緯度의 분과 초다. 이 표에서 열(4)는 60x(3)이다. 열(4)의 소수부분에 60을 곱하여 초로 환산하면, 그 값은 열(2)의 위도초의 값과 일치함을 확인할 수 있다. 따라서 리마두의 표는 cos(y)에 기초를 두고 있음이 확인된다. 열(5)의 리里는, 열(6)에서 10리 단위로 표현해 보았다.

3. 강희 이전의 "1도 = 250리"의 수용상황

리마두의 "1도 = 250리"설은 나름대로의 검증을 거친 명제였다. 리마두는 원래 "1도 = 200리"의 설을 주장하고, 이를 초기에 제작한 세

계지도에 적용하였다. 그러나 그는 1600년 남경에서 제작한 「산해여
지전도」로부터 "1도 = 250리"설을 주장하기 시작하여 그 후의 『곤여
만국전도』 등을 통하여 이 명제를 보급해 나갔다. 틀림없이 그가 다
년간에 걸쳐서 인식한 중국인들의 거리 개념을 바탕으로 새로운 명
제 "1도=250리"설을 주장하게 되었을 것이다. 그러므로 이 명제는 무
리없이 받아들여질 수 있었다. 그러나 "위도 1도 = 250리"라는 의미로
서 받아들여진 것이 아니라, "'위도 경도 구분없이' 1도 = 250리"라는
명제로서 받아들여진 경향이 있었다.

이러한 경향을 야기한데는 리마두 자신도 약간의 책임이 있다. 앞
에서 본 바와 같이 리마두는 경도 1도는 위도 1도와 다르다는 것을
강조한 것이 사실이다. 그러나 그는 육지와 바다가 한데 합쳐져서 하
나의 구球를 이루고 있다는 "지구설地球說"을 천원지방天圓地方 사상에
젖은 중국인들에게 설명해야하는 과제도 스스로 떠안고 있었다. 그
리하여 지구를 남북으로 잰 대원의 둘레가 9만리일 뿐 아니라. 동서
로 잰 대원의 길이 역시 9만리로 같다는 명제를 설득해야 했다. 그리
고 남북으로 잰 도수도 360도이고 동서로 잰 도수도 360도임도 열심
히 설명하였다. 그러므로

> "대원大圓을 따라서,' 남북으로 잰 위도 1도는 250리이고, 동서로 잰 경도 1도
> 역시 250리다."

라는 명제가 나온다. 여기에 오해가 끼어들 소지가 있었던 것이다.
리마두가 진실로 설득하고자 한 "지구에 관한 진실"은 이렇다:

(1) 지심地心을 중심으로 하는 지구 대원大圓의 둘레는 어떤 대원이나 똑같이
9만리다.

(2) 어느 지점에서나, 그 점을 지나는 남북으로 뻗은 자오선을 포함하는 대원

이 존재하며 그 둘레는 9만리이며, 위도로 360도다.

(3) 어느 지점에서 동서로 뻗은 위선緯線을 따라 정의되는 원圓은, 일반적으로 대원이 아니라 소원小圓으로, 그 둘레가 9만리보다 작다. 그러나 그 소원小圓 원주는 언제나 경도經度로 360도다.

(4) 동서로 뻗은 위선으로 정의되는 대원은, 위도 0도의 위선인 "적도 뿐"이다.

이 네 개의 진실에 비추어 보면, "동서로 잰 대원의 길이 역시 9만리다"라는 명제는 기술적으로(technically) 옳다. 그러나 동서로 잰 대원大圓은 지구상에서 적도 하나밖에 없다는 진실에 비추어 볼 때, 이는 오해를 낳기 쉬운 표현이다. 특히 중원中原을 지나는 위선을 따라서, 경도 1도는 200리 정도에 불과하며, 그 전체 둘레는 9만리가 아니라 7.2만리다 그런데 리마두, 그리고 후에 남회인은, "동서로 잰 대원의 길이 역시 9만리다"라는 표현을 쓰고 있다. 그런 대원은 그 넓다는 중국 어디에도 없는 물건인데도 말이다. 이 표현을 본 중국의 사대부들은, 마음속으로 단단히 무장을 하고 읽지 않는 한,

"'어디서나' 남북으로 잰 위도 1도는 250리이고, 동서로 잰 경도 1도 역시 250리다."

라는 명제로 오해하기 쉬웠고, 실제로 그런 오해가 대세를 점하고 있었다고 보이는 것이다.

4. (북극고北極高 1도차) = (위도 1도차) ; (1시진차時辰差) = (경도 30도차)

리마두가 활동하던 당시, 중국 사대부들에게 경도와 위도는 생소한 개념이었다. 그러나 그들에게 이를 쉽게 설명할 수 있는 개념들이

있었다. 남북 간의 "북극고차"와 동서 간의 "시진時辰차"다.

리마두는 특정 지점의 위도를 알아내는 방법으로 "간북극법看北極法"을 설명하고 있다. 중국사대부들은 천문에 밝았다. 그리고 별들이 북극을 중심으로 하루에 한 바퀴씩 시계 반대방향으로 돈다는 것 그리고 그 회전축에 북극 내지 북극성이 있다는 사실도 잘 알고 있었다.

리마두는 북극고차는 바로 위도차라는 명제를 설명하고,

(1) 북극고 1도 차 = 위도 1도 차 = 남북 250리 차

라는 명제가 성립함을 역설하였다. 또 중국 사대부들은 동쪽으로 갈수록 시진時辰이 늦어진다는 사실을 알고 있었는데, 리마두는

(2) 1시진 차 = 동서 경도 30도 차

라는 명제를 역설하였다. 이 두 명제를 중국 사대부들에게 이해시키는 데는 별문제가 없어 보인다. 그러나 문제는 명제 (2)를 명제 (1)과의 유추에 의해서,

(2*) 1시진 차(= 동서 경도 30도 차) = 동서 7500리 차

라고 오해하는데서 문제가 발생하기 시작했다. 즉 명제 (2*)는 옳지 않은 명제

(3*) 1경도 = 250리

를 명제 (2)와 결합하여 얻은 명제이기 때문에 옳지 않은 명제인 것이다. 그러나 이 옳지 않은 명제 (2*)가 널리 유통되어 온 것이다.

　이런 중국인들의 생각을 강화시켜 준 데는 남회인도 한 몫 했다고
볼 수 있다. 그의 「곤여전도」는 중국과 조선의 학자들에게 큰 영향을
준 지도인데, 그 지도의 땅이 둥글다는 것을 설명하는 글, "지체지환
地體之圜"에서, 그는 "東西相去二百五十里 而差一度, 又七千五百里 而差
一時也."라고 하고 있다. "동서로 250리 떨어지면 그 차가 1도이고,
7500리면 시간으로는 1시진의 차이가 난다"는 것이다. 250리가 1도이
면 7500리는 30도다. 경도의 차가 30도이면 2시간의 차이가 나는 것은
현대인 누구나 잘 아는 사실이다. 남회인 당시의 1시진은 현재의 2시
간이므로 이 부분은 맞는 말이다. 그러나 문제는 동서 경도 1도차가
"250리"라는데 있다. 남회인의 이 설명에 글과 함께 그려진 그림을 보
면, "(경도 1도 차) = 250리"는 지구의 대원을 따라 측정할 때를 말한
다고 이해할 수 있다. 그러므로 그의 말은 "호의적으로" 해석하면 맞
다. 그러나 그러한 대원은 적도 대원뿐이라는데 문제가 있다. 중국이
아무리 넓어도 적도가 지나는 땅은 없다. 중국의 수도인 北京은 북위
40도 근방이고, 중원中原은 35도 근방이다. 이런 곳에 사는 중국인들에
게 적도에서나 타당할 뿐, 중국 어디에서도 타당하지 않은 설명을 한
남회인은 중국인들의 오해를 부추긴 책임을 면할 수 없을 것이다. "1
위도 = 250리"의 설 아래서도 중국의 중심지에서는 "1경도 = 200리"가
맞는 것이었다!
　남회인의 영향이 얼마나 컸었는지를 보여주는 좋은 증거가 있다.
장정부莊廷尃의 도설圖說이다. 장정부는 서양의 천문 지리에 통달한 사
람으로 1800년에 남회인의 「곤여전도」를 비판하며, 자기 나름의 주장
을 담은 「만국경위지구도萬國經緯地球圖」를 그렸고, 이는 최한기와 김
정호에 의하여, 1834년에 「지구전후도地球前後圖」로 조선에서 재판각되
었다. 장정부의 그 지도에 따른 도설圖說은 오주五洲 이규경李奎景에게
서 고평가를 받으면서, 그의 『오주연문장전산고五洲衍文長箋散稿』에 재
록되기도 하였다. 이 도설에서 장정부는 다음과 같이 기술하고 있다.

"兩地經度相去三十度 地隔七千五百里則時刻差一辰." 즉 남회인의 말과 똑같은 것이다. 경도 1도를 250리로 본 것이다. 더욱이 강희제 때 발표된 "1도=200리"의 설이 충분히 보급되고도 남을 시간이 지난 후인데도 말이다.

　최일급의 지식인들조차도 이처럼 이해하기 어려워했다면 보통의 지식인들은 말할 필요도 없지 않았겠는가? 1700년대 초 강희제의 뜻에 따라 실측지도 제작에 참여했던 서양인들은 위도 1도와 경도 1도를 모두 250리로 이해하고 있는 중국인들을 보고 놀랐을 것이다. 그래서 이들은 중국인들에게 그 둘은 다르다는 것을 열심히 설명했을 것이다. 즉 "1위도 = 250리"라면 중국 중심부에서 1경도는 200리라고 설명해 주었을 것이다. 특히 북경 근방에서는 "1경도 = 200리"가 맞다 라고 설명해 주었을 것이다. 동서로 7500리 상거가 아니라 6000리 상거이면 1시진의 시차가 발생한다고 이들을 설득했을 것이다. 왜냐하면 중국인들에게 1경도의 거리가 중요한 것은 상거가 수천 리 되는 지점간의 시차와 관계되는 것을 알고 있었기 때문이다. 그런 면에서 중국인들에게는 "위도 1도의 거리보다 경도 1도의 거리가 더 중요했다."

5. 강희康熙의 만리장성萬里長城 실측지도

　강희는 자신이 지배하고 있는 영역의 정밀지도를 만들고자 했다. 그리하여 우선 만리장성의 실측지도를 만들게 되었다. 지도 제작의 실세는 예수회 전교사들이며, 이들은 프랑스에서 새로 개발된 새로운 방법과 새로운 의기儀器로 경위도를 실측하는 등, 서양식 실측을 통하여 지도를 제작했다. 실측 대상이 된 만리장성은 산해관에서 가욕관까지 경도로 21도에 걸친 동서로 긴 지도였다. 그런데 실측 및 지도제작에 동참한 중국 지식인의 눈에는 이상한 점이 하나 있었다. 동서 거리차 250리에 경도차 1도가 아니라 200리에 1도차가 나는 것이었다. 이 문제를 서양인들에게 이야기 했을 때 그들의 대답은 무엇이었을까?

위선이 동서로 그리는 원은 대원이 아니다. 그러므로 그 둘레는 9만리보다 작다. 중국은 5악의 중심인 숭산嵩山을 땅의 중심 즉 지중地中으로 생각했다. 그 곳의 위도는 35도 정도다. 위에 제시한 리마두의 표에 의하면, 위도 35도에서 경도 1도는 200리다. 적도에서의 경도 1도 250리보다 50리 작다. 북위 40도인 북경은 190리로서 200리와 거의 비슷하다.

이 설명을 들은 중국인들은 올바로 알아들은 사람도 있었겠지만 많은 사람들의 귀에는 경도經度라는 말은 잘 들리지 않고 "1도 = 200리"라는 말만 크게 들리지 않았을까? 지금까지 경도經度든 위도緯度든 구별 없이 "1도 = 250리"라고 알고 있던 사람들은 이번에는 경도든 위도든 구별 없이 "1도 = 200리"가 맞다고 생각하며, 잘못된 명제,

　　"'어디서나' 동서로 잰 경도 1도는 200리이고, 남북으로 잰 위도 1도 역시 200리다."

라는 명제를 받아들인 사람들이 많았던 것으로 생각되며, 그 중에는 강희황제도 포함되었던 것 같다.

6. 강희康熙의 서양식 발상에 의한 새로운 거리 단위 탄생

경위야 어떻든, 강희황제는 "1도 = 200리"에 맞게 새로 거리 단위를 정하기로 마음을 먹었다. 거리 단위 변경이라는 엄청난 일을 벌이고자 한 데는 강희가 한족漢族이 아니라 만주족滿洲族이라는 사실도 작용했을 것이다. 그리하여 그는 한족들과 의논하지 않고, 서양인들과 의논하여 구체적인 방침을 정한 듯하다. 그래서 그 과정이 너무나 서

양적이다.

첫째, 단위를 정하기 위해서 위도 1도의 거리를 실측한다는 발상이다. 이는 18세기에 프랑스가 미터법을 추진하면서 미터를 정의하기 위하여 몇 년에 걸친 실측작업을 하게 되는 일을 연상시킨다.

둘째, 기본단위인 척을 위도 1도의 자오선 길이를 써서 정의하고자 하는 발상이다. 즉, 위도 1초의 자오선 길이의 1백분의 1(위도 1도의 36만분의 1)을 1척尺으로 정의하는 것이다. 이 역시 미터를 북극에서 적도까지 파리를 지나는 자오선 길이의 1천만분의 1로 정의하기로 한 발상을 상기시킨다.

이 과정을 거쳐서 정의되는 척尺과 리里는 미터와도 직접 관련된다. 갈검웅葛劍雄(p.130)은 다음과 같이 말한다.

> "康熙親自決定選用 「工部營造册」爲標準,規定200里合經線1度, 每里180丈,每丈10尺,每尺合經度1%秒."

강희가 경도를 기준으로 길이/거리의 단위를 정했다는데, 척과 리 중 어느 쪽을 "먼저" 정의했을까? 갈검웅의 말에 의하면 200분의 1도로 리里를 먼저 정의하고 나니, 척尺은 100분의 1 위도초緯度秒가 되었다는 식으로 해석된다. 그러나 그 반대일 수도 있다고 생각된다. 길이의 기본단위는 어디까지나 尺이기 때문이다. 인터넷 "호동互動"의 「황여전람도」 해설에 의하면,

> "영조척營造尺 31.7cm의 10배는 1장丈이고, 18장丈은 1승繩이며, 10승繩은 1리里이고, 200리는 1도度"

라고 설명하고 있다. 이 설명에는 애매한 점이 있다. 통일된 새로운 척도를 고려하면서 기존의 영조척을 사용하였을 리가 없기 때문이

다. 그러므로 이 설명의 순서에 따라 개혁이 이루어졌다면, 먼저 영
조척을 새로 정비하였을 것이다. 어떻게 정비하였을까?

먼저, 수학적인 해석의 과정을 거쳤을 것이다. 즉 기본방침은 1도
를 200리로 하는 것이다. 그런데 1리는 1800척이므로 100분의 1 위도
초를 1척으로 "정의"하면 의도를 살릴 수 있다는 수학적 결론이 얻어
졌을 것이다(이러한 수학적 추론을 맡은 쪽은 전교사 쪽 사람들이었을 것이
다). 그리고 기존의 척도를 감안해 보니, 그러한 의도를 관철할 수 있
는 가장 가까운 척은 영조척임을 확인하였을 것이다. 그러므로 혼란
을 최소화하기 위해서는 그 영조척을 약간 수정하여 쓰는 것이 바람
직하다고 결론을 내렸을 것이다(참고 : 박흥수朴興秀가 추론한 세종 때의 영
조척은 31.24cm다). 그리하여 새로운 단위의 확정을 다음 순서에 따라서
진행하였을 것이다.

(1) 북경의 남쪽 교외에 있는 패주霸州에서 자오선을 따라 정확하게 위도 1도
남쪽의 지점을 교하현交河縣 안에서 찾아 1도차의 정확한 거리를 실측한다.

(2) 그 실측 거리의 360000(= 60 × 60 × 100)분의 1의 길이를 새로운 영조척으
로 정의한다.

그 영조척의 길이를 미터법의 단위로 재보면 31.7cm라는 것이 "호
동互動"의 내용이다(박흥수의 31.24cm보다 약간 길다). 이 값에 360000을 곱
하면 그 당시 실측된 위도 1도차의 거리가 나온다. 그 값은 114.12km
다(현재의 실측치는 111.12km다).

7. 새로운 척과 리는 미터법으로 표현하면 어떻게 되는가?

원래 프랑스에서 의도된 미터와 강희의 의도된 리, 그리고 리마두
의 리를 서로 비교해보자.

   (1) (원래의 1미터) = (위도 90도의 거리)/10,000,000

   (2) (강희의 1리) = (위도 1도의 거리)/200 = (위도 90도의 거리)/18,000

   (3) (리마두의 리) = (1위도의 거리)/250 = (위도 90도의 거리)/22,500

이 관계로부터 다음 관계를 얻을 수 있다.

   1위도 = 200리 때의 (강희의 리) = 10,000,000/18,000 = 555m

   1위도 = 250리 때의 (리마두의 리) = 10,000,000/22,500 = 444m

그러므로 강희의 새로운 리는 리마두의 리보다 1백 미터 이상 길어지는 것이다. 조선이나 중국에서 관행적으로 쓰이는 대로 십리 단위로 하면,

   강희의 십리 = 5.5km

   리마두의 십리 = 4.4km

즉, 강희의 10리는 리마두의 10리보다 1킬로미터 이상 길어지는 것이다. 이에 대한 중국인들의 반응은 어떠하였을까? 중국인들은 아무 불평 없이 새로운 척도를 수용하였을까?

8. 중국인들의 새로운 "리里"의 수용 행태

중국인들이 이처럼 "1위도 = 200리", 즉 강희의 리를 알게 된 후에, 그들의 인식은 어떻게 바뀌었을까? 사대부들의 의식은 많은 경우에, 경도와 위도의 구별 없이, "1도 = 250리"로부터 "1도 = 200리"로 바뀌었던 것으로 보인다. 즉 이 경우에도 경도와 위도의 판별이 배제되었던 것으로 보인다. 우선 공식적으로 가장 중요한 문헌인 『역상고성曆

象考成』에 그렇게 되어 있다(이를 답습한 조선의『국조역상고國朝曆象考』도 마찬가지다).『역상고성』에서는 "경도 1도 = 200리"일뿐 아니라 "위도 1도 =200리"로 기술되어 있다. 즉, "時刻分秒相隔一時則東西相去六千里"라고 하여 "1경도를 200리"로 기술한 뒤에 바로 이어서 "於兩地測北極出地之度所差一度卽相去二百里"라고 하여 "1위도를 200리"로 기술하고 있다. 이『역상고성』은 옹정원년擁正元年인 1723년에 반포된 것이다.

　　사실을 말하자면 북경北京－중원中原 근방에서 "1경도 = 200리"라면, "1위도 = 250리"가 맞다. "1위도 = 200리"일 수가 없다. 그런데『역상고성』집필자는 어떻게 이렇게 천연덕스럽게 "1위도 = 200리"라고 말할 수 있었을까?(이는 한양漢陽 근방에서의『국조역상고』의 경우도 마찬가지다.) 이는 중국의 사대부들이 사실에 관한 올바른 지식을 가지고 있지 않았기 때문이라고밖에 달리 설명할 방법이 없어 보인다. 올바른 지식을 가지려는 뜻이 없었을지도 모른다. 강희에 의하여 새로 제정된 새로운 영조척, 새로운 리는 중국의 사대부들이 배제된 채, 강희가 편애하던 전교사들의 작품이었다. 그 전교사들의 주장 가운데, 1시진時辰의 시간차가 나는 경도 30도차가 동서 6천리라는 주장, 따라서 "1경도 = 200리"라는 주장은, 중국사대부들도 쉽게 받아들일 수 있었다. 그런데 강희의 새로운 리里의 정의하에서는 "1위도 = 200리"라고 주장한다. 경도와 위도의 구별을 버거워하던 중국 사대부들에게는 "1위도 = 250리"라고 하던 종전의 주장보다 "1위도 = 200리"라고 하는 새로운 주장이 종전의 척도로 "1경도 = 200리"라고 하는 주장과 더 잘 어울린다고 생각했을법하다. 어차피 그들은 "리里"가 어떻게 정의되느냐에는 관심이 없었다고 보인다(조선의 사대부들도 마찬가지다). 그들에게는 "1도 = 200리"라는 명제가 있을 뿐이고, 여기서 "도度"는 "200리"라는 거리를 나타내는 단위명일 뿐이었다. 그리고 여기서 "리"는 "다양한 사람들이 다양한 의미로 사용하는 그대로의 거리의 단위"이지, 새로 엄밀히 정의되어야할 대상이 아니었다.

9. 「옹정십배도擁正十排圖」: 1도=200리, 250리, 300리 의 식의 혼재

우리가 당시 중국 또는 조선의 사대부들의 의식에 관하여 이렇게 너그러운 인식을 가질 때, 여러 가지 현상이 자연스럽게 이해된다. 우선 『역상고성』과 동시대에 나온 「옹정십배도」를 보자. 『역상고성曆象考成』과 똑같이 옹정년간擁正年間에 제작된 「옹정십배도」 역시 1경도와 1위도를 똑같이 200리로 인식하고 있던 사람들에 의하여 제작된 지도다.

강희의 「황여전람도皇輿全覽圖」의 경위도에 의한 지도가 옹정년간에 바로 「옹정십배도」의 방격方格 지도로 돌아간 것을 보면, 중국인들이 경위도 개념을 인식하는 일이 얼마나 어려웠는지를 알 수 있다. 중국 사대부들에게 서양인들의 주도하에 제작된 「강희황여전람도」의 경위도망은 매우 못마땅하였던 듯하다. 「강희도」에서 위선을 등간격의 평행 직선으로 그린 것은 이해하기 쉬웠을 것이다. 그러나 경선은 같은 위도에서는 간격이 같지만 북쪽으로 갈수록 폭이 점점 좁아져 등간격을 유지하지 못하고 게다가 휘어지는 것은 이해하기 어려웠던 것 같다. 하늘은 둥글고 땅은 평평한데, 동서 위선과 남북 경선이 다를 이유가 무엇이며, 동서와 남북은 어디서나 직각을 이루는데 위선과 경선이 직각을 이루지 않는 것이 말이 되는가라고 생각했던 것은 아닐까?

이런 생각을 가진 중국인들은, 서양인들 주도하의 실측작업도 거의 마무리 되고, 서양인들을 전적으로 신뢰하던 강희제도 서거한 이후에, 지도제작의 주도권을 되찾아, 자신들이 신봉하는 원칙에 따라 새로 지도를 제작하게 되었을 것이다. 그 결과물이 「옹정십배도」였다. 이 지도는 우선 서양식의 경위도망을 버리고 전통적인 방격법方格法을 채택했다. 그러나 서양인들의 실측에 의한 지도제작의 우수성을

알게 되었기 때문에, 실측의 결과물인 「강희전람도」의 윤곽은 그대로
살리는 쪽으로 방향을 잡았다.

중국의 전통적인 방격법은 동서와 남북으로 똑같은 길이의 방격
을 사용하는데 아무 문제도 없다는 전제가 깔려있다. 전통적인 지도
제작 원리인 배수裵秀의 6원칙[배수육체裵秀六體]은 이런 전제 하에 나온
원칙이다. 중국의 사상을 그대로 받아들이고 있는 이익李瀷의 『성호
사설星湖僿說』을 보면, 전통적인 "천원지방天圓地方"의 설이 서양의 지
구설에 의하여 바뀐 상황에서도, 지방地方의 방方은 『주역周易』에서 말
하는 "坤道至靜而德方"의 방方이라고 하면서, 또 방方은 "方者猶平也"라고
하여, "지면地面의 평면성"을 고수하고 있다. 삼차원공간 속에서 이런
생각이 어떻게 합리화할 수 있었는지는 알 수 없으나, 당시 사람들이
이렇게 믿었던 것은 분명하다. 이런 믿음 때문에, 중국의 전통을 體
로 하고 서양의 학문을 用用으로 한다는 "中學爲體 西學爲用"의 기치 아
래 전통적 방격법과 서양의 경위도법의 결합이라는 실현불가능한 일
을 시도했는데, 「옹정십배도」는 바로 그 시도의 결과물이다.

「옹정십배도擁正十排圖」는 우선 지도의 남북기준선을 북경을 지나
는 경선으로 하여 여기에 "중中"이라는 표지를 붙였다. 「옹정도」의 동
서기준선은 북경을 지나는 위선이 아니라 북위 40도 위선이다. 이 위
선에 "중中"이라는 표지를 붙였다. 그러나 경선經線이나 위선緯線이란
말은 쓰지 않았다. 「옹정도」의 방격망은 직교하는 이 두 "중中"선이
지배한다. 이 두 중선을 기준으로 하여 동서남북으로 등간격의 평행
직선들을 그려 방격망을 완성하는데, 그 평행직선들은 고유번호가
부여된다. 중선에서 떨어진 순서에 따라, 동1, 동2, 동3,…; 서1, 서2, 서
3,…; 북1, 북2, 북3,…; 남1, 남2, 남3,… 등이다. 동서로 번호를 매기는
방법은 「강희도」 즉 「황여전람도」와 유사하다. 그러나 같지는 않다
(강희의 「황여전람도」에서는 중선 이외의 경선은 북경으로부터의 1도 간격의 편
도를 동1, 동2, 동3,…; 서1, 서2, 서3,… 등으로 나타내고 있는 것이다. 즉 그 자체가

천문지리학적 의미를 가진다. 그리고 「강희도」의 남북은 1위도 간격의 위선이 그려져 있기 때문에, 그 위선의 천문지리적학 북위도를 그대로 그 위선의 고유번호로 쓰고 있다).

전통적인 중국의 방격지도는 정방형의 방격망이므로, 방격망을 완성하기 위해서는 방격 한 변의 길이를 확정하기만 하면 된다. 「옹정십배도」에서는 이 길이를 "200리"로 잡았다고 보여진다. 어떤 근거로 그렇게 말하는가? 한 근거는 2007년에 『청정삼대실측전도집淸廷三大實測全圖集』을 편집한 왕전진汪前進은 그 서문격인 「康熙 擁正 乾隆 三朝全國總圖的繪制」에서 「옹정도」의 1격은 200리라고 못 박고 있다는 사실이다. 그러면 왕전진汪前進은 그런 주장의 근거를 제시해 주고 있는가? 이상한 일이지만 근거 제시가 전혀 없다.

나는 "1격=200리"의 주장을 뒷받침할 증거를 스스로 찾아보기로 하였다. 우선 동서 "중申"선을 따라서 관찰해보니 1격의 간격이 「강희도」의 북위 40도 상에서의 경도 1도의 간격과 같음을 쉽게 발견할 수 있었다. 그런데 그 간격은 앞에서 누누이 설명한대로, "강희의 200리"가 아니라, "리마두의 200리"다. 그러므로 「옹정도」제작자들은 "강희의 새로운 리里"를 안 쓰고, "리마두의 낡은 리里"를 사용하여 1격을 200리로 정하였다라고 말할 수 있다. 그러나 이는 성급한 결론일 수 있다.

「옹정도」와 「강희도」의 비교는 그 포괄범위가 다르기 때문에 적절하지 않다. 그런데 「옹정도」 이후에 제작된 「건륭십삼배도」 즉 「건륭도」는 체재가 「강희도」와 일치하고, 포괄범위가 「옹정도」를 내포하기 때문에, 「옹정도」와 「건륭도」의 비교로부터 우리는 유용한 정보를 얻을 수 있다.

「강희도」는 위도를 북위 55도로부터 5도씩 나누어 8개의 배排로 이루어져 있기 때문에, 「강희팔배도」라고 부를 수 있는 지도다. 「건륭십삼배도」는 북위 80도로부터 5도씩 나눈 13개의 배排로 이루어져 있다. 「옹정십배도」는 북쪽에서부터 8격格씩 나눈 배排 10개로 이루어진 지도인데, 중선은 북위 40도가 분명하지만, 북쪽 끝은 북위 81도가 아닐까 추측이 될 뿐이고, 확실하지는 않다. 이처럼 「옹정도」의 격의 의미는 불분명하기 때문에, 「건륭도」와 옹정도를 계량적으로 비교하기 위하여는 중선으로부터의 편도偏度/편격偏格을 비교하는 것이 좋다, 왜냐하면, 「옹정도」의 남북중선은 북경을 지나는 자오선임이 분명하고, 이는 「건륭도」에서 확실히 식별할 수 있기 때문이다. 그리고 남북편도는 북경을 지나는 위선이 아니라, 북위 40도임이 분명하기 때문이다.

다음 표는 「건륭도」와 「옹정도」에서 동시에 확인 가능한 주요 지점을 선택하여, 편도/편격을 비교하고 있다.

「건륭도」/「옹정도」의 "중선中線"으로부터의 편도/편격 비교(중선中線 부근)

관심지점	「건륭도」편도	「옹정도」편격	1격당 경도/위도
동서 편도/편격			
카스피해	서58경도	서56격	1.04경도/격
嘉峪關	서17.8경도	서18.4격	0.97경도/격
北青	동12.5경도	동12.0격	1.04경도/격
남북 편도/편격			
德州	남2.5위도	남3.1격	0.81위도/격=1.05경도/격
蘭州	남4.0위도	남5.4격	0.74위도/격=0.96경도/격
江寧府	남7.9위도	남11.7격	0.68위도/격
杭州府	남9.7위도	남14.7격	0.66위도/격
廣州府	남16.8위도	남25.4격	0.66위도/격
海南島南端	남18.3위도	남32.8격	0.66위도/격
레나江口	북35위도	북35격	1.00위도/격
야쿠츠크	북29.2위도	북29.2격	1.00위도/격
이르쿠츠크	북19.0위도	북19.1격	0.99위도/격
네르친스크	북13.8위도	북14.7격	0.94위도/격

吉林烏拉	북3.8위도	북4.2격	0.90위도/격
盛京	북2.0위도	북1.8격	1.10위도/격
黑龍江口	북12.9위도	남북12.4격	1.04위도/격

주 : 경도를 위도로 환산하는 공식: "(중선 부근의) 1경도=cos(40도)×1위도=0.77위도"

이 표에서 우리는 몇 가지 흥미 있는 점들을 발견할 수 있다.

첫째, 동서 중선 근방에서 동서로 꽤 멀리 떨어진 지점들(카스피해, 함경도의 북청北靑 등)을 볼 때, 「건륭도」의 경도로 측정한 동서 편도와, 「옹정도」의 동서 편격의 값이 거의 일치한다. 이는 「옹정도」의 1격은 "리마두의 200리", 즉 북위 40도에서의 1경도 값과 같다는 주장을 뒷받침한다. 즉 이 경우의 "1격=200리"는 리里가, 리마두 식으로,

    1위도 = 250리

로 정의될 때의 200리다.

둘째, 북경에서 남쪽으로 비교적 가까운 지점들(덕주德州, 난주蘭州 등)을 볼 때, 「건륭도」위도로 측정한 남북 편도와 「옹정도」남북 편격의 값은 일치하지 않으나, 이 남북편도를 경도로 환산하면, 이는 남북 편격과 거의 일치한다. 이는 「옹정도」의 1격은, 동서남북 가릴 것 없이, 북위 40도에서의 1경도 값과 같다는 주장, 즉 "리마두의 200리"와 같다는 주장을 뒷받침한다. 즉 이 경우 역시, "1격 = 200리"는 리里가

    1위도 = 250리

로 정의될 때의 200리다.

셋째, 북경에서 비교적 먼 이남의 지점들 (항주부, 광주부 해남도 등)을 볼 때, 위도로 측정한 남북 편도와 「옹정도」남북 편격의 값은

일치하지 않는 정도가 심하여 그 비율이 2대3 정도에까지 이른다. 이는「옹정도」의 1격은, "1위도 = 200리"라는 강희의 200리도 아니고, "1위도 = 250리"라는 리마두의 200리도 아니다. 오히려 "1위도 = 300리"라는 별개의 척도로서의 200리인 것이다. 즉 이 경우의 "1격 = 200리"는 리里가

1위도 = 300리

로 정의될 때의 200리다. 그리고 우리의 표는 이러한 별개의 정의가 실재함을 강력히 뒷받침 한다. 중국 남부에서 "1위도 = 300리"라고 보았다는 좋은 증거가 있다.『대청회전大淸會典』에 의하면, 북경北京-강녕부江寧府(남경南京) 간의 최단정리最短程里가 2,295리라고 되어 있고, 위도는 북경이 40도, 강녕부가 32도20분으로 되어 있다(『청사고淸史稿』 지志 1에 의하면, 북경의 북위도는 39도 55분, 남경의 북위도는 32도4분이다). 경도차는 1.5도에 불과하므로, 이『대청회전』의 자료로부터 위도 1도의 거리를 계산하면, 꼭 "1위도 = 300리"가 된다. 이 정리程里를「옹정도」의 11.7격으로 나누면, "1격 = 200리"가 된다.

넷째, 북경의 북쪽으로 전통적인 중국 영역이 아닌 지점들(길림吉林, 성경盛京 등)과, 러시아 지역의 지점들(레나강구, 야쿠츠크, 이르쿠츠크 등)을 볼 때,「건륭도」위도로 측정한 남북 편도와「옹정도」남북 편격의 값이 거의 일치한다. 이는「옹정도」의 1격은 위도 1도와 같다는 것, 즉 "강희의 200신리新里"와 같다는 것을 의미한다. 즉 이 경우의 "1격 = 200리"는 리里가

1위도 = 200리

로 정의될 때의 200리다.

　나는 처음에 「옹정도」의 설계자가 1격을 설계할 때, 거리의 일관성을 완전히 배제한 것으로 생각했었다. 그러나 한편, 중국의 사대부들이 아무리 서양의 논리적 사고와 다른 생각을 가지고 있다고 하더라도, 위대한 문명의 담지자擔持者로서 그럴 수는 없다는 생각이 들었다. 내가 놓친 어떤 측면이 있지 않을까?

　위의 사실은 「옹정도」의 설계자 내지 제작자들이, "1도=1격=200리"라는 일관된 의식을 가지고 있었음을 보여준다. 단, 이 경우의 1도는 "위도 1도"와 "경도 1도"의 구별이 없는 개념이다. 실제로는 위도 1도와 경도 1도는 다른 개념임을 인식하지 못했다고 보아야한다. 그들에게 있어서 "1도"란, 경도와 위도의 구별이 없이, 다만 "200리"라는 거리를 나타내는 단순한 "명칭"이 아니었을까? 러시아인이 실측하여 111km를 1도라고 한 것도 200리이므로 1격이고, 중국 남부에서, 1위도 = 111km를 전통적으로 300리로 보았다면 그 거리는 200리의 1.5배이니 1.5격인 것이다. 북경 근방 사람들이 경도 1도의 거리를 200리로 본다면, 그 경도 1도는 그대로 1격이다. 그러므로, 몽골, 만주, 티벳, 신강에서 실측을 통하여 경위도가 있는 신식 지도를 제작하고, 그 거리를 강희의 새로운 리로 표현했을 때도, 「옹정도」를 제작한 사람들의 눈에는, 그 새로운 리에 의한 200리는 그대로 1격이 되는 것이다. 이 사실로부터 우리는 「옹정도」 제작자들의, 1위도, 1경도, 1격 등에 관한 인식을 읽을 수 있다.

　「옹정십배도」의 구조는 이렇게 여러 가지를 생각하게 해 준다. 그리고 우리는 그 속에서 당시 중국인들이 가지고 있던 경위도에 대한 의식, 거리에 대한 의식을 실감 있게 들여다볼 수 있다. 강희의 「황여전람도」를 서양화하는데 성공한 당빌은 이러한 중국인들의 의식을 꿰뚫어보고 있었다. 그리고 그 사실을 자신의 지도집에 명시적으로 반영하였다.

10. "중국리中國里"에 대한 당빌의 인식

「강희도」즉 강희의 「황여전람도」는 서양인들의 주도하에 실측을 바탕으로 제작되었다. 서양의 측량의기測量儀器를 동원하여 전국 사십여 군데의 경위도가 측정되고 이를 바탕으로 사인곡선도법sinusoidal projection이라는 서양의 투영법에 맞게 서양식의 지도가 완성되었다. 이 자료는 그대로 서양으로 보내져서, 당빌은 이를 원추곡선 도법으로 훨씬 더 서양화된 지도를 제작하였다.

1734년에 당빌은 한 장짜리 중국총도(Carte la plus generale et qui comprend la Chine, la Tartarie Chinoise, et le Tibet, 1734)를 공표하였고, 1737년에는 지도집, 『중국신지도집』(Nouvell Atlas de la Chine, de la Tartarie Chinoise, et du Thibet, 1737) 을 출판하였다. 이 지도집에는 자세한 구분도들이 포함되어 있고, 「조선왕국도」(Royaume de Coree)도 들어 있다. 이 지도집은 19세기까지도 서양인들의 동양 정보의 원천으로서 중요한 가치를 지녀온 지도집인데, 현재 서울대학교 중앙도서관에도 한 부가 존재한다.

그런데 1734년의 당빌의 중국총도의 축척 설명에는, 위에 1도=250리의 중국리, 아래에 1도 = 200리의 중국리를 제시함으로써 전자를 더 중요시하는 듯한 모습을 보여주고 있다. "1도 = 250리"와 "1도 = 200리" 두 가지 대립되는 명제와 관련해서, 1737년의 지도집은 더욱 흥미있는 사실을 보여주고 있다. 이 지도집에서 당빌은 전통적 중화권과 새로 편입된 지역에 상이한 "잣대"를 적용하고 있는 것이다. 전통적 중국영역을 그린 지도, Carte General de la Chine에서는 중국리로서 "1도 = 250리"를 채택하고 있다. 북경 주변인 북직예도北直隷圖, Province de Pe-Tche-Li, 그리고 조선왕국도朝鮮王國圖, Royaume de Coree에서도 마찬가지다. 그러나 몽골지역의 지도, Carte General de la Tartarie Chinoise 그리고 티벳 지역의 지도, Carte General du Thibet ou Bou-tan 에서는 다르다. 이 지도들에서는 중국리라고 하면서 "1도 = 200리"를 채택하고 있다.

당빌은 중국에 관한 정보를 주로 예수회 전교사들로부터 얻었다. 그리고 당빌은 지도에서 특히 Gerbillon 신부(중국 명 : 장성張誠, 1654~1707)의 이름을 거명하고 있다. 그는 강희의 최측근으로서, 강희의 대외문제에 관여하고, 정벌활동에 수행했다. 그가 제공한 정보가 당빌 지도의 바탕을 이루고 있음을 말해준다. 당빌의 중국에 관한 정보는 예수회 전교사들의 그것과 일치한다고 볼 수 있을 때, 그들은 "1도 = 200리" 설이 강희의 지지를 받고 있고, 따라서 그가 추진하는 몽골, 티벳 등 새 강역의 측량에서는 이 척도가 사용되었지만, 전통적 중국 영역에서는 의연히 "1도=250리" 설이 통용되었음을 잘 알고 있었다는 것이 된다.

11. 중국의 여러 가지 10리

그러면 이 두 설에 따른 1리를 미터법으로 표현하면 얼마나 되는 것일까? 앞에서 본 바와 같이 이는 각각 555m와 444m다. 그리고 이를 중국인 조선인의 일상 감각대로 10리를 단위로 거리를 이해하는 것을 감안하면,

> 강희의 10리 = 5.5km
> 리마두의 10리 = 4.4km

인 것이다. 이 둘 중에서 중국인들의 거리 감각에는 후자가 더 잘 맞았던 것이다. 아니, 앞에서 본 바에 의하면 중국의 남쪽에서는 "별개의 10리"가 통용되었다. 그것은 "1위도 = 300리"로 인식되는 리인 것이다. 이에 의하면,

　　　　중국남방의 10리 = 3.7km

인 것이다. 또 중국은 신해혁명 이후에 중화민국은 미터법을 본격적
으로 소개하면서 중국의 전통적인 거리 단위인 리를 새로 정의하였
다. 즉,

　　　　중화민국의 10시리市里 = 5km

　　그리고 중화인민공화국은 미터법의 발전된 형태인 국제공제國際公
制를 그대로 사용하고 있다.

12. 조선리朝鮮里 : 십리 = 4.2km와 4.0km

　　높은 연구수준을 인정받고 있는 박홍수朴興秀의 「조선척도李朝尺度
에 관한 연구」에 의하면, 조선의 세종조世宗朝에 정비된 표준척의 길
이는 다음과 같다

　　　　황종척(기준척)　= 34.72cm

　　　　주척周尺　　　　= 20.81cm

　　　　영조척營造尺　　= 31.24cm

　　　　조례기척　　　　= 28.64cm

　　　　횡서척　　　　　= 26.40cm

　　"리里"는 거리의 단위로 너무나 우리에 익숙한 단위다. 애국가에도
나오는 단위다. 그러나 어느 사전을 찾아봐도 만족스러운 "정의定義"
가 없다. 가장 확실한 정의 하나는 일본식 정의다. 1리가 약 3927m라
는 정의다. 이는 1909년 9월 통감부 하의 대한제국에서 채택된 일본

식 리인데 이는 우리 정서에 맞지 않기 때문에 어느 틈에 그 10분의 1인 393m가 1리 행세를 하다가, 현재는 공식적으로 구제도가 폐기되었기 때문에, 리里를 이야기하려면, 어정쩡한 자세를 취하게 되는 경우를 많이 본다.

구제도를 폐지한다고 하여, 구제도 하에서 사용되던 단위의 의미까지 폐기될 수는 없는 일이다. 구단위 "리"를 의미까지 폐기한다면, 애국가의 "삼천리"는 어떤 의미로 해석해야 할까? 1909년이라면, 조선 정부는 통감부하에 있었고, 사실상 일제치하였다. 우리가 일제치하를 부정하는 바로 동일한 이유에서 1909년의 대한제국의 법령개정은 무시되어야 한다.

그러나 그에 앞서서, 1905년 3월, 을사조약 이전에 대한제국에서 제정된 도량형법에서는 1리를 420m로 명확하게 정의하였다. 즉 1척은 일본의 곡척曲尺 10/33m로 정의하면서 1리 = 1386척으로 정의했기 때문에, 1리는 정확히 420미터인 것이다. 우리는 이 "1리 = 420m"를 조선 최후의 공식적 정의로 받아들인다.

이 정의에서, 1리는 1386척이라는 규정은 아무래도 자연스러워 보이지 않는다. 그래서 1386이라는 수를 분해해 보니,

$$1386 = 42 \times 33$$

이 되었다. 그런데 곡척曲尺의 정의로부터, 33곡척은 정확히 10미터임을 안다. 그러므로 1리의 정의에 이 사실을 적용하여 1리를 미터로 환산하면 다음 결과를 얻는다 :

$$1리 = 1386곡척 = 42 \times 33곡척 = 42 \times (10미터) = 420미터$$

즉 1리는 정확히 420미터인 것이다.

여기서 우리는 1905년 도량형법을 기초한 사람의 의도를 읽을 수 있다. 즉 그 기초자는 사전에, 1리를 "정확히 420미터로 정의할 의도"를 가지고 있었다고 보이는 것이다. 왜 그랬을까?

『증보문헌비고』 91 악고樂考 "도량형"조를 보면 다음 내용이 있다.

1보 = 6척, 1리 = 350보 = 2100척.

그리고 "泰西米突 則一米突準我五尺."이란 말이 나온다. 이 말에 의하면 서양의 1m는 우리 5척에 해당한다. 그러므로 우리 1척은 20cm 이며 이는 주척周尺을 말한다(이는 앞에서 본 세종 때의 주척 20.81cm보다 약간 짧다). 즉,

1주척 = 20cm, 1보 = 6주척 = 1.2m, 1리 = 350보 = 350*1.2m = 420m.

그러므로 『증보문헌비고』에 이미 1리=420m로 인식하고 있는 것이다. 1905년의 「도량형법」은 이를 법제화함으로써, "1리 = 420m"를 "정의定義의 지위"로 격상시킨 것이다. 이 도량형법에서 우리의 관심을 끄는 것은 척의 정의는 전통적인 관행인 주척周尺 = 1/5m에서 일본의 정의인 곡척曲尺 = 10/33m로 바꾸면서도, 리里의 정의는 일본을 따르지 않았다는 것이다.

박흥수는 세종 때의 1주척은 20.81cm를 이용하여 1리를 449m로 추정하고 있다. 리마두의 "1리 = 444m"와 매우 가깝다. "1주척 = 20.81cm"는 중국인의 주척인식과도 매우 흡사한 것을 반영하는 것은 아닐까?

박흥수의 "1리 = 449m"는 『증보문헌비고』/평식원平式院의 "1리 = 420m"보다 크다. 그 이유는 1주척 20.81cm가 20cm보다 큰 데도 기인하지만 또 하나의 원인은 1리를 360보로 보느냐 350보로 보느냐의 차이에도 있다. 평식원은 350보로 보고, 박흥수는 360보로 본다. 강희의 1

리는 주척 대신 영조척 31.7cm를 쓰고, 1보를 5척, 1리를 360보로 본 경우에 해당한다.

여러 경우에 대응하는 1리

	1주척=20cm일 때	1주척=20.81cm일 때	1영조척=31.7cm일 때
1리=350보일 때	420m(平式院)	437m	
1리=360보일 때	432m	449m(박흥수)	555m(강희)

13. 김정호의 「대동여지도」/「동여도」에서의 리里: 1리= 405m; 십리=4.0km

신경준의 백리척 21cm는 주척에 가깝고, 김정호의 「청구도」의 백리척 30cm는 영조척에 가깝고, 김정호의 「대동여지도」/「동여도」의 백리척 25cm은 횡서척에 가깝다. 김정호는 이렇게 정의된 백리척을 이용하여 「대동여지도」/「동여도」를 제작했기 때문에 우리는 그 지도에서 "1리를 몇 m로 보았는가?"라는 질문에 대한 답을 구할 수 있다.

우리는 「동여도」에서, 한양으로부터 각 감영監營까지의 거리를 읽을 수 있다. 쉽게 읽을 수 있는 것은 동서 방향과 남북 방향이기 때문에, 우선 그 두 방향으로의 한양리차漢陽里差를 「동여도」에서 읽어내기로 하였다. 그리고 직선거리는 그 두 거리에 피타고라스의 정리를 이용하여 구할 수 있다. 다음 표는 그 결과를 보여준다. 우리는 또 현재 알려진 경위도자료를 이용하여, 대응하는 거리를 구할 수 있다. 이 역시 다음 표에 제시되었다.

한양에서 팔도감영까지의 거리

	함흥	평양	해주	한양	원주	공주	대구	전주	합
「동여도」로부터 읽은 거리(里)									
동서 한양리차	186	-209	-272	0	199	10	344	14	
남북 한양리차	687	409	141	0	-87	-289	-477	-459	
직선거리 里	712	459	306	0	217	289	588	459	3030
현재의 경위도로부터 구한 거리(km)									
동서 거리	48.3	-105.0	-109.5	0	83.9	13.3	147.0	16.5	
남북 거리	261.1	161.1	51.9	0	-25.9	-125.9	-188.9	-194.5	
직선거리 km	265.5	192.3	121.2	0	87.8	126.6	239.4	195.2	1228.0

주 : 1해리 1852m는 위도 1분의 거리다. 그러므로 위도 1도의 거리는 111.12km다. 위도 y도에서의 경도 1도의 거리는 위도 1도의 거리에 cos(y)를 곱하여 얻어진다. 이것이 이 표에서 사용한 상수들이다.

이 표로부터 우리는 김정호가 인식한 1리의 거리 내지 10리의 거리를 추정할 수 있다. 조선 시대에, 팔도 감영은 어느 지점보다도 중시되던 곳이기 때문에, 한양으로부터의 거리 측정도 그만큼 정확했다고 볼 수 있다. 그리하여 나는 리의 크기를 이 거리들의 가중평균으로 구하는 것이 바람직하다고 보았다. 가장 간단하고 합리적인 가중평균은 이 거리들의 합으로부터 평균을 구하는 것이다.

위의 표에 의하면, 한양으로부터 7개 감영까지의 거리의 합은 3030리다. 이는 「동여도」에서 구한 것이다. 대응하는 거리를 현재의 경도와 위도의 자료를 이용하여 구하면, 1,228km다. 그러므로 김정호의 「동여도」/「대동여지도」의 제작에서 사용한 1리 내지 10리의 크기에 대한 정보를 다음과 같이 구할 수 있다. 즉,

1리 = 1,228km/3,030리 = 0.405km = 405m

10리 = 4.05km, 즉 근사적으로 4km

그러면 이런 인식은 위도 1도의 거리인 111.12km를 몇 리로 보는 셈인가? 그 답은 다음과 같다.

「동여도」에서의 위도 1도의 거리 = 111.12 / 0.405 = 274리, 즉 근사적으로 270리

그러나 김정호는 일관성 있게, 1위도는 200리, 1경도 역시 200리라고 표현하고 있다. 지도제작이라는 "행동"을 통해서는 1위도를 270리로 보고 있으면서도 말이다. 이 "김정호의 언행불일치"를 우리는 어떻게 이해해야할까? 그 답은『국조역상고』의 분석에서 찾을 수 있다.

14. 『국조역상고』 경위도 자료의 리里: 1리 = 403m; 십리 = 4.0km

김정호는 「동여도」에 팔도감영의 경위도 값을 『국조역상고』에서 인용하여 싣고 있다. 『국조역상고』는 정조 15년 (1791년)에 편찬된 책으로, 김정호로 보면 약 70년 전의 자료다. 『국조역상고』의 경위도 표시는, 우선 경도는 "한양편동서 몇도 몇분"의 형태로 주어지고, 위도는 "북극고 몇 도 몇 분"의 형태로 주어져 있다.

『국조역상고』의 한양편도漢陽偏度(단위 : "분分")

	함흥	평양	해주	한양	원주	공주	대구	전주
동서(+-)편도	60	-75	-84	0	63	-9	99	-9
남북(-+)편도	198	114	39	0	-33	-93	-138	-144

이 표에서 우리는 재미있는 사실 하나를 발견한다. 즉 이 값들이 모두 "3의 배수"라는 사실이다. 이는 무엇을 의미할까? 이 값들이 관측치가 아니라 가공된 수치라는 것을 의미한다. 『국조역상고』에 의하면 이 편도 값들은 "팔도여도八道興圖"에서 양정量定했다. "팔도여도"는 어떤 지도일 것이고, "양정量定"이란 "길이를 재서 동서 한양편도의 값 또는 북극고의 값을 정했다"라는 뜻일 것이다. 결코 실측이 아니

다. 영조 15년의 경위도 양정에 사용했다는 "팔도여도"는 과연 어떤 지도일까? 이는 일단 미해결의 의문으로 남겨놓자.

『국조역상고』의 편찬자들과 김정호는 경도와 위도는 모두 1도의 거리가 200리라는 명제를 믿고 있는 사람들이었다(그러나 이것은 옳은 명제가 아님을 우리는 이미 알고 있다). 그러므로 그들에게 1도는 60분이므로 1분은 200/60리 즉 10/3리인 것이다. 즉,

$$200리 = 1도 = 60분, \qquad 10리 = 60/20분 = 3분$$
$$1도 = 60분 = 200리 \qquad 1분 = 200/60리 = 10/3리$$

그리하여 10리를 단위로 하는 거리를 읽을 수 있는 "팔도여도"에서 경위도를 양정하면, 그 값들은 "3의 배수"로 표현되는 것이다. 그러므로 이 한양편도를 "리里"로 환원하려면, 한양편도의 값에 10을 곱하고 3으로 나누어 주면 된다. 그 결과가 다음 표다.

『국조역상고』의 한양편도漢陽偏度에서 얻은 한양에서 팔도감영까지의 거리정보

	함흥	평양	해주	한양	원주	공주	대구	전주	합
편동서(+-)거리 리	200	-250	-280	--	210	-30	330	-30	
편남북(-+)거리 리	660	380	130	--	-110	-310	-460	-480	
직선거리 리	690	455	309	--	237	311	566	481	3049
(「동여도」직선거리)	712	459	306	0	217	289	588	459	3030

이 표에서 우리는 모든 한양 편거리가 과연 10리 단위로 표현됨을 확인할 수 있다. 우리의 추측이 맞는 것이다. 그리고 이 수치들로부터 한양 직거리를 구했다. 이를 우리가 앞에서 「동여도」에 근거해서 구한 직거리와 비교해 보면, 이 두 조組의 한양 직거리들의 상차相差가 20리를 거의 넘지 않을 정도로 가깝다는 것을 알 수 있다.

이 얼마나 놀라운 사실인가? 이는 『국조역상고』의 한양편도 양정

자量定者들이 과연 경도와 위도가 서로 다르다는 사실을 모르고, "경도 1도와 위도 1도는 다같이 200리"라는 잘못된 명제를 믿고 행동했다는 것을 백일하에 드러내는 증거 아닌가?

(김정호의 「여도비지輿圖備志」에 실린 수많은 북극고, 동서편도 역시 이런 방법으로 양정된 수치들이다. 예컨대 함경도 온성의 경우를 보자. 「여도비지」에 의하면 온성의 한양직거리는 1630리이고, 한양편각은 丑5=27度다. 따라서 온성의 한양 편남북 거리는 1630리에 cos(27도)를 곱하면 얻어지는데, 그 값은 1450리다. 이를 김정호가 생각하는 1도=200리로 나누면, 온성의 한양편북도漢陽偏北度는 7.25도 = 7도15분이다. 여기에 당시 알려진 한양의 위도 37도39분을 더하면, 양정量定된 온성의 위도 44도 54분을 얻는다. 「여도비지」의 대응하는 값은 얼마인가? 44도 45분이다. 차이가 9분(= 30리)이다. 실제 온성의 위도는 얼마인가? 42도 57분이다. 차이가 1도48분 = 108분이다!)

한편, 이 사실은, 아이러니하게도, 김정호 이전에 제작된 이 미지의 "팔도여도"는 거리 정보에 있어서 김정호의 「동여도」 못지않은 우수한 지도라는 증거가 될 수도 있음을, 그 두 지도의 상차相差가 보여주고 있다.

위의 표에 의하면, 『국조역상고』의 "팔도여도"에서, 한양으로부터 7개 감영까지의 거리의 합은 3,049리다. 이 역시 「동여도」에서 구한 3,030리와 흡사하다. 대응하는 거리를 현재의 자료를 이용하여 구하면 1,228km임은 이미 알고 있다. 그러므로 김정호의 리里를 구한 방법으로, "팔도여도"에서 사용한 1리 내지 10리의 크기에 대한 정보를 다음과 같이 구할 수 있다. 즉,

1리 = 1228km/3049리 = 0.403km = 403m

0리 = 4.03km, 즉 근사적으로 4km

이는 앞에서 본 김정호의 리와 사실상 일치하는 것이다. 이 수치

는 우리 보통 사람들이 일상적으로 알고 있는 "10리 = 4km"라는 생각
이 적어도 수백 년 전 이래 이 땅에서 살았던 사람들이 생각했던 것
과 같다는 것을 보여주는 "놀라운 실증자료"다.

15. 조선과 중국의 "십리"의식의 종합

조선과 중국의 "리里" 내지 "십리十里"에 관한 지금까지의 논의를
정리해 표를 만들면 다음과 같다.

	리의 종류	공식적 정의	사실상의 거리	사실상의 관계
조선의 리				
	평식원의 리	1리 = 420m	십리 = 4.2km	1위도 = 260리
	김정호의 리		십리 = 4.0km	1위도 = 270리
	"팔도여도"의 리		십리 = 4.0km	1위도 = 270리
중국의 리				
	리마두의 리	1위도 = 250리	십리 = 4.4km	1위도 = 250리
	강희의 리	1위도 = 200리	십리 = 5.5km	1위도 = 200리
	중국남방의 리		십리 = 3.7km	1위도 = 300리
	중화민국의 리	1市里 = 0.5km	십리 = 5.0km	1위도 = 220리

『회입 곤여만국전도』와
조선후기의 서구식 지도

양보경 | 성신여대 사회과학대학 지리학과 교수

1. 머리말

인간은 예부터 자기가 알고 있는 지역보다 자기가 가보지 못한 지역에 대해 호기심을 가졌다. 이 호기심은 이미 알고 있는 자기 지역 및 주변에 대한 지리적인 지식을 바탕으로 자기가 잘 알지 못하는 지역을 그리고 싶은 욕망을 지도를 통해서나마 표현하게 했다. 고대부터 세계지도가 만들어졌던 것은 이러한 이유에서이다. 그러나 세계지도가 중요한 것은 세계의 형태를 잘 알 수 없었던 시절에도 세계의 존재를 추구하고 사색했다는 사실이다. 나아가 세계의 표상을 바탕으로 그 세계 속에서 자신의 위치를 정립하고자 하는 의지를 담고 있다는 점에서 세계지도의 제작은 인간의 정신세계를 반영하는 매우 중요한 문화적 작업이었다.[1]

세계지도는 인류의 세계관을 대변하고, 세계관을 형성하는데 중요한 역할을 했다. 지도를 통한 동서양 세계관의 가장 극적인 만남은 16세기 말~17세기 초에 중국에 온 서양의 선교사들과 그들이 제작한 서구식 세계지도와 동아시아 지식인들의 조우라 할 수 있다.

그중에서도 이탈리아 출신의 제수이트파 선교사 마테오 리치Matteo Ricci(1552~1610)는 중국 북경에 입성한 최초의 선교사로 유명하다. 그는

---

* 이 글은 2011년 10월 실학박물관과 한국문화역사지리학회가 공동으로 개최한 『곤여만국전도』, 세계와 우주를 그리다" 특별전 기념학술회의 "마테오 리치의 『곤여만국전도』와 조선후기의 세계관"에서 발표하고, 2012년 한국문화역사지리학회에서 발행하는 『문화역사지리』 제24권 제2호, 43-58에 게재한 원고를 수정, 보완한 것이다.

1) 양보경(2004. 6), 「서구식 세계지도의 수용과 세계관의 다양화」, 『측량』 테마기행/지도이야기(3), 대한측량협회, 38.

인도를 거쳐 1582년에 마카오Macau[오문澳門]에 도착해 광동성廣東省 자오칭[肇慶]에서 선교 활동을 시작하였다. 그 후 샤오저우[韶州], 난창[南昌], 난징[南京]을 거쳐 1601년 베이징[北京]에 진출해 1610년 사망할 때까지 명나라 말기 천주교 중국 선교의 개척자이며 동서 문화교류의 선구자로 거대한 발자취를 남겼다. 중국식 이름 리마두利瑪竇로 널리 알려진 마테오 리치는 선교사이기에 앞서 어학, 천문, 지리, 수학, 과학, 미술에 걸친 광범위한 소양을 갖춘 인문학자로 인식되었다. 그는 르네상스 이후 서구에서 진전된 자연과학적 지식과 서구의 문물을 중국에 소개했으며, 서양인 선교사의 대명사로 인식되기도 하였다.

특히 마테오 리치가 남긴 세계지도들은 그의 종교적, 과학적 저작보다 가시성과 가독성에서 뛰어났기 때문에 사람들에게 쉽게 다가갈 수 있는 작품이었다. 본고에서는 조선후기의 서구식 지도의 조선에의 유입을 간략히 정리하고, 마테오 리치의『곤여만국전도』와 이를 모본으로 여러 그림을 삽입한『회입 곤여만국전도』의 제작과 그 영향을 살펴보기로 한다.

2. 조선과 이역의 만남 : 조선후기 서구식 지도의 유입

명나라 말기 중국에서 간행된 한역漢譯 세계지도는 신속하게 우리나라에 도입되었다. 한역 세계지도란 유럽에서 투영법에 의해 제작된 근대식 세계지도를 한문으로 번역해 출간하거나 모사한 지도를 말한다. 조선후기에는 각종 한역 세계지도가 도입되고 모사·중간을 거듭했다. 그 중 가장 큰 영향을 미친 지도는 마테오 리치Matteo Ricci[이마두利瑪竇]의『곤여만국전도坤輿萬國全圖』, 알레니Giulio Aleni[애유략艾儒略]의『만국전도萬國全圖』, 페르비스트Ferdinand Verbiest[남회인南懷仁]의『곤여전도

坤輿全圖』, 최한기崔漢綺의『지구전후도地球前後圖』등으로 요약할 수 있다.[2]

　동양에 서양의 지도, 서양의 지리지식, 서양의 지리학, 서양과학과의 만남의 문을 연 것은 마테오 리치였다.[3] 17세기 초 예수회 소속이탈리아인 선교사 마테오 리치Matteo Ricci(1552~1610)는 중국 명나라 신종神宗 만력萬曆 황제의 허락을 받고 중국 북경에 입성해 르네상스 이후 서구에서 진전된 자연과학적 지식과 서구의 문물을 중국에

---

2) 이찬(1991),『한국의 고지도』, 범우사.
3) 마테오 리치의 세계지도에 관한 연구는 다음 글을 참조할 것.
　金良善(1961),「明末·淸初 耶蘇會 宣敎師들이 製作한 世界地圖와 그 韓國文化史上에 미친 影響」,『崇大』제6호, 숭실대학교, 16~58쪽; 金良善(1967),「韓國古地圖硏究抄-世界地圖-」,『崇實大學』第10號, 7-25(『梅山國學散稿』, 숭전대학교박물관, 163~213쪽, 1972에 재수록); 盧禎埴(1969),「西洋地理學의 東漸 : 特히 韓國에의 世界地圖 傳來와 그 影響을 中心으로」,『論文集』第5輯, 大邱敎育大學, 225~255쪽; 張保雄(1975),「利瑪竇의 世界地圖에 관한 硏究」,『東國史學』제13집, 東國史學會, 43~76쪽; 盧禎埴(1984),「西歐式 世界地圖의 受容과 抵抗」,『논문집』, 제20호, 대구교육대학, 99~114쪽; 盧禎埴(1992),「韓國의 古世界地圖硏究」, 효성여자대학교 대학원 지리학과 박사학위논문, 1~179쪽; 吳尙學(2001),「朝鮮時代의 世界地圖와 世界 認識」, 서울대학교 대학원 박사학위논문; 김기혁(2005),「마테오 릿치의「坤輿萬國全圖」연구」(1),『지리학논총』45, 141~164쪽; 이재신(2008),「마테오 리치의 世界地圖가 中國人의 空間觀에 끼친 影響」, 연세대학교 대학원 석사학위논문; 구만옥(2010),「'利瑪竇'에 대한 조선후기 지식인들의 이해와 태도」,『한국사상사학』36, 343~393쪽; 정기준(2011),「奎章閣再生本(坤輿萬國全圖(2010)의 原本)은 옛 奉先寺藏本이다」,『규장각』38, 275~283쪽; 김기혁(2012),「『곤여만국전도』(1602)의 해양 지명에 표현된 세계의 표상 연구」,『문화역사지리』24(2), 69~92쪽; 정기준(2012),「『곤여만국전도』에 표출된 리마두의 천문지리체계」,『문화역사지리』24(2), 13~42쪽; 양우뢰(Yulei Yang)(2012),「중국소장 마테오 리치의 세계지도-『곤여만국전도』조선채색 모회본에 대한 담론」,『문화역사지리』24(2), 59~68쪽; 洪煨蓮(1936),「考利瑪竇之世界地図」, 禹貢, 第5卷, 第3, 4合期, 1~50쪽; 黃時鑒·龔纓晏(2005),『利瑪竇世界地圖硏究』, 上海古籍出版社; 李兆良(2012),『坤輿万国全图解密-明代測絵世界』, 台北 : 联经出版社; John D. Day(1995), The Search for the Origins of the Chinese Manuscript of Matteo Ricci's Maps, Imago Mundi, 47, 94~117쪽.

소개했다.4) 중국식 이름 리마두利瑪竇로 널리 알려진 이탈리아 출신의 이 예수회 소속 선교사는 선교사이기에 앞서 인문학, 어학, 천문, 지리, 수학, 과학, 미술에 걸친 광범위한 소양을 갖춘 인문학자로 평가되고 있다. 그는 명말明末 천주교 중국 선교의 개척자이며 동서문화 교류의 선구자였다. 그는 1582년 마카오에 도착한 후 조경, 소주, 남창, 남경을 거쳐 1601년 북경에 진출하여 1610년 북경에서 사망할 때까지 동서양 문화 교류에 중요한 활동을 하였다. 그는 중국에서 선교사복 대신 유생儒生의 복장을 입었으며, 중국어와 한문을 배우고 공자와 사서삼경을 공부해 중국 문화를 이해하고자 하였다. 한문으로 『천주실의天主實義』(1603), 『기인십편畸人十篇』(1608), 『이십오언二十五言』(1605), 『교우론交友論』(1595) 등을 썼으며, 또 사서四書를 라틴어로 번역했다.

특히 그는 『산해여지도山海輿地圖』 『여지산해전도輿地山海全圖』(1584), 『산해여지전도山海輿地全圖』(1600), 『곤여만국전도坤輿萬國全圖』(1602), 『양의현람도兩儀玄覽圖』(1603) 등의 서구식 세계지도를 제작하고, 지구의를 만들었다. 또한 시계와 달력을 만들었으며 천지의天地儀 천체의天體儀, 지구의地球儀, 상한의象限儀, 기한의紀限儀 등의 천문기구도 만들었다.5)

처음 마테오 리치가 세계지도를 제작한 것은 당시 자오칭[肇慶]의 지부知府였던 왕반王泮의 요청에 의한 것이었다.6) 왕반은 자오칭에 주

---

4) 마테오 리치의 생애, 학문적 업적, 『곤여만국전도』의 수록된 서문, 발문은 다음 글을 참조할 것.
   송영배(2012), 「마테오 리치의 『곤여만국전도』와 중국인들의 반응」, 『문화역사지리』 제24권 제2호, 1~12쪽; 송영배(2009), 「마테오 리치가 소개한 서양 학문관의 의미」, 『韓國實學研究』, 제17호, 16~41쪽.
5) 히라카와 스케히로지음 노영희옮김(2002), 『마테오 리치 ; 동서문명 교류의 인문학 서사시』, 331쪽.
   "리치는 제자들의 조력을 얻어 많은 수의 해시계와 천지의, 지구의, 상한의, 기한의를 제작해 난징시에 있는 유력자들에게 보냈다."
6) 장보웅(1976), 전게논문, 94~95쪽.

재한 광둥[廣東]과 광시[廣西] 양 지방의 통치책임자인 총독이었다. 자오칭은 광둥성[廣東省]의 주도 광저우[廣州]에서 광시성[廣西省]으로 통하는 시장 수운의 요지이다. 왕반은 지도에 관심이 많았고, 서양 선교사인 이들에게 호의적이었다. 조선에서도 왕반의 지문識文이 포함된 세계지도가 만들어져, 두 종이 오늘날까지 전하고 있다. 한 종은 프랑스국립도서관에 소장되어 있는 『한국본여지도韓國本輿地圖』[7]이며, 다른 한 종은 서울역사박물관에 소장된 『조선본 천하여지도朝鮮本天下輿地圖』[8]이다. 이를 통해 왕반이 지도 제작에 관심이 많았으며, 전통적인 동양적 세계지도인 『여지도輿地圖』를 만들어 이 지도가 조선에 전래되어 영향을 주었음을 짐작할 수 있다.

왕반의 도움으로 자오칭에 정착했던 마테오 리치는 1589년 여름 자오칭에서 샤오저우로 옮겼으며, 더 많은 중국 인사들을 만나게 되

히라카와 스케히로 지음 노영희 옮김(2002), 전게서, 121쪽.

" 그리고 유럽풍의 세계지도-다만 문자나 거리, 시간과 이름은 중국식인 것-도 보냅니다. 이것은 우리가 살고 있는 자오칭의 지부가 우리에게 부탁하여 만든 것으로, 마치자마자 지부의 추천을 받아 인쇄되었습니다. 물론 그 중에는 잘못된 것도 많아 유럽에서 보던 것과는 다를 것입니다. 그 잘못의 절반은 설마 이렇게 곧장 인쇄되리라 예상하지 못하고 제가 열심히 하지 않은 탓이며 나머지 절반은 인쇄소 쪽의 착오입니다. 그래도 중국 문자로 인쇄된 세계지도를 (예수회) 총장님께서 보시면 분명 기뻐하시리라 생각합니다. 중국인은 이 지도를 아주 중요하게 생각하고 있으며, 지부는 이것을 자신의 집에 장식해 두었습니다. 그리고 판매를 금하고 손수 중국의 중요 인사들에게 선물로 주고 있습니다."

7) 1973년 7월 프랑스 학자 Michel Destombes가 파리에서 거행된 29차 국제동방학 대회에서 프랑스 국립도서관에서 王泮이 繪制한 중국지도를 발견했다. 이후 연구 결과 17세기에 조선에서 만들어진 세계지도로 공인되었다. 한영우(2001), 「프랑스 국립도서관 소장 한국본여지도」, 한영우 외, 『우리 옛지도와 그 아름다움』, 효형출판, 225; 李孝聰(1995), 「유럽에 전래된 中國 古地圖」, 『문화역사지리』 7, 27~38쪽.

8) 전오라(2003), 「17세기 조선시대의 세계지도와 세계상-서울역사박물관 소장 『朝鮮本天下輿地圖』를 중심으로-」, 성신여자대학교 석사학위논문.

었다. 1592년 11월 12일의 편지에서 그는 "이 도시에서 저희들은 중국
전역에 성스러운 가르침을 퍼뜨리려 노력했습니다. 이렇게 말할 수
있는 것은 각 지방의 주요 인사들이 이 도시에 있는 총독을 만나러
왔다가 반드시 우리들이 있는 곳에 들르기 때문입니다.… 서양의 수
학도 큰 도움이 되었습니다. 또한 한자를 넣은 세계지도를 완성했습
니다만 이 지도를 본 중국인들 모두가 이 지도가 매우 잘못되었다고
비판하는 바람에 그 생각을 고쳐주느라 한참을 고생했습니다.… 그것
은 중국의 지리학자들이 이제까지 최소한 세계의 3/4을 중국이 차지
하고 있다고 계속 주장해왔기 때문입니다. 한자로 된 설명이 들어간
지구의를 비롯하여 많은 것을 만들었습니다. 그리고 이것들을 많은
주요 인사들에게 보냈습니다"[9])라 쓰고 있다. 세계지도뿐만 아니라
지구의도 만들었으며, 지구의는 지구가 구체라는 것을 더 확실하게
보여줄 수 있었을 것이다.

　지도 제작을 통해 그는 서구 지도에 라틴어 또는 포르투갈어 등
서구의 언어로 표기된 지명을 한문으로 번역했다. 그는 중국의 문화
와 전통에 적응하는 이른바 적응주의 선교정책을 통해 서광계, 이지
조 등 당대의 대 유학자와 고관들을 개종시키는데 성공했다.

　서구에서 근대적 투영법을 바탕으로 제작했던 세계지도와 지구의
등 천문기구는 당시 중국이나 한국에서 통용되던 세계관 즉 중국 중
심의 중화적中華的 세계관을 수정할 수 있는 가장 가시적인 수단이자
학문이었다.

　그러나 그가 예수회 본부에 보고한 다음 글은 세계지도에 관한 그
의 생각을 잘 전해 준다.

　　세계지도는 당시 중국이 우리의 신성한 믿음의 모든 것에 신뢰를 갖도록 할

---

9) 히라카와 스케히로 지음, 노영희 옮김(2002), 전게서, 205쪽.

수 있는 가장 훌륭하고 유용한 작품이었다. 그러나 그들이 세계가 넓고 중국은 그 가운데 작은 부분에 불과하다는 것을 보았을 때, 무지한 사람은 지도를 비웃었고, 현명한 사람은 경위선 눈금의 아름다운 질서를 보면서, 우리의 땅이 그들 왕조로부터 매우 멀리 떨어져 있으며 그 사이에 거대한 바다가 놓여 있다는 것이 모두 사실이라고 생각하게 되었다. 이것으로 인해 그들은 우리가 그들을 정복하러 왔다는 두려움을 떨쳐 버릴 수 있었다.[10]

마테오 리치가 세계지도를 유럽의 실체와 문화, 종교를 알리는 가장 훌륭한 수단으로 인식했음이 이 글에 나타나 있다. 마테오 리치는 중국 지도에 없는 "경위선 눈금의 아름다운 질서"를 강조했다. 그런데 세계지도에서 보여주는 경위선 중심의 땅의 질서의 체계화는 지도에만 국한된 것은 아니었던 것으로 보인다. 마테오 리치는 서광계徐光啟에게 수학을 가르쳐 유클리드의『기하원본』을 번역하게 하였다. 이는 대수학 중심의 동양 사회에 서양 수학의 기하학 중심의 전통을 이식하는 중요한 역사적 만남이었다고 생각된다. 그리고 기하학적 세계질서는 세계지도에 구현되었다.

마테오 리치의 뒤를 이어 중국에 온 선교사 줄리오 알레니도 같은 생각을 가지고 있었다.

알레니는 중국인들의 편견을 종식시킬 수 있는 가장 확실하고 효과적인 방법의 하나가 지리적인 정보를 담은 학술서의 출판이라고 생각했다.[11]

---

10) Samuel Y. Edgerton, Jr.(1987), "From Mental Matrix to Mappamundi to Christian Empire: The Heritage of Ptolemaic Cartography in the Renaissance," in David Woodward eds., *Art and Cartography*.

11) 천기철(2005), 「『직방외기』의 저술 의도와 조선 지식인들의 반응」, 줄리오 알레니 지음. 천기철 지음, 『직방외기』, 일조각, 334쪽.

인도와 중국 그리고 일본과 그 밖의 많은 새롭게 발견된 곳에 관한 많은 내용
에 대해 신부님께 편지를 써야 하지만, 저는 그에 대해 신부님께 보내 드릴 최초
의 지도를 만들기를 희망합니다. 왜냐하면 진실을 말하기 위해서는 지리적인 문
제들이 눈에 보여야 하기 때문입니다.[12]

마테오 리치가 만든 『곤여만국전도坤輿萬國全圖』는 간행 이듬해인
1603년(선조 36)에 조선에 도입되었다. 그러나 현재 국내에는 북경판
원본은 현존하지 않으며, 이 지도가 이지조李之藻 각판刻版본인지, 또
는 상업적 목적으로 각공들이 제작한 각공각판刻工刻版인지도 알 수
없다.

그런데 1603년에 베이징에서 이응시李應試가 각판한 『양의현람도兩
儀玄覽圖』가 숭실대학교 기독교박물관에 소장되어 있어 귀중한 자료
로 주목받고 있다. '양의兩儀'는 하늘과 땅, 곧 천지를 의미하며 '현람
玄覽'은 사물의 본 모습을 꿰뚫어 본다는 뜻이다. 그러므로 『양의현람
도』는 세계지도의 의미뿐만 아니라 천문의 영역도 포괄하고 있는 우
주지宇宙誌의 성격도 지니고 있음을 알 수 있다. 1602년에 제작된 『곤
여만국전도』가 6폭으로 구성되었지만 이 지도는 8폭으로 구성되어
마테오 리치의 세계지도 가운데 가장 규격이 크다. 마테오 리치의 제
3판 지도로 불리는 이 지도는 중국의 랴오닝성박물관[遼寧省博物館]에
도 한 부 남아 있으나 보존 상태가 좋지 않다. 랴오닝성박물관본은
1949년에 선양[瀋陽] 고궁故宮 상봉각翔鳳閣의 병풍에서 떼어낸 뒤 다시
표구를 거쳐 8폭의 병풍으로 제작되었는데, 한 폭의 좌우 양측이 모
두 파손된 모습이며 전체 지도의 아래 부분이 한쪽 떨어져 나가 있
고, 윗부분에서 떨어진 부분이 보인다[13]고 한다.

---

12) 천기철(2005), 전게서, 334쪽.
13) 楊雨雷(2006), 「한국 所藏 마테오리치의 세계지도 연구−중국 所藏本과 비교
　　　를 兼하여−」, 『인문사회과학연구』 6, 부경대학교 인문사회과학연구소, 190∼

　『양의현람도』는 1602년의 이지조의『곤여만국전도』와 달리 전체적으로 지도가 확대되어 있으나 지도의 모서리 여백에 수록된 도설의 문자는 축소되어 있다. 그러나 지도의 형태 자체는 이지조李之藻 각판본과 거의 유사하다. 1602년 이지조 판본과 비교해보면 다소의 차이가 있는데, 제목과 폭수, 서문·발문과 부도附圖의 위치 등이 다르다. 지도 모서리에 남북극도南北極圖, 천지의天地儀, 십이중천도十二重天圖가 수록되어 있는데, 위치가 1602년의『곤여만국전도』와 다르다. 즉『곤여만국전도』에서는 「적도북지반구지도赤道北地半球之圖」가 왼쪽 상단 모서리에, 「천지의天地儀」가 오른쪽 하단 모서리에 있었는데,『양의현람도』에서는 위치가 서로 바꾸어져 있다. 또한 1602년『곤여만국전도』의 「구중천도九重天圖」가 「십이중천도十二重天圖」로 바뀌었다. 이는『양의현람도』의 성격과 관련하여 중요한 부분이다. 천주교도인 이응시는 지도에 종교적 성격을 더 강조하여 아리스토텔레스의 천체구조론을 보여주는 「구중천도」에 십중천과 십일중천을 추가하여 「십일중천도」를 그려 넣었다. "십일중에는 천주天主와 상제上帝가 발현發見하는 천당天堂으로 여러 신성神聖이 거처하는 곳으로 영원히 고요하여 움직이지 않는다[第十一重　天主上帝發見天堂　諸神聖所居　永靜不動]"라고 하여 중국에서 제작된 지도로는 처음으로 천당을 표시했다.

　이 외에『곤여만국전도』에 수록되어 있지 않은 마테오 리치의 글도 몇 개 있는데 그 옆에는 예수회를 상징하는 IHS 문양도 같이 그려져 있다. 2폭 상단에는『곤여만국전도』와 같이 일종의 범례에 해당하는 글이 똑같이 수록되어 있다. 여기에 5대주의 명칭은 붉은 글씨로 썼다는 기록이 있지만 숭실대 소장본은 대륙명에 채색이 없다. 대신에 한반도에 조선이라는 국명이 붉은 글씨로 추가되어 있다.14)

　191쪽.

14) 숭실대학교 기독교박물관(2012),『숭실대학교 기독교박물관 소장 옛지도 속의 하늘과 땅』, 302·303·347쪽.

중국의 중화사상을 이해하고 있었던 마테오 리치는 세계지도를 만들면서 극동에 위치한 동아시아를 지도의 중앙에 배치해 세계지도의 구도를 바꾸어 놓았다. 서구에서 제작한 세계지도의 중앙에는 유럽이 위치하고 있었으나, 태평양을 중앙에 놓고 남북아메리카를 지도의 동쪽에 배치함으로써 중국 중심의 동아시아가 지도의 중심에 오게 함으로써 중국인의 거부감을 배제한 것이다.

마테오 리치는 동양에 유럽과 유럽의 종교, 문화, 과학을 소개했을 뿐만 아니라 유럽에 중국에 관한 정확한 지식을 알려준 가장 중요한 인물이기도 했다. 리치 신부가 아시아의 신세계에 관해 쓴 수고手稿 『중국 기독교 선교사 De Christiana expeditione apud Sinas』는 그의 사후 프랑스인 선교사 니콜라 트리골Nicholas Trigault에 의해 교정되어 1615년에 출판되었다. 이 책은 즉시 유럽의 여러 언어들로 번역되어 한 세기가 넘도록 유럽 교양인들의 정신 속에 존중과 경외심, 이해에 기초한 중국의 이미지가 스며들게 했다[15].

중국에서 간행된 한역 세계지도의 빠른 도입은 당시 조선 사회 지식인의 전통적 세계관에 새로운 충격을 가했다. 이수광李睟光이 『지봉유설芝峰類說』(1614년)에 서양지도의 도입을 알려 주는 내용을 실은 것도 이러한 배경에서였다.

> 만력 계묘(1603)년에 내가 부제학이 되었을 때 북경에 갔다 돌아온 사신 이광정과 권희가 6폭짜리 구라파국여지도를 본관本館으로 보내 왔다. 이것은 아마도 북경에서 얻은 것이었다. 그 그림을 보니 몹시 정밀하고 정교했다. 게다가 서역西域 지도는 아주 자세했다. 심지어는 중국 지방, 우리나라 8도, 일본 60주에 이르기까지 지리의 원근 대소 등을 하나도 빠뜨리지 않고 섬세하게 그렸다. 거기에 보면 소위 구라파국이란 서역의 가장 끝 먼 곳에 있는데 중국에서 8만리나 떨어져 있

---

15) 지안나 과달루피 지음, 이혜소·김택규 옮김(2004), 『중국의 발견: 서양과 동양 문명의 조우』, 생각의 나무, 103쪽.

다. 그곳은 옛날부터 중국 조정에 통하지 않았었는데 명나라 때에 이르러 비로소 다시 입공入貢하기 시작했다.

　서양 선교사들이 중국에 전해준 서양의 종교, 윤리, 과학, 기술에 대한 관심은 중국이나 조선에서 학문적 관심에서 출발해 수용되었으며, 이를 서학西學이라 불렀다. 서학에 대한 관심은 당시 사변화되고 형식화되어갔던 성리학 일변도의 사회상에 대한 개혁을 위한 모색의 하나였다. 임진왜란과 병자호란을 겪은 조선사회는 17세기 이후 변화하고 있었다. 농업생산력의 증가와 이를 바탕으로 한 상업·수공업에서의 변화, 이에 따른 양반사회 신분구조의 동요 등과 함께 사상계도 변화하여, 지식계층을 중심으로 실학이 발생하였다. 관념적인 공리론을 탈피하고, 새로운 시대에 맞는 새로운 이념과 학문으로서 실학과 함께 서학을 받아들이게 된 것이다. 이러한 조선사회 내적인 요인들에 의한 서학수용은 외국인 선교사의 도움이나 직접 전파가 아닌, 우리 스스로 특히 진보지식인들이 한역서학서들을 공부함으로써 이루어진 것이 특징이었다.

　그중에서 세계지도도 중요한 역할을 했다. 서구식 지도에 대한 관심은 조선후기에 계속되었다. 1631년(인조 9)에는 알레니Giulio Aleni(애유략艾儒略, 1582~1649)의『만국전도萬國全圖』가 실린『직방외기職方外紀』(1623)가 도입되었으며, 1674년에 페르비스트Ferdinand Verbiest(남회인南懷仁, 1623~1688)가 제작한『곤여전도坤輿全圖』(그림 2)는 1721년(경종 1)에 도입되고, 1860년(철종 11)에 조선에서 해동판이 중간重刊되었다. 이 지도는 조선에서 가장 많이 보급된 서구식 세계지도였다. 구대륙과 신대륙을 별개로 만든 동양 최초의 동서 양반구 세계지도로, 이전의 하나의 원안에 그린 단원형單圓形 세계지도에 비해 인기가 있었다. 중간할 때 만든 지도 판목版木 중 좌우 설명을 제외한 6폭의 판목 3장이 보물 제882호로 지정되어 서울대학교 규장각에 보존되어 있다. 이 지도에는 여백에 지구의 구조, 지도, 지진, 인물, 강하江河, 산악山岳 등 서양의 지구과학 및 지리학에 대한 지식을 기록해 놓아 당시 새로운 지리지식을 알리는 역할을 하였다. 또한 지도 부분에는 17세기 서양 세계지도에서 유행했던 지도양식이 보이는데, 각종 동물과 선박 등을 남극과 북극, 바다 등에 그려 놓음으로써 사람들의 상상력과 호기심을 자극하고 미지의 지역에 관심을 가지게 했다.

『여지도첩與地圖帖』(서울대학교 규장각 소장)에 포함되어 있는 「천하도지도天下都地圖」도 서양 지도의 수용을 잘 보여 준다. 이 지도는 알레니의 『직방외기職方外記』에 실린 「만국전도」를 바탕으로 하여 그린 지도이다. 『직방외기』에 실린 지도를 닮았으나, 필사본으로 그려 아름답게 채색하고, 조선을 크게 그리는 등 변화를 주었다. 근대식 지도 제작 기법을 사용한 정확한 세계지도이지만, 남북아메리카·아프리카·인도·아라비아반도 등에서 아직 불완전한 세계지도의 모습을 살필 수 있다. 특히 오세아니아 대륙을 비롯한 남반구가 아직 탐험이 안 된 시대적 상황을 반영하여 미지의 광활한 땅으로 표현되었다. 또한 필사자의 세계에 대한 지식의 불완전성을 보여 주는 것이 채색이다.

19세기에 들어 서구식 세계지도의 제작은 더욱 활발해 졌다. 혜강 최한기崔漢綺가 1834년에 간행한 『지구전후도地球前後圖』는 우리나라 사람이 간행한 최초의 근대식 목판본 세계지도로서, 서구식 지도의 대중화에 공헌을 한 지도이다. 흔히 『지구전후도』로 알려져 있으나, 「지구전도地球前圖」·「지구후도地球後圖」, 그리고 천문도인 「황도북항성도黃道北恒星圖」·「황도남항성도黃道南恒星圖」가 짝을 이룬 지도이다. 조선시대에는 천문과 지리가 밀접한 관련을 지니고 있었으므로 천문도와 지도가 짝을 이뤄 제작되기도 하였다.

중국 장정부莊廷旉의 「지구도地球圖」를 최한기가 중간하고 김정호가 판각한 동서양반구東西兩半球 세계지도인 『지구전후도』(1834)는 양반구도로 되어있는 남회인(Verbiest, 1623~1688)의 『곤여전도』와 다소의 차이가 있다. 주변으로 가면서 경선 간격이 넓어지는 『곤여전도』와 달리 등간격의 경선으로 그려져 있다. 현재의 반구도에서는 볼 수 없는 24절기가 표시되어 있고, 적도와 황도, 남·북회귀선을 특별히 강조하고 있다. 『곤여전도』와 달리 오세아니아 대륙이 남극 대륙과 분리되어 이 지역의 탐험된 이후의 지도임을 알 수 있다.

「황도북항성도」와 「황도남항성도」는 1742년(영조 18)에 천문관 김태서金兌瑞와 안국빈安國賓 등이 청淸에 사신으로 가서 선교사 쾨글러 Ignatius Kögler(대진현戴進賢, 1680~1748)가 1723년에 만든 「황도총성도黃圖總星圖」를 직접 배워서 만든 신법新法 천문도를 목판 인쇄한 것이다. 서양 천문학의 영향을 받아 황도를 기준으로 북극과 남극으로 분리하여 그렸고, 동양의 천문도에서 흔히 볼 수 있는 원 둘레의 분야分野 명칭이 보이지 않고 대신에 24절기가 표시된 점이 독특하다. 이 지도의 가장 큰 의의는 목판으로 간행하여 보관, 보급에 용이하게 만든 점이다. 이로써 서구식 세계지도와 천문도를 일반인들도 쉽게 구득해 볼 수 있게 되었으며, 세계 여러 나라에 대한 인식을 개선하고, 중국 중심의 세계관에서 탈피하는 데 큰 기여를 했다고 짐작된다.

최한기는 1857년에 편찬한 세계지리서 『지구전요』에 한층 정확하고 근대적인 지도를 수록하였다. 이 책에는 세계지도인 「지구전도地球前圖」와 「지구후도地球後圖」를 비롯하여 세계 각국의 지도가 40여 종 수록되어 있다. 여기에 실린 「지구전도」와 「지구후도」는 앞서 1834년에 중간하였던 「지구전도」와 「지구후도」에 비해 더욱 정확해졌다.

세계지도가 세상을 보는 창으로 중시되었던 것은 개항 이후에도 동일했다. 1883년 10월 1일 우리나라 최초의 근대 신문인 『한성순보漢城旬報』가 통리아문統理衙門 박문국博文局에서 고종의 명으로 창간됐다. 창간호의 첫머리에 동서양반구 세계지도를 전면으로 싣고, '지구론地球論'을 통해 마테오 리치를 소개하였으며, 1호부터 14호까지 세계지

리를 특집으로 수록한 것은 세계에 관한 다양한 소식과 지식을 전하
겠다는 한성순보의 의지와 세계지리 지식의 긴요성을 보여 준다.

　　『오주각국통속전도五洲各國統屬全圖』는 1896년(건양 원년)에 학부 편
집국에서 학교 교육용으로 만든 동서양반구 세계지도이다. 이 해는
갑오개혁과 을미개혁에 의해 1895년 7월 '소학교령'이 반포되어 관공
립소학교가 세워지기 시작한 다음해이며, 학부편집국에서『소학만국
지지小學萬國地志』를 발간한 다음해이기도 하다. 1896년에 공립소학교
수는 전체 38개에 이르렀는데, 소학교 교과목 중 심상과尋常科와 고등
과의 선택과목으로 본국지리가 있었으며, 만국지지 즉 세계지리 교
육에서 세계지도는 필수적인 것으로 그 발간이 시급하였다. 이 지도
는 평사도법에 의한 동반구도·서반구도로 되어 있으며 지도 하단에
'각국분계도설各國分界圖說'이 있다. 각국분계도설은 일종의 범례이며
각국의 영토를 직선·산선·점 등으로 구분하고 후에 착색하였다. 지도
의 명칭이 말하듯이 각국의 본국과 세계에 흩어져 있는 식민지를 쉽
게 알아볼 수 있도록 만든 세계정치 구획도의 성격을 띠고 있다. 이
지도는 원래 영국인이 1892년에 중국에서 만든 것을 학부편집국에서
중간한 것으로, 학부에서 만든 최초의 교육용 세계지도이다. 서구식
세계지도는 세계의 구조와 각 지역의 위치를 바로 알려 줌으로써, 전
통적인 중국, 동양 중심의 세계관에서 벗어나 다양한 세계관을 형성
하는데 큰 역할을 했다.

3. 조선에서 그린 『회입 곤여만국전도』

　　원본인 목판본 지도와 달리 동물·선박 등의 그림이 지도의 여백
과 바다에 추가되어 있어 '회입繪入 곤여만국전도'16)로 불리는 지도들
은 장식성과 아름다움, 제작의 주체를 두고 주목을 받았다. 현전하는

『회입 곤여만국전도』는 모두 필사본이다. 따라서 이 지도는 대량으로 제작, 보급되지 않았던 것으로 보인다.

서울대학교 박물관에 소장된 『곤여만국전도坤輿萬國全圖』(보물 849호, 그림 1)는 1708년(숙종 34)에 숙종의 명으로 관상감에서 이국화李國華와 유우창柳遇昌의 지휘로 제작한[17] 대표적인 『회입 곤여만국전도』이다. 지도 좌측에 영의정 최석정崔錫鼎과 이국화·유우창의 서문이 있다. 목판본인 『곤여만국전도』를 필사본 채색지도로 모사한 것으로, 원본에 없는 그림이 다수 삽입되어 있다.

지도의 제8폭 최석정崔錫鼎의 "서양건상곤여도이병총서西洋乾象坤輿圖二屛總序"에 "皇明崇禎初年 西洋人湯若望作乾象坤輿圖作八帖爲屛子 印本傳於東方"이라고 적혀 있다. 이 글에 의하면 탕약망湯若望(Adam Schall, 1591~1668)이 「건상도乾象圖」와 「곤여도坤輿圖」를 만든 것으로 해석될 수 있다. 그러나 탕약망은 「건상도」의 저자이고, 「곤여도」는 리마두利瑪竇의 작품임이 확실하다. 그리고 리마두 서문에 "乾象圖有崇禎戊辰字 坤輿圖有大明一統字"라고 씌어 있다. 즉 탕약망의 「건상도」에는 숭정무진崇禎戊辰, 즉 1628년의 간기가 있고 「곤여도」에는 대명일통자大明一統字가 있다고 말하고 있다. "리마두 총서에는 「곤여도坤輿圖」의 간기를 언급하고 있지 않으나, 서울대본 제7폭 아랫부분에 "萬曆壬寅孟秋日"이라고 쓰여 있어서 원도의 제작 연대를 밝힐 수 있게 되었다. 따라서 서울대본은 1608년 신종神宗에게 헌상한 것의 사본이 아니고, 북경제1판 『곤여만국전도坤輿萬國全圖』와 같은 해에 『회입 곤여만국전도』가 만들어졌을 가능성과, 또 후에 제1판 지도에 그림을 그

---

16) 중국에서는 '彩繪本 坤輿萬國全圖'로 부른다.
17) 金良善(1972), 『梅山國學散稿』, 崇田大學校博物館, 230쪽.
   김양선 목사 이후 여러 글에서 화가 金振汝의 작품이라 기록했다. 봉선사에서 전해오는 이야기도 이와 같다. 김진여의 작품인가에 관해 서울대 정기준 교수께서 문제를 제기해 주셨으며, 확인 결과 김진여가 그렸다는 명확한 증거를 찾기 어려웠다. 정교수님의 지적에 감사를 드린다.

려 넣고 간기는 만력임인萬曆壬寅으로 그대로 두었을 가능성을 추정할 수 있다."[18]

『회입 곤여만국전도』는 서울대학교박물관(보물 제849호), 중국의 남경박물원과 중국국가도서관, 일본 오사카[大阪] 남만문화관南蠻文化館 기타무라[北村芳郞] 소장본, 미국 매사추세츠주 낸터컷Nantucket의 포경捕鯨 박물관[Kendall Whaling Museum], 프랑스인 니콜라G. Nicolas의 소장본이 알려져 있다.[19] 이 중 중국 국가도서관 소장본과 미국의 Kendall Whaling Museum본은 완질본이 아니고, 3~4폭만 남은 불완전본이다.[20] 프랑스인 G. Nicolas 소장본도 현재 소재를 알 수 없으므로 완질본은 중국 남경박물원본, 한국 서울대학교박물관본, 일본 남만문화관본뿐이다(표 1).

그런데 『회입 곤여만국전도』는 경기도 양주에 있는 봉선사奉先寺에도 소장되어 있었으나 한국전쟁 때 소실된 것으로 알려져 있다. 조선에서 필사본으로 제작된 『회입 곤여만국전도』는 현재는 2종만이 남아 있으나, 1950년까지 총 3종이 있었음을 알 수 있다. 서울대박물관본(보물 제849호)과 양주 봉선사본을 수십 차례 검토한 고 김양선 목사는 봉선사본이 숙종의 명에 의해 제작된 본으로, 후대 모사본인 서울대박물관본보다 훨씬 우수하다고 기술하였다.[21] 봉선사 측도 이 지도는 왕실에서 하사한 '건상곤여도병乾象坤輿圖屛'으로 사찰 귀중목

---

18) 이찬(1991), 『한국의 고지도』, 범우사.

19) 黃時鑒·龔纓晏(2004), 『利瑪竇世界地圖硏究』, 上海古籍出版社, 147~155쪽.

20) John D. Day(1995), The Search for the Origins of the Chinese Manuscript of Matteo Ricci's Maps, *Imago Mundi*, 47, 94~117쪽에는 각각 4폭, 3폭으로 설명하고 있다.

21) 김양선(1972), 『梅山國學散稿』, 崇田大學校博物館, 228쪽.
"本圖가 언제부터 광주 봉선사에 소장되어 있었는지 알 길이 없으나 하여간 6.25사변 직전까지 同寺에 잘 보존되어 있었다. 그러나 불행히도 동 사변에 同寺와 함께 燒火되었다. 실로 진귀한 문화재를 잃어버렸다. 서울대박물관에 본도와 유사한 『회입 곤여만국전도』가 있으나 본도에 비하여 모든 것이 떨어진다. 전 書雲監藏本도 지금은 행방불명이 되었다."

록 1호로 보관해 왔다고 전한다.

현재 서울대학교 규장각한국학연구원에는 『회입繪入 곤여만국전도』의 사진이 남아 있다. 세로 55.5cm 가로 19.8cm의 흑백사진이나 본래 채색필사본 지도였음은 사진을 통해 드러난다. 글씨와 그림, 정교함, 정확도 등을 비교해 볼 때 사진 속의 지도가 봉선사본『회입繪入 곤여만국전도』일 가능성이 높다. 정기준 교수는 최근 규장각한국학연구원의 사진본 지도22)가 봉선사본임을 밝혔다.23) 본고에서는 서울대박물관본과 규장각 사진본 『회입 곤여만국전도』의 구체적인 차이점을 살펴본다.

<표 1> 『곤여만국전도』의 소장 상황

	종류	소재	구소장·전래 등	비고
1	刊本	바티칸교황청도서관		
2	刊本	宮城縣圖書館		軸裝
3	刊本	京都大學附屬圖書館	明治後期 구입	軸裝
4	刊本(일부 결손)	國立公文書館內閣文庫	紅葉山文庫	紙本
5	刊本	오스트리아國立圖書館		紙本
6	刊本	영국王立地理學協会		紙本
7	中學製模寫本	東洋文庫	1920~30중국에서 구입	軸裝
8	日本製模寫本	東北大學圖書館	狩野文庫	紙本
9	日本製模寫本	宮城縣圖書館		軸裝
10	日本製模寫本	仙台市博物館	伊達家 (岩出山城主)	병풍
11	日本製模寫本	個人 (宮城)	狩野家	병풍
12	日本製模寫本	個人 (宮城)		병풍

---

22) 서울대학교 규장각한국학연구원은 이 사진을 확대해 축소본 병풍을 제작해 전시하고 있다. 2011년 실학박물관에서는 "곤여만국전도: 세계와 우주를 그리다" 특별전시회에서 규장각 사진본 지도를 기본으로 해 원본 크기로 복원, 제작하였다.

23) 鄭基俊(2011), 「奎章閣再生本 <坤與萬國全圖>(2010)의 原本은 옛 奉先寺藏本이다」, 『奎章閣』 38, 275~283쪽.

	종류	소재	구소장·전래 등	비고
13	日本製模寫本	若宮八幡宮	三浦家	병풍
14	日本製模寫本	千秋文庫	佐竹家 (秋田藩主)	軸裝
15	日本製模寫本	土浦市立博物館	山村家 (土浦藩士)	軸裝
16	日本製模寫本	東京國立博物館	明治38年 竹村家 기증	紙本
17	日本製模寫本	龜山市歷史博物館	由良時敏舊藏	軸裝
18	日本製模寫本	津市圖書館	井田文庫	紙本
19	日本製模寫本	滋賀縣立琵琶湖文化館	個人 (滋賀)	병풍
20	日本製模寫本	彦根城博物館	井伊家 (彦根藩主)	額裝
21	日本製模寫本	개인 (大阪)		軸裝
22	日本製模寫本	神戸市立博物館	南波컬렉션	병풍
23	日本製模寫本	神戸市立博物館	南波컬렉션	紙本
24	日本製模寫本	神戸市立博物館	秋岡컬렉션	紙本
25	日本製模寫本	篠山町立篠山歷史美術館	個人 (兵庫)	병풍
26	日本製模寫本	林原美術館	池田家 (岡山藩主)	병풍
27	日本製模寫本	臼杵市立圖書館	稲葉家 (臼杵藩主)	紙本
28	日本製模寫本	大分縣立圖書館		紙本
29	日本製模寫本	德島大學附屬圖書館		紙本
30	中國製模寫本	중국 南京博物院		紙本
31	朝鮮製模寫本	大阪 南蠻文化館	1960년대에 구입	병풍
32	朝鮮製模寫本	한국 서울대학교박물관		병풍
33	中國製模寫本	중국 국가도서관	4폭 낙질본	병풍
34		미국 매사추세츠 Nantucket, Kendall Whaling Museum	3폭 낙질본	병풍
35		프랑스 G. Nicolas	6폭. 소재 불명	

주 : 음영을 넣은 지도(30~35)가 그림이 삽입된 『회입 곤여만국전도』임.
자료 : 川村博忠, 2003, 近世日本の世界像, 株式會社 ぺりかん社, p.73.
John D. Day, 1995, "The Search for the Origins of the Chinese Manuscript of Matteo Ricci's Maps," *Imago Mundi*, 47, 94-117.을 기초로 일부 수정 및 추가.

1) 지도형식과 체제

목판본『곤여만국전도』와 중국과 일본에서 모사된 필사본『회입 곤여만국전도』는 6폭으로 구성되어 있다. 그러나 1708년(숙종 34)에 숙종의 명에 의해 조선에서 제작된 조선본『회입 곤여만국전도』는 8폭과 10폭으로 구성되어 그 크기가 훨씬 크다. 영의정 최석정崔錫鼎과 지도제작을 지휘했던 이국화李國華와 유우창柳遇昌의 발문이 추가됨으로써 2면 또는 4면을 늘려 좌우 마지막 폭에 마테오 리치와 조선의 지도제작 관련 인사들의 서문만을 싣는 새로운 구도로 바꾸었다. 제2폭~제7폭에 지도를 배치하고, 마테오 리치 및 최석정의 서문을 가장자리인 첫 폭과 마지막 폭에 배치한 것이다. 10폭으로 구성된 일본 소장 조선본『회입 곤여만국전도』도 비슷한 구도이나, 지도가 제1폭과 제8폭까지 침범하고 있다. 즉 또 조선에서 제작된 3종의 필사본『회입 곤여만국전도』는 그 구도가 모두 상이한데, 이를 정리하면 표 2와 같다.

서울대학교박물관본과 규장각사진본은 제2폭에 구중천도九重天圖와 천지의도天地儀圖 및 그 설명이 있고, 제7폭에는 양극 중심의 북극반구도北極半球圖[赤道北地半球之圖]와 남극반구도南極半球圖[赤道南地半球地之圖]가 아래위로 있어, 제1폭과 제8폭은 서문으로만 구성되어 있다. 두 지도의 차이점은 다음과 같다.

서울대박물관본이 제1폭에 리마두의 총설을 상하전체로, 제8폭에 최석정의 발문을 상하전체로 배치한데 비해, 규장각 사진본은 제1폭과 제8폭을 상하 2단으로 나누어, 제1폭 상단에 리마두총설을, 하단에 "논지구…(論地球比九重天之星遠且大幾何)"를 수록했다. 제8폭 상단은 공백으로 남기고, 하단에 최석정의 발문을 배치해 좀 더 체계적으로 보인다. 또 남만문화관본은 서문과 발문을 제1폭과 제10폭에, 제2폭에 구중천도九重天圖와 천지의도天地儀圖 및 그 설명이, 제7폭 북극반구도와

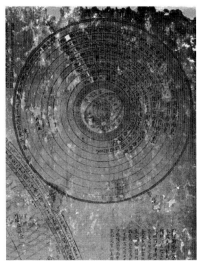 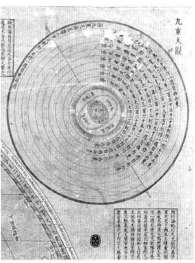

〈그림 1〉 서울대박물관본 '구중천도'　　〈그림 2〉 규장각 사진본 '구중천도'

남극반구도가 독립된 폭을 구성하는 여유 있는 배치 형태이다.

　　그리고 조선본 3종의 『회입 곤여만국전도』는 모두 바다에 수파묘를 그려 넣어 회화성을 높인 점도 공통적이다. 또한 서울대박물관본에는 예수회의 문장이 그려져 있지 않다. 그러나 규장각 사진본에는 예수회 문장이 제2폭에 두 곳, 제7폭에 1곳 등 총 3곳에 그려져 있다(그림 1, 2 참조).

〈표 2〉 조선본 『회입 곤여만국전도』의 체제

	서울대박물관본	규장각 사진본	일본 남만문화관본
발문	1708년 8월	1708년 9월	1708년 9월
판본	채색필사본	채색필사본	채색필사본
형태	8폭 병풍	8폭 병풍	본도 8폭 별폭 2폭 총 10폭
리마두 서문	제1폭 전체	제1폭 상단	별폭 제1폭 상단
최석정 발문	제8폭 전체	제8폭 좌단	별폭 제2폭 하단

	서울대박물관본	규장각 사진본	일본 남만문화관본
論地球比九重天之星 遠且大幾何	제8폭 우단	제1폭 하단	제1폭 하단
九重天圖, 天地儀	제1폭 상하단	제1폭 상하단	제2폭 상하단
赤道北地半球之圖. 赤道南地半球地之	제8폭 상하단	제8폭 상하단	제2폭 상하단
경위도 표현	위도 표현 누락	경위도 표현	경위도 표현
水波描	있음	있음	있음
예수회 문장	없음	있음	있음
천문도			천문도 10폭과 한 쌍, 제1폭과 제10폭은 공백

2)『회입 곤여만국전도』: 서울대박물관본과 규장각 사진본

최석정의 발문은 서울대박물관본에 1708년(숙종 24) 8월, 규장각 사진본과 남만문화관본에 1708년 9월로 기록되어 있다. 이로 보면 서울대박물관본이 초본이고, 이를 바탕으로 다른 두 본이 완성되었음을 짐작하게 한다. 이를 한층 분명하게 증명해 주는 것은 지도의 내용이다.

현재 남만문화관본은 열람이나 상세한 사진을 구할 수 없는 상태이므로 본고에서는 서울대박물관본과 규장각 사진본의 내용을 비교해 1차 초본 상태와 완성본의 차이점을 밝혀 보기로 한다.

두 지도를 비교하면 서울대박물관본에 지명이나 표현의 누락, 오류 등이 다수 발견된다. 두 지도 사이의 가장 큰 차이는 위도 표현의 유무이다. 서울대박물관본은 경위선 중 경선은 있으나 위선은 적도만 그려져 있고 남북 위도선이 누락되어 있다(그림 3, 4). 이는 모사시의 오류 또는 미완성 상태임을 보여 준다. 또 제5폭을 보면, 필리핀[呂

宋]이 서울대박물관본에는 긴 하나의 섬으로 그려졌으나, 규장각 사진본은 목판본 원본 지도와 동일하게 두 개의 섬으로 분리되어 있다. 서울대박물관본에는 여송呂宋이라 표시된 필리핀 본섬 서남쪽에 위치한 파이닉하波尔匿何[보르네오] 섬 내부에 쓰여 있는 설명 주기가 없다. 또 본섬의 서북쪽에 그려진 이름없는 작은 8개의 섬, 본섬 북쪽의 3개의 섬, 동북쪽의 3개의 섬이 누락되는 등 세부적인 표현에서 많은 차이가 보이며, 완성도가 낮다.

서울대박물관본의 경우 단순한 오류나 실수라기보다는 모사자가 지도에 표현된 내용을 정확히 이해하지 못한데서 오는 이해상의 미숙함을 보여주는 사례들도 보인다. 서울대박물관본의 '구중천도'에는 적도를 나타내는 선이 누락되어 있다(그림 1).

또한 회화적 측면에서도 규장각 사진본의 그려진 선박, 동물, 물고기 등의 표현이 서울대학교 박물관본에 비해 그림의 기량, 세부적 표현, 생동감 등에서 뛰어나다. 그림 5~그림 16을 비교하면 규장각 사진본의 그림은 물고기의 비늘이나 주름, 눈매, 이빨, 바다 위 포말의 생동감, 선박의 형체 등에서 높은 수준을 보여 준다. 산지 표현에서도 흑백 사진 밑에 가려진 산봉우리의 연결 상태, 뻗침 등이 뛰어난 기량을 보여 준다.

또한 제7폭 '대서양' 글자 위에 그려진 선박에 달린 깃발의 경우(그림 15, 16) 서울대본에는 만[卍]자가 그려져 있으나, 규장각 사진본에는 엑스(X)자가 그려져 있어 수정한 모습이 보인다. 그러나 규장각본의 경우도 부분적으로만 수정되어 있다. 남극 대륙 상단에 있는 선박의 깃발(그림 11, 12)에는 두 지도 모두 만[卍]자가 그려져 있다.

규장각 사진본과 비교했을 때 서울대박물관본의 가장 큰 차이는 지명의 누락이다. 그림 17~18을 보면 남아메리카 서북쪽 패로해孛露海(페루해) 부근 육지에 리마利瑪 등 여러 지명이 기입되어 있지 않음을 확인할 수 있다.

한편 조선에서 제작된 서울대학교박물관 소장본, 규장각 사진본
은 중국 남경박물원본과 형태와 내용에서 차이가 있다.[24] 규장각 사
진본을 바탕으로 채색을 넣어 복원한 실학박물관 복원본 지도와 중
국 남경박물원 소장본을 비교하면, 규장각 사진본이 좀 더 정교하게
그려져 있음을 확인할 수 있다(그림 19~24).

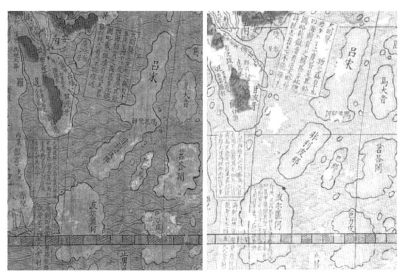

〈그림 3〉 서울대박물관본 필리핀 부근   〈그림 4〉 규장각 사진본 필리핀 부근
경선은 있으나 위선이 누락되고, 필리핀이   경위선이 그려져 있고, 필리핀은 두 개의
하나의 섬으로 그려져 있다. 필리핀 서남   섬으로 표현되었다.
쪽 波爾匪何 섬 내부에 설명주기가 누락되
었다.

---

24) 두 본의 차이에 관해서는 양우뢰(Yulei Yang, 2012), 「중국소장 마테오 리치의
   세계지도-『곤여만국전도』조선채색 모회본에 대한 담론」, 『문화역사지리』
   24(2), 59~68쪽에 상세한 설명이 있다.

〈그림 5〉 서울대박물관본 제5폭　　〈그림 6〉 규장각 사진본 제5폭
　　일본 남쪽 바다의 물고기　　　　일본 남쪽 바다의 물고기

 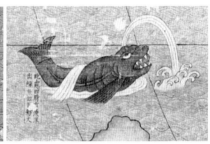

〈그림 7〉 서울대박물관본 제6폭　　〈그림 8〉 규장각 사진본 제6폭
마다가스카르섬 남쪽 바다의 물고기　마다가스카르섬 남쪽 바다의 물고기

〈그림 9〉 제5폭 남극 대륙의 동물　〈그림 10〉 제5폭 남극 대륙의 동물

〈그림 11〉제5폭 남극 대륙 상단의 선박 〈그림 12〉제5폭 남극 대륙 상단의 선박

〈그림 13〉제5폭　　　　　　　〈그림 14〉제5폭
아시아대륙 동북쪽의 산맥　　　　　아시아대륙 동북쪽의 산맥

〈그림 15〉제7폭 대서양상의 선박   〈그림 16〉제7폭 대서양상의 선박

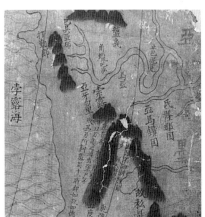 

〈그림 17〉제3폭
남아메리카 孛露海 부근

〈그림 18〉제3폭
남아메리카 孛露海 부근

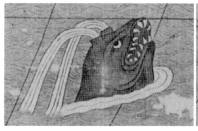

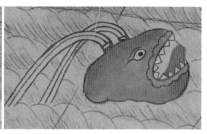

〈그림 19〉 규장각사진본 실학박물관
복원도

〈그림 20〉 남경박물원 소장본

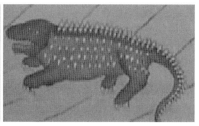

〈그림 21〉 규장각사진본 실학박물관
복원도

〈그림 22〉 남경박물원 소장본

〈그림 23〉 규장각사진본 실학박물관
복원도

〈그림 24〉 남경박물원 소장본

4. 조선후기의 서구식 세계지도의 유행과 유형

　조선후기에 지식인 사회에서는 서양지도에 대한 관심이 꾸준히 이어졌다. 허균許筠(1567~1618)은 1610년(선조 39)에 중국에 사신으로 갔다. 허균은 이 때 그 지도와 게偈 12장章을 가지고 왔다.[25] 허균이 가져 온 지도는 마테오 리치의 지도였다고 한다. 1603년 마테오 리치의 지도가 도입된 이후 중국에 간 조선 문인들이 세계지도를 도입했음을 짐작할 수 있다. 숭실대학교 기독교박물관 소장『양의현람도兩儀玄覽圖』(1603)는 원래 경북 울진군 기성면 사동리 황병인黃炳仁씨의 가장품이었는데 가전家傳에 의하면 약 300년 전 그의 선조 황여일黃汝一(1556~1622)이 명나라에서 가져온 것이라 한다. 그러나 황여일이 연경에 간 것은 1598년(선조 31)으로『양의현람도』가 제작되기 이전이다. 따라서『양의현람도』는 1620년(광해군 12) 주문사奏聞使로 표문表文을 받들고 연경에 갔다온 아들 황중윤黃中允이 들여왔을 것으로 추정하고 있다[26].

　1631년(인조 9) 명나라에 사신으로 간 정두원鄭斗源(1581~?)은 화포火砲·천리경千里鏡·자명종自鳴鐘 등과 리마두利瑪竇의 천문서와『직방외기

<hr>

25) 柳夢寅,『於于野談』, 卷2.
　유몽인 지음(2006),『어우야담 원문』, 돌베개, 108쪽; 유몽인 지음, 신익철, 이형대, 조융희, 노영미 옮김(2006),『어우야담』, 돌베개, 216쪽.
　盖利瑪竇異人也 徧觀天下 仍到天下輿地 各以方言名諸國 中國居天下之中 而歐羅巴大於中國四之一 其南方極熱 獨不能窮… **許筠到中國 得其地圖及偈十二章以來**
　"대개 리마두는 이인이다. 천하를 두루 보고서 이에 '천하여지도'를 그리고, 각기 그 지역의 말로써 여러 나라에 이름을 붙였다. 중국은 천하의 중심에 있고, 구라파는 중국의 4분의 1보다 크며, 그 남쪽 지방은 매우 더운데 유독 그 곳만 가보지 못했다.… **허균이 중국에 이르러 그 지도와 게 12장을 얻어 왔다.**"
26) 김양선(1961), 전게논문.

職方外記』·『서양국풍속기西洋國風俗記』·『천문도天文圖』·『홍이포제본紅夷砲題本』 등 서적을 신부 육약한陸若漢(Johannes Rodriguez, 1561~1633)으로부터 얻어가지고 이듬해 돌아왔다. 그런데『국조보감國朝寶鑑』 권35 1654년 (효종 5)에는 그때 '만리전도萬里全圖 5폭'도 가져 온 것으로 기록되어 있다. '만리전도'는 '만국전도', 그리고 5폭은 6폭의 오류로 보이며, 이 지도는 리마두의『곤여만국전도』로 보기도 하고, 또는 알레니의『만국전도』로 추정하고 있다.

알레니Giulio Aleni(애유략艾儒略. 1582~1649)는 마테오 리치가 북경에서 타계한 1610년에 마카오에 도착한 예수교 선교사였다. 그는 마테오 리치의 선교방식에 따라 1623년에 세계 지리서인『직방외기』를 항주에서 출판했다. 직방외기는 직방사가 관할하는 중국 본토와 조공국을 제외한 지역의 정치·경제·문화를 포함하는 지리서이며, 책 앞에 만국지도를 싣고, 아시아, 유럽, 리비아(아프리카), 아메리카의 지도를 첫머리에 실었고, 권말에 북여지도와 남여지도 즉 북반구도와 남반구도를 실었다. 직방職方이란 중국에 조공을 바치며 긴밀한 관계를 유지해 온, 직방사職方司가 관할하고 있던 나라들을 말한다. '천하의 중심'을 자처하던 중국도 직방을 벗어난 세계, 즉 '직방외職方外의 세계'에 대한 정보는 갖고 있지 않았다.『직방외기』는 중국 황제의 명을 받은 예수회 선교사들이 '직방외의 세계'에 대한 정보를 전하기 위해 모아 놓았던 자료들을 정리하고 알레니가 직접 경험하고 전해들은 이야기를 추가하여 완성한 책이다.[27]

백두산에서 한라산까지, 대동강에서 금강산까지 조선 천지를 누비고 다녔던 조선 최고의 여행가 창해일사滄海逸士 정란鄭瀾(1725~1791)에 관한 성대중(1732~1812)의 글이다.

---

27) 천기철(2005), 전게서.

　　창해옹이 일찍이 내 집을 찾았는데 손님 가운데 옛 일에 해박한 사람이 있어
그를 보고 내게 얼굴을 돌리며 말했다. "자네는 리마두利瑪竇를 본 적이 있는가?
저 노인이 그와 흡사하네 그려!" 그 손님은 한번도 창해옹을 본 적이 없는데도 창
해를 그렇게 보았다. 창해옹은 그 말을 흔쾌히 받아들이며 좋아하였다. 리마두는
천하를 두루 구경하였고, 창해옹은 동국을 두루 구경하였다. 크고 작기에서 차이
가 있으나 두루 구경하기는 같다. 그들의 모습이 비슷한 것이 마땅하다.[28]

　　18세기 후반 조선 사회에서 마테오 리치는 사랑방에서 회자될 정
도였던 것으로 보인다. 그만큼 마테오 리치와 그의 지도가 널리 알려
지고 있었음을 알려준다.

　　서울에 거주하였던 지식인들은 물론, 지방에 거주한 학자들도 서양
식 지도에 많은 관심을 보였다. 1770년에 편찬한 위백규魏伯珪의 『신편
표제찬도환영지新編標題纂圖寰瀛誌』에는 전통적인 원형 세계지도를 「리마
두천하도利瑪竇天下圖」라는 제목으로 수록하는 오류를 빚기도 했다. 또
18세기 후반 정조 연간에 이재頤齋 황윤석黃胤錫이 만든 「지구적도남북
계도地球赤道南北界圖」가 있는 것으로 알려져 있다.[29] 지방의 학자도 서
양식 세계지도에 관심을 가지고, 서양식 세계지도를 모사하여 학문적
강구의 대상으로 삼았음을 살필 수 있다. 규남 하백원(1781~1845)은 한국
고지도 연구 분야에는 잘 알려지지 않았으나, 귀중한 지도들을 직접
제작했으며, 그 중에는 서구식 세계지도도 있었다.[30] 규남이 제작한 세
계지도의 제명은 '태서회사리마두만국전도泰西會士利瑪竇萬國全圖'(그림 22)
이다. 지도의 제목을 보면, 마테오 리치가 제작한 '만국전도'를 바탕으

28) 안대회(2007), 『조선의 프로페셔널』, 55쪽.
29) 盧禎埴(1992), 「韓國의 古世界地圖 硏究」, 효성여자대학교 대학원 박사학위
　　논문, 86쪽.
30) 양보경(2005), 「圭南 河百源의 『萬國全圖』와 『東國地圖』」, 『全南史學』 제24
　　집, 全南史學會, 73~109쪽.

로 만든 지도로 보인다. 그러나 마테오 리치는 '만국전도'라는 이름의
지도를 제작한 적이 없으며, 알레니가 만든 지도가 '만국전도'이다. 규
남의 지도도 알레니의 '만국전도'를 바탕으로 제작한 것이다. 그런데
'리마두'를 지도 제목에 포함시킨 것은 마테오 리치가 서양 학문과 서
양 지도의 대명사로 인식되고 있었음을 보여주는 것이라 할 수 있다.
현존하는 조선후기의 서구식 세계지도의 유형을 형태별로 구분하면
다섯 가지 유형으로 대별할 수 있다.

〈표 3〉 조선후기 서구식 세계지도의 형태별 유형

	유형	대표 지도
가	타원형 단원 세계지도	『곤여만국전도』『양의현람도』『만국전도』『천하도지도』『태서회사리마두만국전도』(하백원)
나	정원형 단원 세계지도	『중국역대팔폭병풍』(서울역사박물관), 『곤여도』(국립중앙박물관)『오주각국통속전도』『각국도各國圖』중『천지전도』(국립중앙도서관) 등
다	동서양반구 세계지도	『곤여전도』『지구전후도地球前後圖』
라	남북극 양극 세계지도	
마	방형 세계지도	『여지전도』

5. 맺음말

『곤여만국전도』는 마테오 리치가 이전에 만든 세계지도와 다른
구도를 보였다. 가장 큰 차이는 마테오 리치 자신의 서문을 비롯한
중국측 인사들의 발문들, '지구도설' '구중천도' '천지의' 등의 여러 도
설圖說이 지도 내용 중에, 그리고 여백에 빽빽하게 삽입된 점이다. 이
는 마테오 리치가 모본으로 삼았다고 하는 메르카트로Mercator의 세계
지도나 오르텔리우스Ortelius의 세계지도와 같은 당대 서양의 지도에서

볼 수 없는 양식이다. 서양의 아틀라스는 지도와 별도의 지면에 설명
문이 수록된다. 지도와 지지가 분리되는 형식이 일반적이다. 마테오
리치는 중국에서 약 20년간 활동하면서 동양 지도의 특징과 동양인
들의 지도 감수성을 이해한 것으로 보인다. 그는 동양 지도의 특징이
라 할 수 있는 한 도면 내에서의 지도와 지지의 결합 양식을 활용했
다. 그가 말하고 싶은 내용을 여백의 주기에 담아 전달하고자 한 것
이다. 마테오 리치도 동양의 대수학 전통의 공간 인식에 적응하고 접
근을 시도했으며, 이는 성공을 거두었다. 그러나 결과적으로 마테오
리치는 유럽의 서양 수학의 기하학 전통을 경위도 체계의 질서로 부
각시키는데 더욱 큰 성공을 거두었다.

　『곤여만국전도』는 당시 중국·한국을 비롯한 동양의 지식인에게
서양의 지리학과 지도의 제작 수준, 서양 세계에 대한 정확한 정보를
일목요연하게 시각적으로 알려주고, 동양의 지식인들이 지니고 있던
종래의 세계관이나 화이관華夷觀에 자극과 충격을 주었다. 그 속도가
빠른 것은 아니었으나 서구식 지도와 그에 수반된 세계관의 탐색은
당시 사변화되고 형식화되어갔던 성리학 일변도의 사회상에 대한 개
혁을 위한 모색의 하나였다. 임진왜란과 병자호란, 실학의 발흥으로
변화해 가던 조선사회에서 서양 지도와 지리학, 서양세계에 대한 이
해는 새로운 세계에 대한 성찰의 결과이기도 했다. 조선사회 내적인
요인들에 의한 서학과 서구식 세계지도의 수용은 외국인 선교사의
도움이나 직접 전파가 아닌, 우리 스스로 특히 진보지식인들이 한역
서학서들을 공부함으로써 이루어진 것이 중국과 다른 특징이었다.
또한 하늘과 땅, 세계를 과학과 사실로 바라보는 세계관의 전환을 수
반하는 것이었으며, 조선후기의 새로운 세계를 바라보는 창의 역할
을 하였다.

〈그림 25〉 마테오 리치의 『곤여만국전도』(1602), 일본 미야기현립도서관 소장

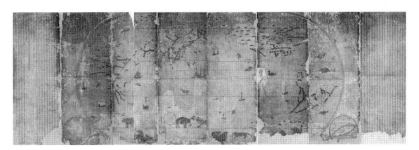

〈그림 26〉 『회입 곤여만국전도』(1708), 서울대학교박물관 소장

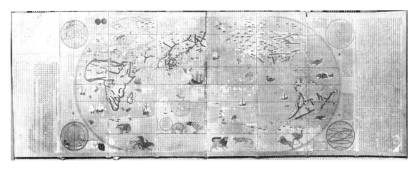

〈그림 27〉 『회입 곤여만국전도』(1708), 서울대학교규장각 한국학연구원 사진본

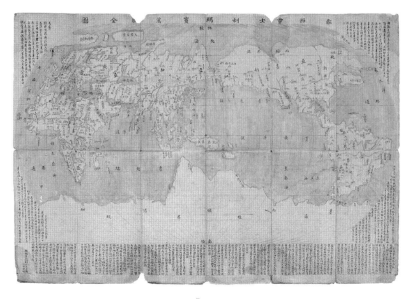

〈그림 28〉 규남 하백원의 『泰西會士利瑪竇萬國全圖』(1821)

참고문헌

구만옥(2010), 「'利瑪竇'에 대한 조선후기 지식인들의 이해와 태도」, 『한국사상 사학』 36, 343~393쪽.

김기혁(2005), 「마테오 리치의 「坤與萬國全圖」 연구」(1), 『지리학논총』 45, 141~164쪽.

김기혁(2012), 「『곤여만국전도』(1602)의 해양 지명에 표현된 세계의 표상 연 구」, 『문화역사지리』 24(2), 69~92쪽.

金良善(1961), 「明末·淸初 耶蘇會 宣教師들이 製作한 世界地圖와 그 韓國文 化史上에 미친 影響」, 『崇大』 제6호, 숭실대학교, 16~58쪽.

金良善(1967), 「韓國古地圖硏究抄-世界地圖-」, 『崇實大學』 第10號, 7~25(『梅 山國學散稿』, 숭전대학교박물관, 163~213쪽, 1972에 재수록).

盧禎埴(1969), 「西洋地理學의 東漸 : 特히 韓國에의 世界地圖 傳來와 그 影響 을 中心으로」, 『論文集』 第5輯, 大邱教育大學, 225~255쪽.

盧禎埴(1984), 「西歐式 世界地圖의 受容과 抵抗」, 『논문집』, 제20호, 대구교육 대학, 99~114쪽.

盧禎埴(1992), 「韓國의 古世界地圖硏究」, 효성여자대학교 대학원 지리학과 박 사학위논문, 1~179쪽.

李兆良(2012), 『坤輿万国全図解密-明代測绘世界』, 台北 : 联经出版社.

송영배(2012), 「마테오 리치의 『곤여만국전도』와 중국인들의 반응」, 『문화역사 지리』 제24권 제2호, 1~12쪽.

송영배(2009), 「마테오 리치가 소개한 서양학문관의 의미」, 『韓國實學硏究』, 제17호, 16~41쪽.

양보경(2004), 「서구식 세계지도의 수용과 세계관의 다양화」, 『측량』 테마기행 /지도이야기(3), 대한측량협회, 38쪽.

양우뢰(2012), 「중국소장 마테오 리치의 세계지도-『곤여만국전도』 조선채색 모회본에 대한 담론」, 『문화역사지리』24(2), 59~68쪽.

吳尙學(2001), 「朝鮮時代의 世界地圖와 世界 認識」, 서울대학교 대학원 박사 학위논문.

이 찬(1991), 『한국의 고지도』, 범우사.

이재신(2008), 「마테오 리치의 世界地圖가 中國人의 空間觀에 끼친 影響」, 연세대학교 대학원 석사학위논문.

張保雄(1975), 「利瑪竇의 世界地圖에 관한 硏究」, 『東國史學』 제13집, 東國史學會, 43~76쪽.

정기준(2011), 「奎章閣再生本(坤輿萬國全圖(2010)의 原本)은 옛 奉先寺藏本 이다」, 『규장각』 38, 275~283쪽.

정기준(2012), 「『곤여만국전도』에 표출된 리마두의 천문지리체계」, 『문화역사지리』 24(2), 13~42쪽.

洪煨蓮(1936), 「考利瑪竇的世界地図」, 禹貢, 第5卷, 第3, 4合期, 1~50쪽.

黃時鑒·龔纓晏(2005), 『利瑪竇世界地圖硏究』, 上海古籍出版社.

John D. Day(1995), The Search for the Origins of the Chinese Manuscript of Matteo Ricci's Maps, Imago Mundi, 47, 94~117쪽.

중국소장 마테오 리치의 세계지도

- 『곤여만국전도』 조선 채색 모회본에 대한 담론

양우뢰 ㅣ 중국 항주 절강대학교 교수

마테오리치의 세계지도는 중서문화교류뿐만 아니라 동서문화교류에 있어서 찬란한 업적을 남겼다. 각국 학계의 많은 주목을 받아왔고 관련된 연구성과도 끊이지 않고 있다. 그중 2005년에 출판된 황시감黃時鑒과 공영안龔纓晏의 『이마두세계지도연구利瑪竇世界地圖研究』[1]는 비교적 전면적인 연구라 할 수 있다. 본 논고에서는 선행연구를 참고하여 중국에 현존하는 마테오리치의 세계지도 현황에 대해 소개하고, 이번 회의의 주제이기도 한 조선회입본『곤여만국전도』에 대한 필자의 생각을 논하고자 한다.

『이마두세계지도연구』라는 책에 따르면 중국에 현존하는 마테오리치의 세계지도는 요녕성 박물관에 소장되어 있는 목판본『양의현람도兩儀玄覽圖』(참고 그림 1), 남경박물관과 중국국가도서관에 각각 소장되어있는 채색필사본『곤여만국전도坤輿万國全圖』(참고 그림 2)의 모두 3점이다. 그중 중국국가도서관본은 6폭의 병풍 중 제4폭 아시아부분 한 폭만 남아있어서 이번 논고에서는 언급하지 않고, 나머지 두 지도에 대해서만 설명하겠다.

1. 요녕성박물관 소장 『양의현람도』

1949년 심양고궁박물관 상봉각翔鳳閣의 병풍 위에 있던 것을 떼어

---

* 필자의 '조선 채색 모회본'이라는 표현을 이하 '회입'으로 번역함.
1) 상해고적출판사 2005년 판.

낸 흑색 목판 인쇄본에 채색을 더한 지도이다. 지도는 이미 파손된
부분이 있었고 보수를 통해 8폭 병풍으로 장정하였다. 각 세로의 길
이는 200cm, 가로의 넓이는 55cm, 총 폭의 넓이는 442cm이다. 본래 요
양도지휘사의 소유로 명나라 말기 후금과의 전쟁에서 참고로 쓰였던
것으로 추측된다. 1621년 누루하치가 요양을 공격할 당시 지도를 획
득하였고, 1625년 후금이 심양(성경)으로 천도하면서 지도는 심양고궁
박물관에 소중히 보관되어 왔다.[2]

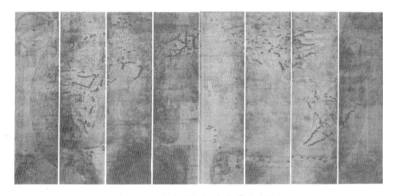

〈그림 1〉 요녕성박물관 소장 『양의현람도』

〈그림 2〉 남경박물관 소장 『곤여만국전도』

---

2) 왕경여(1987), 『새롭게 발견한 명말의 기록 〈양의현람도〉』, 중외관계사논총
   제2집, 북경 : 世界知識出版社, 제170항.

우리가 알기로 현존하는『양의현람도』는 모두 두 폭으로, 요녕박
물관소장본(이하 요녕본)과 한국의 숭실대학교 기독교박물관본(이하 숭
실본)이다. 두 본을 자세히 비교해보면 두 지도는 하나의 판으로 인쇄
된 것임을 알 수 있으나 동일하지 않은 부분도 물론 있다. 먼저 요녕
본의 산맥은 매우 선명하게 청록색으로 채색되어 있다. 그리고 요녕
본과 숭실본 산맥 선의 뚜렷함이 다른데, 아마도 채색과 관계가 있는
것으로 생각된다(참고 그림 3, 4).

〈그림 3〉 양의현람도 부분1(요녕본)   〈그림 4〉 양의현람도 부분2(숭실대본)

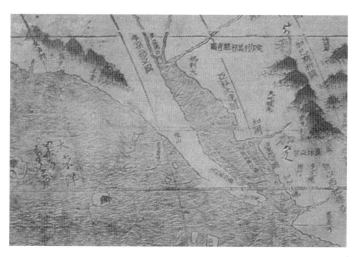

〈그림 5〉 양의현람도 부분3(요녕본)

둘째, 요녕본은 한자의 표기 옆에 만주어의 주음이 덧붙여져 있다. 그 내용은 ① 대서양, 북해, 소서양, 지중해 등 큰 해양의 명칭 ② 아세아, 구라파(유럽), 남아프리카, 북아프리카 등의 주명 ③ 적도주야평선, 단선, 주장선, 지남극계, 지북극계 등 선의 명칭 ④ 북반구지역의 국명(물론 남반구 지역에의 국명에도 만주어 표기가 있으나 훼손되어 판독불가) ⑤ 일본, 조선, 여송(필리핀 군도 북부에 있는 가장 큰 섬) 등 아시아주 국명의 부분 ⑥ 북경, 심양 등의 지명 ⑦ 그림 5 적도선 아래에 있는 적도선 문자에 대한 설명 등이다.

셋째, 숭실본에는 조선반도에 붉은색으로 '조선' 두 글자를 더했다.

앞의 두 가지 차이가 나는 부분에 대해 왕면후王綿厚 등은 "이것은 명말 청초 지도가 청의 궁에 유입되고, 청 황제가 둘러볼 당시 첨가한 부분이다"라고 말했다. 세 번째 부분에 대해서는 지도가 조선반도에 유입된 이후에 첨가된 것이 확실하다.[3]

두 지도의 박락된 부분은 요녕본이 비교적 더 많은데, 숭실본은 요녕본의 부족한 부분을 능히 보충할 수 있다. 반면 섬의 지명이나 일부 주기 등은 오히려 요녕본으로 숭실본을 보충 할 수 있다. 예를 들어 그림 4에서 고파도古巴島 아래 부분의 '여한도如漢島', '아작니서이소亞作你西以小' 등 적도선 이상의 '기다祈多' 내지 '남북아프리카南北亞墨利加'와 '묵와사니가墨瓦蜡泥加'의 주기 등은 숭실본에서는 모호하며 부정확하지만 요녕본은 비교적 정확하게 보인다. 또, 숭실본은 그림 5의 이베리아반도 부분에 박락된 작은 부분이 있는데, 요녕본은 비교적 분명할 뿐만 아니라 '십자만미十字灣尾'(참고 그림 5)라는 글자도 있다. 따라서 두 지도를 종합하는 상관 연구가 꼭 필요하다.[4]

3) 조완여(曹婉如) 외(1994), 『중국고대지도집中國古代地圖集』(명대), 도 59 설명, 북경문물출판사,
4) 양우뢰(2002), 『한국에서 보는 〈양의현람도〉』, 『문헌』 제4기, 277~279쪽.

2. 남경박물관 소장 『곤여만국전도』

6폭, 길이 168.7cm, 넓이 380.2cm의 채색 필사본이다. 1922년 북경 유리창의 열고재悅古齋가 지도를 획득[5] 한 뒤 그 다음 해에 북평역사박물관에서 구입했다. 1936년 일본군의 포화를 피하기 위해 지도는 남경으로 옮겨져서 현재 남경박물관에 소장되어있다. 1930년 북평역사박물관에서는 원도를 보존하고 제작하기 위하여 또 다른 한 폭의 지도를 모사(먹지로 그대로 본뜸)하였다. 이 지도는 현재 중국역사박물관(북평역사박물관이 그 전신임)에 소장되어 있다.[6]

이 필사본 『곤여만국전도』와 목판인쇄본(1602년 원도)은 같다. 뿐만 아니라 마테오리치와 이지조 등의 발문, 지도 네 귀퉁이의 『구중천도九重天圖』, 『천지의도天地儀圖』, 『적도북지반구지도赤道北地半球之圖』와 『적도남지반구지도赤道南地半球之圖』도 같다. 다른 부분은 바다에 첨가되어 그려진 배 9척과 고래·상어 등을 포함한 15마리 해양생물, 그리고 남극 대륙에 있는 코끼리·호랑이·타조 등 8마리의 동물들 뿐 이다. 지도의 해양은 남색, 산맥은 청록색, 오대주의 명칭은 주홍색, 바다의 선박과 돛단배는 흰색, 선채와 돛은 짙은 색, 적도와 지구의 윤곽은 홍색과 백색의 선으로 그렸다. 남북극계의 선과 주야선은 주홍색으로 표현했다. 그 외에 조완여 등은 남북 아메리카와 남극 대륙은 옅은 분홍색, 아시아는 옅은 흑황색, 유럽과 아프리카는 백색에 가깝다고 묘사했다.[7]

우리가 알고 있기로 선박과 동물 등이 그려진 필사본 『곤여만국전도』는 남경박물관 소장본 외에 한국의 서울대학교본, 일본의 북촌방

---

5) 1923, 『동방잡지』, 제20권 제9기.
6) 조완여 외(1983), 『중국현존 마테오리치의 세계지도 연구』, 『문물』 제12기, 60·62쪽.
7) 위 문헌, 59쪽.

랑北村芳郎(Kitamura)본, 미국의 Kendall Whaling Museum본·G. Nicolas 소장본
과 중국국가도서관본이 있다.8) 이 중 중국국가도서관 소장본은 이미
앞에서 기술 했듯이 6폭 병풍 중 한 폭만이 남아있다. 미국의 Kendall
Whaling Museum본 역시 병풍의 한 폭만이 남아있다. 따라서 남경박물
관 소장본만이 좌우 대칭 3폭(6폭)이 남아있다고 할 수 있다. 미국의
G. Nicolas 소장본은 항일전쟁 폭발 후 현재 행방이 불분명하다.

이 지도들은 각각 모두 약간의 차이가 있지만 하나의 모본을 바
탕으로 했다는 공통점이 있다. 모본(원도)을 바탕으로 한 필사본은
학계의 많은 주목을 받고 있다. 홍외련洪煨蓮, 임동양林東陽 등 학자들
은 마테오리치의 회고록과 1608년 7월의 편지를 바탕으로, 다른 채색
의 『곤여만국전도』 필사본을 궁에 배치하고자 하는 만력萬歷황제의
요구에 의해 태감들이 지도를 모회했다고 언급했다.9) 조완여 등은
이 지도를 태감 등이 모회했다고 할 수도 있으나 지도상의 선박과
기이한 물고기와 짐승 등은 태감이 첨가하여 그릴 수 없는 부분이라
주장했다. 분명 이 그림들은 1602년 마테오리치의 『곤여만국전도』에
있는 것이고, 오직 장문도張文燾의 과지過紙시 원도에서 생략된 부분
이라고 했다.10) Day 측에서는 여러 가지 가능성을 제시했는데, 첫째
마테오리치 본인이 필사한 것, 둘째 탕약망(Johann Adam Schall von Bell)의
제작, 셋째 알려지지 않은 어떤 서양 선교사 또는 중국인의 모회라

---

8) 이 외에 일본에서 제작한 채색필사본이 있으나, 이 지도들에는 선박이나 동
물 등의 그림이 없다. 참고 : Day, John D.(1995), "The Search for the Origins of
the Chinese Manuscript of Matteo Ricci's Maps", ImagoMundi, Vol.47, 100쪽,
113~115쪽.

9) 홍외련(1981), 『홍업론학집』 중 「고리마두적세계지도」, 북경 중화서국, 174~
178쪽; 임동양(1983), 『마테오리치 래중 400년 기념 중서문화교류 국제 학술
회의 논집』 중 「리마두의 세계지도가 명말 대부 사회에 미친 영향」, 대만, 보
인대학출판사, 318쪽.

10) 조완여 외(1983), 『중국현존 마테오리치의 세계지도 연구』, 『문물』 제12기,
60쪽.

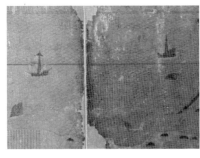

〈그림 6〉서울대학교 박물관소장본(부분1)   〈그림 7〉남경박물관장본(부분1)

는 것이다.11) 그러나 황시감黃時鑒과 공영안龔纓晏 두 사람은 모회본에
만자기(거꾸로 된 '卍'자 깃발)가 있는 것으로 보아, 모본이 중국인에 의
해 모회된 것이 더 합리적이라고 주장했다.

　이와 같은 사실에 대해 필자는 "모본"에 대한 설명이 있어야 한다
고 생각한다. 지금까지 살펴본 남경박물관 소장본, G. Nicolas 소장본,
미국 Kendall Whaling Museum본과 중국국가도서관본(남경박물관 소장본
계열) 지도는 기본적으로 같다. 이 지도들과 동일하게 모회된 서울대
학교 박물관에 소장되어 있는 조선 채색본, 일본의 북촌방랑北村芳郎
(Kitamura)본, 규장각 소장의 사진본(봉선사본)은 분명 세 부분이 다르
다. 첫째, 조선 채색본은 바다에 모두 17마리의 해양생물이 있다. 그
중 우측 제 3폭 남미 서태평양에 한 마리 괴상한 물고기(오중명吳中明의
서문 아래쪽)와 동물(남북아프리카와 묵와사니가墨瓦蠟尼加 설명부분 동쪽)이
있다. 그러나 남경박물관본과 그 계열의 지도에는 없다. 둘째, 여러
곳 선박의 양식이 다르다. 예를 들어 남미대륙 서쪽 태평양에 두 척
의 배가 있는데, 남경박물관본의 배는 군함이고 한 척은 군함의 뒷모
습만 묘사되어 있다. 조선 채색본에는 범선(돛단배)이 있다(참고 그림 6,
7). 셋째, 남경박물관 소장본 계열 지도 우측 4폭 지남극계선 아래쪽

---

11) Day, John D.(1995), "The Search for the Origins of the Chinese Manuscript of
　　Matteo Ricci's Maps", ImagoMundi, Vol.47, 108쪽.

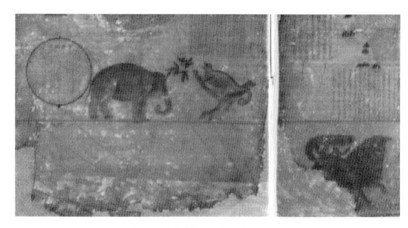

〈그림 8〉 서울대학교 박물관소장본(부분2)

〈그림 9〉 남경박물관장본(부분2)

의 코끼리와 숲 속 동물들은 조선 채색본에서는 지남극계선의 위쪽
에 있다. 3폭 아래 부분에 있는 괴이한 동물의 등에는 조선채색본에
있는 작은 동물이 없다(참고 그림 8, 9). 그 외에 조선 채색본에는 선박
과 해양생물 아래쪽에 수파묘가 모두 있다.

이미 학자들이 연구한 바에 의하면 남경박물관 소장본 계열과 비교할 때 서울대학교박물관 소장본은 대표적인 『곤여만국전도』원도라 할 수 있는 바티칸梵蒂岡 소장본 I과 상당부분 더 근접하다.12) 예를 들어 남경박물관 소장본 중 북극권 내 경도 270도 중심의 작은 섬, 그 동쪽 해안에 아주 미세하게 돌출된 작은 반도가 있는데 서울대학교박물관 소장본과 바티칸梵蒂岡 소장본 I에는 작은 반도가 없다. 그리고 남경박물관 소장본에는 서울대학교박물관 소장본과 바티칸梵蒂岡 소장본 I에 있는 적도 이남 태평양의 작은 섬이 없다.

따라서 남경박물관 소장본 계열과 조선 채색본의 모본은 동일하지 않은 것으로 판단된다. 물론 두 지도 각각의 두 모본은 분명 더 이른 동일한 모본(최초의 채색필사본 원본)을 바탕으로 했을 것이다. Day는 물론 이와 같은 점을 인식하고는 있지만, 모본을 다시 논할 때는 직접적인 모본을 논하기보다는 다른 학자들과 마찬가지로 최초의 원본을 논해야 한다고 주장했다. 필자는 마땅히 두 가지(모본과 최초의 원도) 모두 차이가 있을 것이라 생각한다. 이러한 각도에서 볼 때, 황시감黃時鑒과 공영안龔纓晏 두 사람이 제시한 만자기(거꾸로 된 '卍'자 깃발)가 있는 것을 근거로 모본이 중국인에 의해 모회된 것이라는 주장은 오직 두 지도의 직접적인 모본이 중국인에 의한 모회라는 가능성은 제시할 수 있지만, 최초의 원본 역시 중국인의 필사라고는 주장할 수 없다. 조선 채색본에 있는 최석정崔錫鼎 등의 발문을 참고로 할 때, 조선 채색본의 직접적인 모본은 소현세자가 귀국할 당시 탕약망이 선물한 지도이다. 그러나 탕약망과 선교사가 지도를 제작한 것인지의 여부는 논할 필요가 없다. 불교적 상징성을 가진 거꾸로 된 만자기를 그린 지도를 소현세자에게 선물했다는 것은 납득하기 어렵

12) 황시감·공영안, 『마테오리치 세계지도연구』, 150쪽; Day, John D.(1995), "The Search for the Origins of the Chinese Manuscript of Matteo Ricci's Maps", ImagoMundi, Vol.47, 103쪽.

다. 따라서 만약 남경박물관 소장본 계열 중의 거꾸로 된 '卍'자 깃발에 대해 이 지도의 직접적 모본의 제작자가 중국인이라고 설명한다면, 조선 채색본 중의 거꾸로 된 '卍'자 깃발은 조선의 모회자의 솜씨라고 할 수 있다. 왜 중국인과 조선인은 모두 '十'자 깃발을 변형하여 거꾸로 된 '卍'자 깃발을 그렸을까? 이것은 두 문화의 공통성 내지 양국의 왕래에 기초한 문화교류적 측면에서 이해해야 할 것이다. 이와 관련된 내용을 아래에서 더 논하겠다.

3. 『곤여만국전도』 조선채색 모회본

『곤여만국전도』 조선채색 모회본은 한국 서울대학교 박물관 소장본 외에 일본의 북촌방랑北村芳郞(Kitamura)본이 있다. 하지만 이보다 더 원도라 할 수 있는 본이 한국 봉선사에 소장되어 있었지만 한국전쟁 이후 행방이 묘연하다. 규장각에 한 점의 『곤여만국전도』 흑백 사진이 남아있다. 이 지도는 두 본이 현존하는데, 정기준鄭基俊은 다방면의 분석을 통해 이 사진의 지도가 봉선사본임을 밝혀냈다.[13] 1917년 조선에 선교를 온 Trollope 주교는 봉선사 소장본을 보고 소개하는 글을 남겼다. 그의 기술에 따르면 이 지도는 총 8폭의 병풍으로 되어 있으며 좌우 양측의 병풍에는 최석정崔錫鼎 등의 발문과 마테오리치의 문자가 있으며 프로테스탄트(그리스 신교)의 인장도 있다고 전한다.[14] 이 같은 내용과 사진의 지도가 부합한다. 따라서 사진의 『곤여만국전도』가 한국의 봉선사본이라고 확신했다.

---

13) 정기준(2011), 「규장각 재생본〈곤여만국전도〉(2010)의 원본은 옛 봉선사장본이다」, 『규장각』 38, 275~283쪽.
14) "Another Jesuit World-Map made in China", Geographical Journal, vol.53, no.2 (1919), 124~125쪽.

앞의 두 판본에 대해서 Day는 Debergh의 연구를 인용하여 일본의
북촌방랑北村芳郎(Kitamura)본은 1708년 본이고 서울대학교박물관 소장
본은 1768년 조선인이 다시 모회한 것이라 했다. 그리고 그는 한 층
더 추측하여 서울대학교박물관 소장본은 북촌방랑北村芳郎본을 바탕
으로 모회한 것이라고 밝혔다.[15] 그러나 필자는 Debergh의 논문을 읽
고, Day가 인용한 부분을 찾을 수 없었다. 사실은 오히려 반대였다.
Debergh는 조선본 발문의 주기의 시기와 서명의 상황을 근거로 서울
대학교 박물관 소장본이 북촌방랑北村芳郎본보다 앞선 시기의 것이라
고 설명했다.[16] 황시감과 공영안은 두 지도의 총체적인 상황을 근거
로 분석하여 서울대학교 박물관 소장본은 소현세자의 원도 혹은 기
타 모본을 바탕으로 그린 것이라고 추측하였다. 이 지도는 북촌방랑
北村芳郎본보다 소현세자의 원도에 훨씬 더 근접하는 것이며 더 이른
시기의 것임이 더 합리적이라고 주장했다.[17]

상술한 연구자들은 현존하는 봉선사 소장본의 사진을 본 적이 없
기 때문에 현존하는 세 점의 조선모회본에 비해 더 많은 조선 채색본
에 대한 정보가 있을 수 있다는 생각을 했다. 그런데 이것은 교정전
의 잘못된 생각이다. 사진 상으로 보면 봉선사본은 북촌방랑北村芳郎
본에 더 가깝다. 표현적인 부분에서 다음과 같은 세 부분이다. 첫째,
좌우 양쪽 병풍에 있는 설명문자의 배치이다. 원래 병풍의 좌우 양측
에 있는 마테오리치의 지도 편찬에 관한 설명문자를 우측 병풍 한쪽
에 초록하였다. 총체적인 주기는 윗부분에, 마테오리치의 "지구에 비

---

15) Day, John D.(1995), "The Search for the Origins of the Chinese Manuscript of
   Matteo Ricci's Maps", ImagoMundi, Vol.47, 100~101쪽.
16) 서울대학교박물관 소장본 "歲次戊子秋八月"의 주기, 최석정의 서명 ; 북촌방
   랑본의 "歲次戊子秋九月" 주기, 최석정 외 류국화와 류우창의 서명. Debergh,
   Minako(1986), "La carte du monde de P. Matteo Ricci(1602) et sa version
   coréeenne(1708) conservée à Osaka", JournalAsiatique(Paris), 274: 440쪽.
17) 황시감, 공영안, 『利瑪竇世界地圖硏究』, 150~152쪽.

해 하늘 가장 높은 곳의 별은 얼마나 크고 먼가를 논하다[論地球比九重
天之星遠且大几何]"라는 주기 부분은 아래쪽에, 조선 최석정 등의 발문은
좌측 병풍의 아래 부분에 있다.[18] 서울대학교 박물관 소장본에서는
최석정 등의 발문 위치 좌측에 마테오리치의 "지구에 비해 하늘 가장
높은 곳의 별은 얼마나 크고 먼가를 논하다[論地球比九重天之星遠且大几
何]"라는 주기가 있다. 우측 병풍 위에는 마테오리치의 총체적인 주기
가 있다(참고 그림 10). 둘째, 조선의 발문 주기의 시점은 "세차무자추
구월歲次戊子秋九月"이고, 최석정·이국화李國華·류우창柳遇昌 세 사람의
서명이 있다. 셋째, 두 지도에는 모두 프로테스탄트(그리스 신교)의 인
장이 있지만 서울대학교박물관 소장본에는 인장이 없다.

　　현존하는 북촌방랑北村芳郎본은 모두 10폭의 병풍이다. 우측의 『구
중천도九重天圖』, 『천지의도天地儀圖』 그리고 좌측에는 『적도북지반구
지도赤道北地半球之圖』, 『적도남지반구지도赤道南地半球之圖』를 각각 하나
의 병풍에 담았다. 따라서 봉선사 소장본에 비해서 두 폭의 병풍이
더 많다. 지도의 전체적인 배치에서 볼 때, 봉선사 소장본은 『곤여만
국전도』 원도에 가깝다. 북촌방랑北村芳郎본이 봉선사 소장본을 모회
한 지도라 판단할 수 있다. 현재 봉선사 소장본과 서울대박물관 소장
본의 관계는 연결시키기 어렵다.

---

18) 북촌방랑(北村芳郎·Kitamura)본의 병풍과 함께 발견된 천문도는 함께 있다.
　　Debergh는 在研究中已經說明之所以如此, 應当是被重新粘貼的結果。在Debergh
　　文中雖然沒有將整條屛幅展現出來(仅见其有文字的部分), 但是根据他的敍述,
　　可知跋文字爲紅色, 文字上方有50厘米的空白。Debergh, Minako(1986), "La carte
　　du monde de P. Matteo Ricci(1602) et sa version coréeenne(1708) conservée à
　　Osaka", JournalAsiatique(Paris), 274: 434~435쪽.

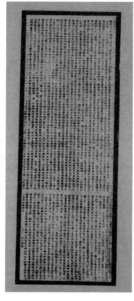

〈그림 10〉 봉선사본, 북촌방랑본, 서울대학교박물관본(좌측에서 우측으로) 첫 번째 병풍

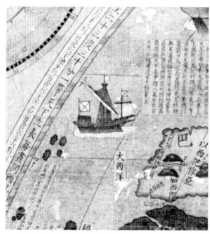

〈그림 11〉 봉선사본 부분

〈그림 12〉 서울대학교 박물관본(부분3)

　중국에서 유입된 모본을 바탕으로 한 조선채색 모회본 『곤여만국
전도』는 1708년 8월과 9월 두 차례에 걸쳐 모회되었다. 아마도 이 두
지도는 봉선사본과 서울대박물관 소장본인 것으로 추측된다. 설사
서울대학교박물관 소장본이 먼저 필사된 것이라 해도 봉선사 소장본
이 조선으로 유입된 모본에 더 근접하다고 할 수 있다.

　먼저, 앞서 기술했듯이 봉선사소장본에는 바티칸소장본 I 의 대표
적인 『곤여만국전도』 목판본 원도 중에 나타나는 예수회의 인장이
있다. 둘째, 서울대학교박물관소장본은 『곤여만국전도』 목각본 원도
중에 있는 일부 설명문자가 없고 몇몇 도서의 형상이 원도와 같지 않
으며, 봉선사소장본과도 같지 않다. 예를 들어, 원도 중 중국 남부의
'여송呂宋'과 '비리피나非利皮那'는 근접해있는 두 섬이다. 서울대박물
관 소장본에는 두 섬이 하나로 되어 있고, '파히닉하波尔匡何' 섬 옆에
있는 설명 문구가 없지만 봉선사본과 원도에는 있다(참고 지도 11). 셋
째, 봉선사소장본에는 유럽 서부 대서양에 한 척의 군함에 있는데,
만자기(거꾸로 된 '卍'자 깃발)가 아닌 'X'자 모양의 '十'자 문형이다(참고
지도 12). 이 지도의 문형은 St. Andrews의 '十'자를 생각하게 한다. 비록
지금은 흑백사진으로 밖에 남아있지 않아서 그 채색은 알 수 없지만
스코틀랜드의 깃발이 틀림없기 때문이다. 중국인과 조선인은 이러한
깃발의 문형을 그릴 수 없다. 따라서 이 문형은 직접 모본을 모회한
것이다. 서울대학교박물관 소장본을 모회한 자는 군함에 있는 깃발
의 문형을 만자기(거꾸로 된 '卍'자 깃발)로 바꾸었다(참고 지도 12). 황시
감과 공영안은 만자기(거꾸로 된 '卍'자 깃발)가 '十'자 문형의 깃발에서
변형된 것이라 언급했다(참고 사진 13). 북촌방랑北村芳郎본은 도판이 명
확하지 않아서 깃발의 형태를 판별할 수는 없지만 이미 봉선사본을
모사한 것이라고 기술한 바 있다. 따라서 깃발의 문형도 '十'자일 것
이라는 사실이 맞아서 실증되기를 희망한다. 북촌방랑소장본이 봉선
사 소장본을 모본으로 했다는 것은 의심의 여지가 없다.

〈그림 13〉 클라크(carrack)선 데미허이호 모형(1511년 스코틀랜드제작) (자료 출처 : 상해교통대학선박수자박물관)

〈그림 14〉 15세기 서양 선박도 (자료 출처 : 황시감, 공영안 저 『리마두세계지도연구』)

그렇다면 왜 1708년 8월 모회된 『곤여만국전도』 채색본은 한 달 뒤에 다시 모회된 것일까? 필자는 1차 모회된 서울대학교박물관 소장본과 다수의 모본이 조선반도에 출입했는데, 조선왕조는 1차 모본에 만족하지 못하고 제2차 모회작업을 시작하여 모본에 더욱 가까운 봉선사본을 만든 것으로 추측한다.

『곤여만국전도』 채색 모회본 최초의 원본에 대해 고찰해 보았다. 조완여는 태감이 목판인쇄본 위에 기이한 물고기와 짐승, 선박 등을 첨가하여 그렸다는 것은 불합리하기 때문에 이러한 지도는 마테오리치 원도에서 비롯된 것이라 했다. 오직 장문도張文燾의 과지過紙시 원도에서 생략된 부분이라고 했지만, 이 역시 성립되지 않는다. 남경박물관 소장본에는 "전당장문도과지錢塘張文燾過紙"의 낙관이 없지만 조선 채색본 세 점에는 분명하게 있기 때문이다. 이미 상술했듯이 남경박물관본 계열에 비해 조선 채색본은 『곤여만국전도』의 대표적인 원도라 할 수 있는 '바티칸[梵蒂岡]소장본 I'에 더 근접하다. Day가 주장하는 몇 가지 추측 중 황시감黃時監과 공영안龔纓晏 두 사람은 모회본

에 만자기(거꾸로 된 '卍'자 깃발)가 있는 것으로 보아, 모본이 중국인에
의해 모회된 것이 더 합리적이라고 주장했다. 우리는 현재 이것이 마
테오리치와 탕약망(Johann Adam Schall von Bell)의 공헌이라는 구체적인 증
거를 찾지 못했지만, 서양의 특색적인 도상을 참고할 때 필자는 최초
의 원본이 서방 선교사의 솜씨라고 생각한다.

참고문헌

黃時監·龔纓晏(2005), 利瑪竇世界地圖研究, 上海古籍出版社.

洪業(1981), 考利瑪竇的世界地圖, 洪業論學集, 中華書局, 150~192쪽.

林東陽(1983), 利瑪竇的世界地圖及其對明末士人社会的影響, 記念利瑪竇來華
　　四百周年中西文化交流國際學術會議論文集, 輔仁大學出版社, 311~378쪽.

曹婉如等(1983), "中國現存利瑪竇世界地圖的研究", 文物(12), 57~70쪽。

王慶余(1987), "記新發現的明末『兩儀玄覽圖』", 中外關系史論叢(2), 世界知識
　　出版社, 168~171쪽.

曹婉如等 編(1994), 中國古代地圖集(明代), 北京文物出版社.

楊雨蕾(2002), "韓國所見『兩儀玄覽圖』", 文獻 94(4), 273~280쪽.

_____(1919), "Another Jesuit World-Map made in China", *Geographical*
　　Journal 53(2), 124~125쪽.

Debergh, Minako(1986), "La carte du monde de P. Matteo Ricci(1602) et sa
　　version coréeenne(1708) conservée à Osaka", *Journal Asiatique* 274,
　　417~454쪽.

Day, John D.(1995), "The Search for the Origins of the Chinese Manuscript of
　　Matteo Ricci's Maps", *ImagoMundi* 47, 94~117쪽.

鄭基俊(2011), 奎章閣再生本〈坤輿萬國全圖〉(2010)의 原本은 옛 奉先寺藏本이
　　다, 『奎章閣』 38, 275~283쪽.

『곤여만국전도』(1602)의 해양 지명

김기혁 | 부산대학교 사범대학 지리교육과 교수

1. 들어가면서 : 지도와 공간 표상

1) 연구 배경과 목적

지도는 공간 표상을 이미지와 지명을 이용하여 편집(edit)한 것이다. 공간 표상表象(representation)[1]은 특정 장소에 대한 개인의 주관적인 인식이나, 지도를 통해 외적으로 재현될 때 그 내용은 공유된다. 세계에 대한 지식의 공유를 위해 지도의 정보는 편집되고, 읽는 이에게는 또 다른 세계로 존재하며, 동시에 편집의 대상이 된다.

지도는 지리 정보의 소통(communication) 도구이다. 지도에 이미지와 함께 지명이 기재되는 것은 지도의 의사소통 기능 때문이다. 지명은 공간을 언어적 기호로 번역(translation)하여 장소로 전환하게 하며, 세계를 표상화하는 도구이다. 지도위에 지명이 기재됨으로써 공간은 유일적唯一的인 정체성을 지니며, 이에 담긴 지식은 커뮤니케이션에 사용된다.

지도는 공간 지식을 전달하면서 동시에 보는 이를 설득하는 도구로, 공간 정보를 전달하는 매체적(mediational) 도구를 넘어, 지도 제작자

---

* 이 논문은 『문화역사지리』(24권, 69~92쪽)에 수록된 논문을 일부 보완한 것임.
1) 쇼펜하우어는 이에 대해 다음과 같이 정리하고 있다. 인간의 인식에 의해 존재하는 모든 것, 즉 세계는 주관과의 관계에 있어서 존재하는 객관에 불과하며, 직관하는 자의 직관, 한마디로 말해 표상이라고 하는 것이다.… 표상으로서의 세계는 본질적이고 필연적이며 불가분한 두 가지 측면을 가지고 있다. 하나의 측면은 객관(Objekt)이며, 형식은 공간과 시간이다. 다른 측면인 주관은 공간과 시간 속에 존재하지 않는다(쇼펜하우어, 『의지와 표상으로서의 세계』, 권기철 역(2008), 39~42쪽, 동서문화사).

의 암묵적인 메시지를 전달한다. 보는 이는 보고(look), 읽고(read), 들으면서(listen) '나는 어디에 있는가?'에 대한 질문을 스스로 던지면서 공간성과 자아 정체성을 형성한다. 지명 없이는 자아의 공간적 정체성의 확인은 불가능하다.

마테오리치Matteo Ricci(이마두利瑪竇, 1552~1610)의 『곤여만국전도』(1602)는 이와 같은 지도의 기능을 잘 보여 준다. 지도 발달사에서 최대 걸작품으로 꼽히는 이 지도는 배들리Baddeley(1917)에 의해 소개된 이래 지리학을 비롯하여 동서양의 문화 교류사에서 연구 대상이 되어왔다. 연구는 주로 지도의 제작 배경, 유럽 지도와의 차이, 동양 지도와 사회에 미친 영향 등에 대해 초점을 맞추어 왔다.

마테오리치는 중국인들에게 새로운 세계의 모습을 보여주기 위해 지도에서 유럽 중심의 세계 표상을 재구성하였고, 동시에 지도를 읽는 이들의 입장을 존중하였다. 중화 세계에서도 천주天主의 존재가 가능하고, 직방 바깥의 세계가 중화中華와 함께 공존할 수 있다는 인식을 지도를 통해 설득함으로써 중국인들의 전통적인 세계관을 바꾸어 놓는데 중요한 역할을 하였다.

『곤여만국전도』는 세계를 번역(translation)한 것이다. 등가等價의 원칙에 의해 유럽 지도를 옮긴 것이 아니라 소통을 위한 지도를 만들었다. 대륙의 배치만을 바꾼 것이 아니라 지도의 여백을 이용하여 발문, 주기와 천문 지식을 삽입하였다. 또한 그는 『산해여지전도』를 보는 중국인들을 보면서 지명이 중국인들을 설득하는 데 매우 좋은 수단임을 알게 되었다. 그는 지도를 제작하면서 지도학과 천문학적인 표현과 함께 직방 바깥의 상세한 지명을 중국어로 번역하여 수록하였다.[2] 지명 번역 과정에서 선택과 의미에 과감한 변화를 주어 장소간

---

2) 이 지도는 조선에게도 큰 영향을 미쳐, 1603년 이광정(李光庭)·권희(權僖)가 북경에 사신으로 갔다가 돌아오면서 구라파국 여지도(歐羅巴國 輿地圖)를 가져오고, 이를 본 이수광(1563~1629)이 그의 『지봉유설』에 상세히 적어놓

의 관계뿐 아니라 그가 목적한 내용을 암묵적으로 전달하기도 하였다. 지도 제작의 근본 목적은 선교였기 때문이었다.

이 지도에서 지명에 기재된 맥락이 중요함에도 불구하고 이에 대한 연구는 부분적으로만 이루어져 왔다. 이는 3점밖에 남아 있지 않은 이 지도가 워낙 대형이면서도 귀중본이어서, 지명이 판독될 수 있는 자료를 구하기 어려웠기 때문이다. 최근에 이 지도가 실물 크기의 영인본으로 보급되었고, 웹사이트를 통해 지명 판독이 가능한 이미지가 공개되었다. 본 글에서는 『곤여만국전도』(1602)에 수록된 자연 지명과 해양 지명의 내용을 대상으로 지도 제작의 바탕이 된 유럽지도와 비교를 통해 번역 내용을 파악하고, 이를 통해 마테오리치가 지명을 이용해 표상화한 세계의 내용을 밝히고자 하였다.

2) 자료와 지명 분석

현재 남아 있는 『곤여만국전도』의 판종은 〈표 1〉과 같이 9점에 이른다. 이중 1602년 북경에서 판각된 지도가 완전한 형태로 보존되어 있는 것은 일본 교토대학(이하 '교토대본')과 미야기현립도서관(이하 '미야기본'), 로마 바티칸 도서관 소장본 등 3본뿐이다. 미야기본은 흑백본이며 교토대본은 가채加彩되어 있다. 6폭의 병풍식 지도로서 각 폭의 크기는 세로 1.79m, 가로 69cm이다. 바티칸 소장본은 현재 국내에 원본 형태로 소개된 적이 없으며, 명지·연암문고에 영인본이 있다. 『곤여만국전도』는 이후 회입본으로도 제작되었으며, 조선에 전래되어 필사된 지도가 2점이 있다. 그중 1점은 서울대학교 박물관에 있으며 봉선사본은 한국전쟁 때 소실된 것으로 알려져 있다. 이 지도의

고 있다. 이들을 바탕으로 여러 지도가 만들어지고, 대표적인 것은 숙종의 명으로 1708년 관상감에서 제작, 최석정(崔錫鼎)의 서문이 있는 『회입 곤여만국전도』(서울대 박물관본)이다.

<표 1> 『곤여만국전도』의 판본

	판본	제작연대	소장처
1	북경판『곤여만국전도』	1602	(일본)교토대학, 미야기현립도서관, (로마)바티칸
2	각공판『곤여만국전도』	1602	(미국) 캘리포니아, 개인
3	헌상판『곤여만국전도』	1608	남아있지 않음
4	『회입 곤여만국전도』(중국)	1608	(중국)난징박물원
5	『회입 곤여만국전도』(조선)	1708	(한국)서울대학교 박물관
6	『회입 곤여만국전도』(조선)	1708	(한국)실학박물관(봉선사본 복원품)
7	청조판『곤여만국전도』	1644 이후	(영국)영국왕립지리학회
8	일본판『곤여만국전도』	미상	(일본)동북대학東北大學
9	일본『회입 곤여만국전도』	미상	(일본)남만문화관南蠻文化館

유리 사진판을 이용해 2011년 실학박물관에서 실물 크기로 복원한 바 있다.

본 연구에서는 수록 지명의 목록을 구축하기 위해 실물 크기로 제작된 미야기본과 교토대본을 이용하였다.[3] 지명 추출은 미야기본을 중심으로 하였고, 훼손된 부분은 교토대본을 이용하여 보완하였다. 정리된 자료는 기존 자료와 함께 비교 검토가 이루어졌으며,[4] 그 결

---

3) 미야기본은 2005년 보급된 영인본을 구입하여 이용하였으며, 교토대본은 대학 도서관에서 부분 모자이크로 서비스되고 있는 지도를 합성하여 사용하였다.

4) 『곤여만국전도』에 수록된 지명을 자국어로 번역하여 정리한 시도는 국내외에서 부분적으로 시도되어 왔다. 일본에 소장된 도호쿠대학본의 경우 지도의 내용을 부분적으로 수정한 후 지명을 가타가나로 번역하여 지명 옆에 기재하고 있다. 명지·연암문고의 소장된 바티칸본의 영인본에는 지도에 수록된 지명을 이탈리아어로 번역한 자료가 수록되어 있다. 2011년에 실학박물관의 봉선사본『곤여만국전도』의 복원 기념 도록집에 지명을 정리한 내용이 수록되었다. 이는 고지도 연구가인 오길순 선생이 북경판『곤여만국전도』의 지명을 정리한 것 중 일부로 999개의 지명을 대상으로 지역별로 지명, 독음, 오르텔리우스의 지도 지명과 함께 해설을 수록하였다. 지면을 빌어 오길순 선생님께 감사드린다. 한편 필자(2005)는 관련 논문을 준비하는 과정에서 1차적으로 지명의 정리를 시도한 바 있다.

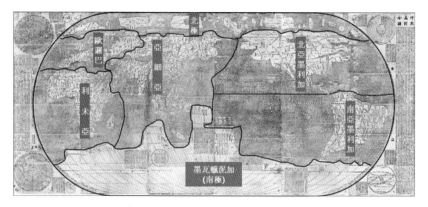

〈그림 1〉『곤여만국전도』의 지명 추출에 사용된 대륙 권역

과 지도에는 1,134개의 지명이 수록되었음이 확인되었다.

지명은 1차적으로 세계를 권역별로 나누어 정리하였다. 구분 기준은 대부분 대륙괴에 의존하였으나 유럽과 아시아의 경계의 경우 17~18세기에 그려진 서양 고지도에 표현된 기준에 의거하였다. 지명은 구라파(이하 '유럽'), 리미아(이하 '아프리카'), 아세아(이하 '아시아'), 북아묵리가(이하 '북아메리카'), 남아묵리가(이하 '남아메리카'), 북극, 묵와납니가(이하 '남극') 등의 7개 권역으로 구분되었다. 지명의 위치 속성이 정리된 후 지명의 유형, 기재 위치 및 글자체 크기 등의 표시 방법을 통해 분류하였다. 이후 각 대륙에 기재된 자연 지명을 확인하였으며, 해양 지명을 이용해 마테오리치가 세계의 표상을 재현한 내용에 대해 파악하였다. 해양 지명을 선택한 이유는 위치 확인이 용이한 점도 있으나, 지명의 스케일이 다른 유형의 지명보다 넓어 대륙과의 관계를 잘 보여주기 때문이다. 지명의 번역 내용은 유럽 고지도와의 비교를 통해 분석하였다.

2. 『곤여만국전도』의 지명

1) 지도의 구성

마테오리치는 『곤여만국전도』를 제작하면서, 중국에 올 때 가지고 왔던 메르카토르Mercator(1569)[5]의 세계지도 3판(1569, 그림 2),[6] 오르텔리우스Ortelius[7]의 「Theatrum Orbis Terrarum」(1570, 그림 3)와 이후 발행되었던 유럽식 세계지도 및 항해 중 얻은 지리정보를 바탕으로 한 것으로 알려져 있다(Spence, 1983).

〈표 2〉는 『곤여만국전도』의 내용을 이들 지도와 비교한 것이다. 서지 형태를 보면 오르텔리우스의 지도는 지도책에 낱장으로 그려져 있으며 세계지도와 유럽·아시아·아프리카 지도와 신대륙 지도가 별도로 수록되어 있다. 메르카토르 지도는 낱장 지도로 되어 있다. 이에 반해 『곤여만국전도』는 6폭 병풍으로 되어 있다. 제1폭의 우측에 지도 제목과 함께 「지구도설」, 제6폭의 좌측에 구중천九重天에 대한

---

5) 메르카트로(Gerard Kremer Mercator, 1512~1594)는 벨기에 동플랑드르주에서 출생하였다. 근대지도학의 시조로 불린다. 루뱅대학에서 수학·천문학·지리학을 공부했으며, 1538년 세계지도를, 1541년에는 지구의를 제작하였다. 1552년 독일의 뒤스부르크에 연구소를 설립하여 지도 제작에 반생을 바쳤다. 1554년에 15매로 된 대유럽 지도를, 1564년에는 8장으로 된 영국 지도를, 1569년에는 메르카토르의 세계지도를 완성하였다. 메르카토르 도법의 창안자로, 이를 항해도에 처음 사용하였다.

6) 메르카토르의 제작 지도는 많지 않으며, 2개의 지구본, 5개의 벽걸이 지도 등을 남겼다.

7) 아브라함 오르텔리우스(Abraham Ortelius, 1527~1598) : 벨기에 안트베르펜에서 출생하였고, 메르카토르 등 지리학자와 교분이 깊었다. 최초의 지도학적 업적은 8장으로 된 세계대지도의 제작(1564)이고, 1565년에 2장짜리 이집트 지도, 1567년에는 아시아 지도를 출판하였다. 여러 가지 지도를 수집하여 그 표현을 통일·재편한 후 1570년 『세계의 무대 Theatrum orbis terrarum』 초판을 출판하였다. 이는 70장의 지도를 53면으로 엮은 것이다.

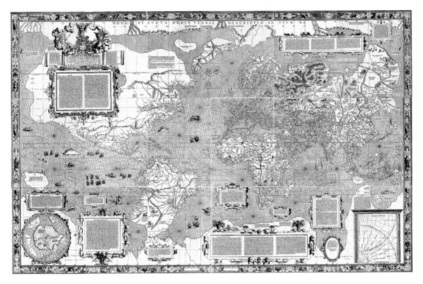

〈그림 2〉 메르카토르(Marcator, 1569)

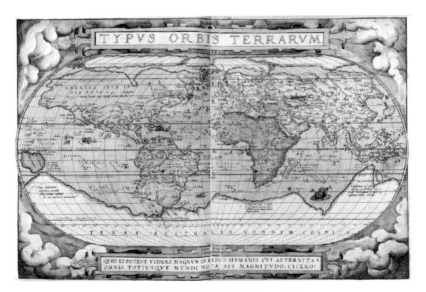

〈그림 3〉 오르텔리우스(Ortelius, 1570)

〈표 2〉 지도의 내용 비교

	『곤여만국전도』(1602)	오르텔리우스(1570)	메르카토르(1569)
지도 서지	6폭 병풍	책자(전체 및 대륙별)	낱장
크기	179×414cm	43×64cm	132×198cm
지도제목	○(우측 상단)	○(위)	×
형태	타원 단원형	타원 단원형	사각형
지도 중심	태평양	대서양	대서양
발문 및 주기	○	×	○
동물 형상	×	○	○
바다의표현	해파묘	점묘	점묘
산줄기	산 및 줄기	줄기	줄기
천문	○	×	○
동아시아	중국·조선·일본	중국·일본	중국·일본

설명이 수록되어 있다. 제1폭과 제6폭의 여백을 이용하여 각각 구중천과 황도, 북극과 남극이 그려져 있다. 각 대륙은 제1~3폭에 북아메리카와 남아메리카, 제4~6폭에 아시아·유럽·아프리카가 묘사되어 있으며 제1~6폭의 하단에 걸쳐 남극 대륙이 묘사되어 있다.

　도법圖法은 오르텔리우스 지도와 유사하다. 지구가 달걀모양의 타원체로 표현되는 이 도법은 16세기경 유럽에서 세계지도 제작에 많이 사용되었던 아피아누스 도법(Apianus projetion)이다. 메르카토르 지도는 정각도법에 의거한 것이다. 경도의 표현은 대서양을 기준으로 경선 0°(=360°)를 표현하여 경도 수치는 유럽을 중심으로 하고 있다.

　지도에 주기와 발문을 기입하고 천문의 내용을 삽입한 것은 메르카토르 지도와 비슷하다. 『곤여만국전도』에서는 발문 6곳,[8] 지구 천

---

8) 발문은 지도 중앙의 아래 부분에는 지도를 제작하는 데 기여했던 사람들의 발문이 있다. 리치와 각판을 주도한 이지조, 남경판 「산해여지전도」의 각판을 주도한 오중명(吳中明) 외에 지도를 제작하는 데 기여했던 진민지(陳民志), 양경순(楊景淳), 기광종(祁光宗) 등의 여섯 사람의 발문이 실려 있다.

체 관련 주기 14곳, 대륙에 대한 설명 5곳 외에 각 지방에 대해 간략한 설명이 기재되어 있다.

산지 표현에서 줄기 형태로 표현되는 것은 세 지도 모두 유사하나 메르카토르의 지도에서 줄기가 연속적으로 표현되며 일부 지역에서는 삼림도 묘사되어 있다. 한편 교토대본 『곤여만국전도』의 경우 아프리카의 산지는 청록색으로 가채되어 있다. 바다는 다른 지도와는 달리 해파묘로 표현되어 있다. 이는 중국에서 전통적인 바다의 표현 방법이다.

대륙의 묘사를 보면 세 지도 모두 유럽과 아프리카 대륙은 비교적 정확하게 그려져 있고 내용도 유사하다. 아시아에서는 동남아시아 일대의 내용은 비교적 과장되어 있다. 세 지도 모두 아메리카 대륙은 왜곡되어 묘사되어 있다. 『곤여만국전도』와 두 지도를 비교해 보면 북아메리카는 큰 차이를 보이지 않고 있으나, 남아메리카의 경우 왜곡도가 줄어들었다. 오스트레일리아 대륙이 그려지지 않는 것은 모두 동일하다. 남극의 표현은 오르텔리우스의 지도와 유사하다. 북극 지방은 분리된 섬으로 표현되며, 그린란드로 추정되는 섬도 묘사된다. 아시아에 있어서 동남아시아의 표현이 자세하면서도 과장된 것은 유럽지도와 일치한다.

유럽의 묘사에서 메르카토르 지도는 스칸디나비아 반도의 형태는 비교적 상세하게 그려져 있고, 러시아 일대에 삼림 이미지가 표현되어 있다. 『곤여만국전도』의 경우 스칸디나비아 반도의 형태가 오르텔리우스 지도와 유사하다. 반면 덴마크 묘사의 경우 돌출되어 있는 형태가 각각 북서와 북동으로 차이가 나고 있다. 반면 이탈리아는 동남쪽으로 돌출되어 있는 것으로 동일하게 표현되어 있다.

이상을 종합하여 볼 때 『곤여만국전도』는 두 지도의 도법과 내용을 선별적으로 선택하였음을 보여준다. 경위선의 표현 방법 등 투영법은 오르텔리우스의 지도를 따르고 있으나 여백을 이용한 발문·주기·지지적 내용·개념도·표 등의 삽입은 메르카토르 지도의 형식을 따랐다. 그러나 내용상으로 보면 메르카토르 지도보다는 오르텔리우스의 지도를 바탕으로 한 경우가 많았다.

2) 지도의 내용 편집

〈그림 4〉는 유럽의 이베리아 반도와 예루살렘 일대를 대상으로 오르텔리우스 지도와 『곤여만국전도』를 비교한 것이다. 오르텔리우스의 지도에서 이베리아 반도는 실제 모습과 거의 유사하다. 바다는 점묘식으로 묘사되어 있으며 국가의 경계는 색채를 달리 하여 구분하였다. 지명은 매우 밀집되어 표현되어 있으며 '이서파니아HISPANIA'를 다른 지명보다 크게 기재함으로써 이곳에서 스케일이 가장 큰 국가 지명임을 보여준다.

『곤여만국전도』에서 이베리아 반도의 묘사를 보면 오르텔리우스의 지도에 비해 매우 단순하게 그려져 있다. 하천 유로는 2곳만 묘사되어 있으며 산지는 4곳에 그려져 있을 뿐이다. 지명은 불과 8곳에 기재되어 있고 나머지는 생략되었다. 지명에서 '이서파니아以西把你亞'는 'HISPANIA'를 음역한 것이다. 프랑스는 '불랑찰拂郎察'로 표기되어 있다. 지방과 그곳에 거주하는 민족 등의 이름은 오르텔리우스 지도처럼 작은 글씨로 표기하였다.

해양 지명에서도 '대서양大西洋'과 지금의 지브랄타 해협에 기재된 '파이덕협巴尔德峽'를 비교하면 글씨체 크기의 차이가 뚜렷하다. 이는 지명을 번역 기재하면서 지명의 스케일에 따라 크기의 차이를 이용하였음을 보여준다. 이베리아 가운데 가장 크게 쓰인 '巴'는 대륙 지명인 '구라파歐羅巴' 지명의 '巴'자이다.

지도에 표현된 지명의 밀도를 보면 유럽의 지도에 비해 지명의 밀도가 훨씬 적다. 이는 마테오리치가 지도를 제작하면서 지리 정보와

[이베리아 반도]

[예루살렘]

〈그림 4〉 지도 편집과 지명 번역

지명에 대해 등가성의 원칙보다는 선별적인 추출을 통해 내용을 재구성하였음을 보여준다. 이와 같은 내용은 예루살렘 일대의 지도 표현에 두드러진다.

〈그림 4〉(아래)는 오르텔리우스 지도와 비교한 예루살렘 일대이다. 오르텔리우스의 지도를 보면 국가 지명으로 'IVDEA' 지명이, 도시지명으로 'Jerusalem'(현 예루살렘), 'Gaza'(현 가자), 'Tripoli'(현 트리폴리) 등 10여 곳의 지명이 지중해 동쪽 내륙에 수록되어 있다. 지중해에는 'CYPRUS'섬(현 사이프러스섬)이 비교적 상세하게 그려져 있다. 지도의

우측 상단에 그려진 곡선은 유프라테스강의 유로이다. 『곤여만국전도』에 표현된 이곳의 지리 정보는 매우 변형되어 있다. 지명으로 국가 이름인 '여덕아如德亞'('유대'의 음차 표기) 만을 표기하고 다른 도시 지명은 거의 생략되어 있다. 이곳에 "하느님[天主]이 이곳에서 태어났기 때문이 이곳을 성스러운 땅이라 한다"라는 주기를 기재함으로써 천주의 세계임을 보여준다. 남쪽에 '사해死海'를 묘사하고, "바다는 생산되는 것이 없어서 이름이 비롯되었다. 물의 성질이 항상 떠오르므로 사람이 그 가운데에 빠져도 가라앉지 않는다"라는 내용의 주기를 수록하고 있다. 이와 같은 내용은 『곤여만국전도』에서는 유럽의 지도를 바탕으로 재해석을 하면서 동시에 새로운 지리 정보를 추가하였음을 보여준다.

3) 지도의 지명

『곤여만국전도』 지명은 매우 다양한 형태로 기재되어 있다. 세로 혹은 가로 쓰기로 되어 있으며, 일부 국가와 지명 옆에는 주기가 간략히 부기되어 있다. 지명은 1~7글자로 구성되어 있다. 그중 3글자 지명이 407곳으로 가장 많다, 2글자 지명은 322곳으로 아시아에서 비율이 가장 높다. 이는 동아시아의 조선, 중국, 일본 지명의 특색에 기인한 것이다. 4글자 이상의 지명은 397곳으로 음역音譯 지명의 구성이 높았다. 한 글자로 구성된 지명은 중국에 8곳이 있다.

〈표 3〉은 지명에서 접두어와 접미어 중 높게 나타나는 음절을 정리한 것이다. 접미어에서 가장 많이 사용한 음절은 '亞'자(87곳)로 대부분 국가와 지방 지명에서 사용되고 있으며 유럽에 가장 많다. '國'자(45곳)는 대부분 부족의 이름을 사용하는데 사용되었다. 북아메리카에서 16곳으로 가장 많으며 아시아에 11곳, 남아메리카에 9곳이 있다. '島', '海', '山' 자는 대부분 자연지명에서 사용되고 있다. 한편

〈표 3〉 지명에서 접두어와 접미어 사용 빈도(괄호 안은 사용 빈도수)

접 미 어	亞(87), 島(49), 國(45), 海(38), 河(37), 山(26), 尔(23), 邢(21), 道(16), 峯(15), 剌(14), 牙(14), 加(13), 江(13), 瓦(13), 湖(13), 蠟(12), 裏(12), 州(11), 地(11), 突(10), 斯(9), 私(9), 野(9), 羅(8), 馬(8), 峰(8), 沙(8), 寧(7), 大(7), 西(7), 兒(7), 可(6), 南(6), 旦(6), 得(6), 韋(6), 巴(6), 後(6), 泥(5), 多(5), 東(5), 臘(5), 力(5), 嶺(5), 利(5), 耶(5), 入(5), 鎮(5), 昌(5), 峽(5)
	室韋(7, 獸室韋, 大室韋, 鉢室韋, 北室韋, 室韋, 深末怛室韋, 黃頭室韋)
접 두 어	東(7), 西(13), 南(9), 北(10), 大(35), 小(10), 仙(14)

아시아의 만주 지방에서는 접미어로 '室韋'를 사용하는 곳이 5곳이 있다.

지명에서 사용된 접두어 중 방위를 나타내는 음절로 '東'·'西'·'南'· '北'이 각각 7곳, 13곳, 9곳, 10곳에서 사용되고 있다. 이들 방위 지명은 대부분 아시아에서 높게 나타난다. 크기를 나타내는 '大'·'小' 지명은 아시아와 함께 유럽과 아프리카에서 사용 비율이 높다. 'Saint'를 음역 한 '仙' 자가 접두어로 사용한 것은 14곳으로 그중 6곳이 아프리카에 나타나고, 남극 대륙에 3곳이 있다. 유럽에는 없다.

지도에 수록된 지명의 유형별 분포는 〈표 4〉와 같다. 전체 1,134개 의 지명 중 국가·지방 지명이 903곳으로 가장 많으며, 그중 큰 글씨체 로 기재된 국가 지명[9]이 140곳이다. 산지, 하천, 해안 지명은 각각 56 곳, 70곳, 67곳이다. 해양 지명은 38곳이다. 권역별로 보면 주요 지방 지명은 유럽이 18곳, 아프리카가 34곳, 아시아 30곳, 북아메리카와 남 아메리카가 각각 28곳과 26곳이다. 산 지명은 유럽에서는 나타나지 않고 있다. 아시아가 19곳으로 가장 많으며 아프리카에서는 12곳이

---

9) 지방 지명을 국가와 지방으로 분류하는 것은 불가능하였다. 분석에서는 대 륙에서 지방을 표현한 지명 중 가장 큰 글씨체로 기재한 지명을 국가 지명 으로 간주하였다.

〈표 4〉 수록 지명의 유형별 분포

유형		유럽	아프리카	아시아	북아메리카	남아메리카	북극	남극	계
국가 · 지방[1]		109	148	445	88	84	18	11	903
자연	산지[2]	-	12	19	7	7	5	6	56
	하천[3]	2	14	29	8	12	2	3	70
	해안 · 섬[4]	10	10	26	10	7	3	1	67
해양		8	2	14	5	4	5		38
계		129	186	533	118	114	33	21	1,134

1) 국가/지방 : 대륙 · 국가 · 지방(도시 부족 및 기타 포함)
2) 산지 : 산, 고개, 협곡, 3) 하천 : 하천, 호수 4) 해안 · 섬 : 섬, 곶, 해협

있다. 하천과 호수 지명은 아시아 29곳, 아프리카와 남아메리카가 각
각 14곳과 12곳이다. 해안(섬, 곶, 해협) 지명은 유럽이 8곳, 아시아가 14
곳에 기재되어 있다.

3. 대륙의 자연 지명

1) 유럽

유럽은 유라시아 대륙에서 대서양쪽으로 실제보다 길게 돌출한
반도의 모습으로 묘사되어 있다. 지도상 경위도 범위는 북위 약
35°~75°, 350°~70°(서경 170°~동경 80°)에 해당된다. 북쪽에 '지북극계地北極
界' 선이 그려져 있다. 대륙의 북쪽과 서쪽에 '대서양大西洋', 남쪽에
'지중해地中海' 지명이 있다. 아시와와의 경계는 러시아 북쪽의 '대내
하大乃河' 유역에 '사이마제아沙尔馬齊亞' 지명을 두 곳에 기재하면서 한
곳은 '아세아', 다른 한 곳은 '구라파'로 접두어를 붙여 이곳에 유럽과
아시와의 경계임을 밝히고 있다(〈그림 5〉 참조). 이곳은 우랄 산맥 일
대로 현재의 경계와도 유사할 뿐만 아니라 알레니가 제작한 『만국전

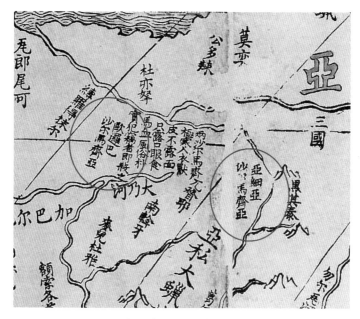

〈그림 5〉 '사이마제아' 지명 표현

도』 등 17세기에 만들어진 지도에 표현된 대륙의 경계와도 거의 일치
한다.10)

　대서양의 북쪽에 대륙의 지리를 소개하는 다음과 같은 내용의 주
기에서

　　이 구라파歐羅巴 주는 30여 국이 있는데, 모두 전왕前王의 정법政法을 사용하고
　　일체 이단을 따르지 않고 오로지 천주天主 상제의 성스러운 종교를 숭상하고 받든
　　다. …(중략)… 천문·성리에 깨달아서 환히 알지 않음이 없고, 풍속이 돈후하고 충
　　실하고 오륜五倫을 중히 여긴다. 재물이 매우 성하고 군신이 편안하고 부유하다.
　　1년 내내 외국과 더불어 서로 교역하고, 상인들이 두루 천하를 다닌다. 중국까지

---

10) 유럽과 아시아의 경계는 중세에서 18세기까지 전통적으로는 에게 해, 다르
　　다넬스 해협, 마르마라 해, 보스포루스 해협, 흑해, 케르치 해협, 아조프 해,
　　돈 강(옛 타나이스 강)을 따라 유라시아를 두 대륙으로 구분하였다.

거리가 팔만 리다. 예로부터 교역하지 않았으나 지금 통교하여 가깝게 된 것이 70
여 년이다.

라 하여 모두 천주교의 세계이면서 높은 문화 수준과 중국과 교류 내
용에 대해 간략하게 소개하였다. 지중해에서 교황청이 있는 이탈리
아의 로마를 '리마羅馬'로 표기하고 주기로 "이 지방을 교화하는 왕은
결혼하지 않고 오로지 천주天主의 가르침을 행한다. 구라파 제국이 모
두 종주로 삼는다"를 기재하여 유럽 세계의 중심임을 나타내고 있다.
  유럽에 기재된 지명은 총 129개로 이 중 국가 및 지방 지명이 109
곳이며 산지·하천 지명이 2곳, 해안·섬 지명이 18곳이다. 〈표 5〉는 지
도에 기재된 자연 지명이다. 산지 지명은 기재되어 있지 않으나 지금
의 알프스 산지가 이탈리아 북부 지역에 산줄기 형태로 묘사되어 있
다. 북부 유럽의 노르웨이 일대에 스칸디나비아 산맥이 그려져 있다.
  하천 지명으로는 유럽의 중부에 북서-동남으로 흘러 '태해'(지금의
흑해)로 유입되는 '대노곤하강大努昆河江'이 유일하다. 이 강은 지금의
도나우강(독일어 : Donau, 영어 : Danube, 라틴어 : Danubius)을 묘사한 것으로
보인다. 지명은 당시의 지명을 음역한 것이다. 이 강에 지류가 그려
져 있으나 지명은 기재되어 있지 않다. 한편 도나우강의 상류는 '파
랑적해(북해)'로 유입하는 것으로 그려져 있다. 이 부분은 지금의 라
인강 유로와 유사하다. 중부 독일에서 발원하여 북쪽으로 흘러 '대니

〈표 5〉 유럽의 자연 지명

유형		지명
산지	하천	大努昆河江
	호수	勿匿尔湖
해안·섬	섬	哥尔西克, 漚白亞, 馬嶽裏革, 米諾裏革, 黃魚島, 瑪兒大, 西齊裏亞, 巴尔德峽, 甘的亞, 依加裏亞島
	해협	巴尔德峽

아大泥亞'(덴마크) 동쪽 해안으로 유일하는 하천은 오데르 강이다. 한편 스페인과 프랑스의 경계에 지중해로 유입하는 모습으로 묘사된 하천은 지금의 에브로(Ebro) 강으로 추정된다.

흑해 북쪽의 '와다리아瓦荼裏亞' 반도 서쪽 해안에 유입하는 하천은 지금의 드네스트로 강과 일치하나 상류 부분은 북쪽의 '와와소덕해窩窩所德海'(지금의 발트해 일대)로 유입한다. 흑해 북동쪽의 '묵아적호墨阿的湖'로 유입하는 하천은 북극의 백해와 연결되며, 이곳에 기재된 (구라파-아세아)'사이마제아' 지명은 이 하천이 유럽과 아시아와의 경계임을 의미한다. 호수로는 스칸디나비아 반도에 '물닉이호勿匿尔湖'가 그려져 있으며 이는 지금의 베르겐 호수를 그린 것으로 추정된다.

해안 지명 중 섬은 주로 지중해에 기재되어 있다. 그리스의 크레타 섬에 '감적아甘的亞', 이탈리아의 시칠리아 섬에 '서제리아西齊裏亞', 코르시카와 사르데냐섬은 '가이서극哥尔西克'과 '황어도黃魚島'로 표기하였다. 스페인 동쪽의 발레아레스 제도에는 '마악리혁馬嶽裏革', '미낙리혁米諾裏革'이 있으며 동일한 접미어를 사용하고 있다. 대서양에는 지금의 아이슬란드에 '의가리아도依加裏亞島'로 지명에 기재되어 있다. 해협으로 아프리카와의 경계인 지브롤터 해협은 '파이덕협巴尔德峽'으로 표현되어 있다. 이들 지명은 오르텔리우스 지도와 비교하여 볼 때 대부분 음역한 지명이다. 다만 오르텔리우스의 지도에 'SARDINIA'로 표기된 '황어도'의 경우 '산호가 생산된다'라는 내용의 주기가 있어 의역된 지명으로 보인다.

이상 유럽에 기재된 자연 지명은 다른 대륙에 비해 생략되어진 대신에 국가 및 지방 지명이 많이 기재되어 있다. 특히 큰 글자자체로 기재된 지명들은 대부분 지금의 국가 지명과 일치하고 있다.

<표 6> 아프리카의 자연 지명

유형		지명
산지	산지	亞大蠟山, 乜衣山, 大浪山, 月山, 長山, 瓦兒大付峰, 緑峰, 羅經正峯, 仙多墨峰, 黑峰
	고개	摩色嶺, 檀香樹嶺
하천·호수	하천	入蠟河, 息匿瓦河, 黑江, 黑牙數, 泥羅河, 泥羅河泉, 金河, 嬰方德河, 泥羅河泉, 身毒河
	호수	泥裏德湖, 吳巴湖, 齊歷湖, 波尔諾湖, 風入湖, 黑湖
해안·섬	섬	河摺亞諾滄, 福島, 木島, 鐵島, 緑峰島, 仙多墨島, 仙衣力拿島, 勿自島, 沙哥多剌島, 仙勞冷祖島(一名麻打曷失葛)
	곶	大浪山角

2) 아프리카

지도의 서남쪽에 묘사된 아프리카의 형태는 다른 대륙에 비해 지금과 거의 일치하는 것이 특징이다. 북으로는 '지중해地中海', 서로는 '리미아해利未亞海', 동쪽에 '서남해西南海' 지명이 있다. '서홍해西弘海'와 '갈랄비해曷剌比海'를 경계로 아시아와 접한다.

대륙의 범위는 경위도상 북위 35°~남위 40°, 350°~75°(서경 170°~동경 73도)에 그려져 있다. 대륙의 중앙에 '적도주야평선赤道晝夜平線'이, 북쪽과 남쪽에 각각 '주장선晝長線'과 '주단선晝短線'이 묘사되어 있다. 지도의 중앙에 이곳에서 생산되는 물산에 대해 설명한 주기가 기재되어 있다.[11]

---

11) 주기 내용은 다음과 같다. "리미아(利未亞)는 범, 표범, 사자가 많다. 금수 종류에 고양이가 있는데 땀이 나면서 심한 향기가 난다. 돌을 이용하여 땀을 추출하여 향을 얻는다. 구라파(歐羅巴)에서 많이 사용한다."

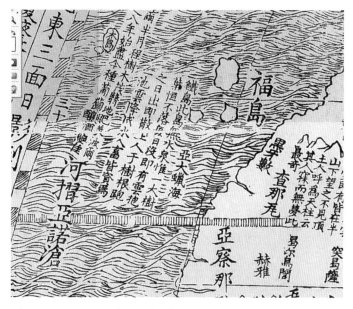

〈그림 6〉 아프리카 서부의 섬 지명

〈표 6〉은 아프리카 권역에 표기된 자연지명이다. 산지 지명은 모두 10곳으로 표기 위치는 대부분 바다에 연해 있다. 대륙 규모에 비해 지명 수는 적으나 산지 묘사가 매우 과장되어 있다. 사하라 사막 북부 지역에는 지중해 연안과 사하라 사막 일대에 동-서로 이어지는 줄기가 그려져 있다. 이들 산지의 분포가 사막과 일치하는 것으로 보아 산줄기를 지역 구분의 방법으로 이용하였음을 보인다. 지중해 서부에 연한 아틀라스 산맥에는 '아대랍산亞大蠟山'이 표기되어 있으며 리비아 벵가지 일대에는 '먀의산七衣山'이 있다. 고개지명인 '마색령摩色嶺'은 사하라 사막의 중앙에 산지와 함께 그려져 있다.

하천과 호수 지명은 각각 10곳과 6곳에 기재되어 있다. 지도상에 나일강의 유로가 매우 과장되어 있다. 하류에 '니라하泥羅河', 상류에 '파이낙호波尔諾湖' 지명이 있다. 세네갈 강에는 하류에 '식닉와하息匿瓦河'가 있으며 상류에 '오파호吳巴湖'가 그려져 있다.

해안 지명의 섬 이름에서 대서양에 기재된 '하접아낙창河摺亞諾滄' 지명은 아프리카 북서 해안에 큰 글자체로 기재되어 있어 지명의 스케일을 반영하고 있다(〈그림 6〉 참조). 동일한 지명이 북아메리카 동쪽에도 기재되어 있어 유럽의 대서양과 신대륙의 대서양이 연결되어 있음을 보여주고자 한 시도로 보인다. 아프리카 대륙의 서부에 표기되어 있으나 북아메리카에서는 북쪽으로 치우쳐 표기되어 있어 지금의 포르투갈령 아조레스 군도를 그린 것으로 추정된다.

서부 아프리카 연안에는 여러 개의 섬이 묘사되어 있으며 오르텔리우스의 지도 내용과 유사하다. 이들 섬 중 지명이 기재된 '복도福島', '목도木島', '녹봉도綠峰島'가 있고 이 중 '복도'의 경우 비교적 큰 글자체로 기재되어 있다. 이 섬들은 지금의 카나리아 일대의 섬을 표현한 것으로 보인다. 목도 옆에 기록된 주기에서[12] 이곳이 포르투갈령이며 포도의 재배 경위를 설명하고 있다. '철도鐵島'의 경우 섬 묘사는 없이 풍토와 관련된 주기[13]만 기록되어 있다.

서부 해안의 카보베르데 제도(Cape Verde)는 '녹봉도綠峰島'로 표기되어 있다. 세네갈에 있는 베르데 곶과 관련된 것으로 두 지명은 동일하여 영어 표기에서 베르데 곶은 'Cap-Vert' 혹은 'Cape Green'이라 표기하며, 카보베르데 제도는 'Cape Verde' 라고 표기하여 지명을 구별한다. '녹봉도' 지명은 'Cape Green' 지명과 관련 있는 것으로 추정된다.

나이지리아 남쪽 바다의 상투메프린시페[Sao Tome & Principe]에는 '선

---

12) 주기 내용은 다음과 같다. "파이두와이(波爾杜瓦爾. 포르투갈)에서 반달 정도 걸린다. 나무가 무성하게 우거지고 땅이 비옥하고 아름답다. 파이두와이 사람들이 이곳에 이르러 불을 지른 지 8년이 되었고, 지금까지 포도를 심어 술을 빚는데 아주 맛이 좋다.

13) 주기 내용은 다음과 같다. "철도(鐵島), 이 섬에는 샘이 없다. 오직 한 개 큰 나무에 잎이 항상 떨어지지 않는다. 매일 해가 지면 구름이 나무를 껴안았다가 해가 뜨면 흩어진다. 토인(土人)들이 나무뿌리를 파서 연못을 만들었다. 구름이 내리면 물을 이루어 사람과 가축이 모두 풍족하게 쓴다."

다묵도仙多墨島' 지명이 기재되어 있다. 이 국가는 1471년 섬을 처음 발견한 포르투갈인 Santo Antão(Saint Anthony)의 이름에서 비롯되었다. 포르투갈이 이곳에 정착하면서 이후 아프리카 노예무역의 거점이 된 곳이다. 이 지명은 'Saint Anthony'를 음역한 것으로 생각된다.

대서양 남부의 세인트헬레나 섬 일대에는 '선의력나도仙衣力拿島'가 기재되어 있다. 지금은 영국령으로 나폴레옹이 유배당했던 섬으로 'Saint Helena'를 음역하여 번역된 지명이다. 대서양 남쪽에는 4개의 섬이 그려져 있고 지명으로 물자도勿自島가 기재되어 있다. 영국령인 사우스조지아 사우스샌드위치 제도로 추정되나 확실하지 않다. 소말리아 반도 동쪽 해안의 소코트라Suqurta 섬에는 '사가다랄도沙哥多剌島' 지명이 기재되어 있다. 이 섬은 지금 예멘의 영토에 속하고 있다. 오르텔리우스 지도에 'Zacotora' 지명이 기재되어 있는 것으로 보아 이를 음역한 지명으로 보인다.

대륙의 동쪽의 마다카스카르 섬은 '선로랭조도仙勞冷祖島'로 기록하고 일명 '마타갈실갈麻打曷失葛'을 표기하였다. 원래 이 섬은 13세기 마르코폴로의 여행기에는 'Madageiscar'로 기록되어 왔다. 그러나 1500년 바르돌로뮤 디아즈가 St. Laurence Day에 섬에 상륙하면서 지명을 'St. Laurence'로 하였다. 그러나 당시 지도에서는 '마다가스카르' 지명이 선호되었다. 지도에 기재된 지명들은 모두 당시 지명을 음역한 결과이다. 오르텔리우스 지도에는 'Infis Laurenty'로 기재되어 있다.

바다에 돌출된 곶 지명으로 대륙의 남단에 '대랑산각大浪山角'이 있다. 인근의 '대랑산大浪山'에서 비롯된 것으로 지금의 테이블 산을 나타낸 것으로 추정된다. 큰 파도를 나타내는 의미로 볼 때 마테오리치가 새롭게 번역한 지명으로 보인다. 동쪽에 기재된 '나경정봉羅經正峯'은 지금의 희망봉[Cape of Goof Hope]을 지칭한 것이다.

이상 아프리카의 지명 특징을 보면 '仙多墨島', '仙勞冷祖濱', '仙勞冷祖島', '仙多墨峰', '仙路寫', '仙衣力拿島' 등의 Saint를 음역한 지명을

많이 사용하고 있을 뿐 아니라 하천들의 유로를 과장하여 내륙 깊숙이 묘사하고 이곳에 지명을 기재하고 있다.

3) 아시아

아시아는 지도의 중앙에서 서쪽으로 치우쳐 그려져 있다. 범위는 위도상 남위 40°~북위 75°, 경도상 50°~180°에 묘사되어 있으며 다른 대륙에 비해 상세하게 표현되어 있다. 동쪽으로는 '아니엄협亞泥俺峽'을 사이에 두고 북아메리카, 서쪽으로는 (구라파-아세아)'사이마제아' 지명을 통해 유럽과의 접한다(앞의 〈그림 5〉 참조). 남으로는 동남아시아가 일대의 섬이 실재보다 과장되어 있으며 이곳을 사이에 두고 남극 대륙과 마주 보고 있다. 지금의 오스트레일리아의 대륙의 북단으로 보이는 반도가 남극 대륙에서 아시아 쪽으로 돌출되어 그려져 있다. 남쪽 연안에는 인도 반도와 아라비아 반도, 서쪽에 지금의 흑해와 카스피해가 크게 그려져 있다.

아시아 권역에 기재된 지명은 533개로 다른 대륙에 비해 가장 많다. 국가 및 지방 지명이 445곳으로, 대부분 중국, 조선, 일본에 기재되어 있다. 지도에 표현된 자연 지명은 〈표 7〉과 같다. 산지 지명은 '곤륜崑崙' 산을 비롯하여 '태산泰山', '항산恒山', '형산衡山', '화산華山' 등 15개 지명이 기재되어 있으며 대부분 중국에 분포한다.

하천 지명으로 돈 강은 '대내하大乃河'로, 카스피해에 유입하는 우랄강에 '물이와하勿尔瓦河'가 기재되어 있으며, 메소포타미아 지방의 유프라테스강은 '구법랍득하歐法蠟得河'로 표기되어 있다. 인도의 인더스 강은 '신덕하身毒河'로, 갠지스 강은 '안의하安義河'로 기재되어 있다.

중앙아시아 일대에는 '합랄화림하哈剌禾林河', '소엽하素葉河', '토랄하土剌河', '간난하幹難河', '하희하賀喜河' 지명이 유로와 함께 기재되어 있다. 이외 대부분의 하천은 중국을 흐르는 하천이다. 양자강은 '양강揚

〈표 7〉 아시아 권역의 자연 지명

유형		지명
산지	산지	崑崙, 懸度山, 東金山, 三峽, 西金山, 嵩山, 庾嶺, 長白山, 蒼松峽, 泰山, 恒山, 衡山, 華山, 秸沒辣山, 高葛婆山, 羅山, 陰山, 意貌山, 胡布山
	고개	大蔥嶺
하천	하천	大乃河, 勿尔瓦河(卽亦得), 歐法蠟得河, 身毒河, 安義河, 哈剌禾林河, 素葉河, 土剌河, 幹難河, 賀喜河, 揚江, 金沙江, 河, 三河, 鴨綠江, 駿河, 唐之交河, 飮馬河, 包得河
	호수	墨阿的湖, 加湖, 星宿海, 洞庭, 鄱陽, 蒲昌海, 白湖
해안 · 섬	섬	蘇門答剌, 大爪哇, 小爪哇, 萬島, 錫狼島, 角島, 桴羅島, 臥山島, 地木島, 雙柱島, 野島, 五島, 柱島, 忌塔意西島, 强盜島, 茶馬兒島, 無名島, 無福島, 白人島, 沙蠟門島, 沙魚島, 珊瑚島, 珊瑚樹島, 水島, 椰子島, 圓島, 行香島
	해협	亞泥俺峽

江'으로 표기되어 있으며 '압록강鴨綠江'은 유로가 남북으로 그려져 있다. 호수는 '묵아적호'와 '동정호' 등 7곳에 기재되어 있다.

섬 지명은 26곳이 있으며 대부분 동남아시아와 태평양에 분포한다. 수마트라 섬은 '소문답랄蘇門答剌'로, 보르네오 섬은 '대조왜大爪哇'로 되어 있다. '대조와'와 대칭지명으로 남쪽에 '소조와小爪哇' 지명이 있다. 필리핀의 루손 섬은 '여송呂宋'으로 표기되어 있다. 이들 섬 지명은 오르텔리우스 지도에 표현된 'Sumatra', 'Java Major', 'Java Minor' 지명을 음역音譯한 것이다. 반면에 '산호도', '산호수도', '수도', '강도도', '무명도'는 의역意譯된 지명으로 보인다. 해협으로는 아시아와 북아메리카 사이의 베링해협에는 '아니엄협亞泥俺峽' 지명이 기재되어 있다. 이 지명은 오르텔리우스 지도에 지금의 알래스카 지방에 'Anian Regnum'이 있는 것으로 보아 이를 음역한 지명으로 보인다.

아시아 지명이 다른 대륙과 차이를 보이는 것은 동아시아에 대부분 토착 지명이 기재된 것에 기인한다. 지도 동쪽에 표현된 중국, 조선, 일본을 포함한 동아시아 일대는 〈그림 7〉과 같이 자세히 그려져

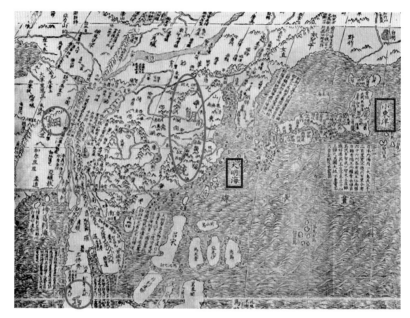

〈그림 7〉 동아시아 일대

있다. 이전의 유럽 지도와는 달리¹⁴⁾ 이 지도에서는 동아시아 일대가

---

14) 16세기에 제작된 대부분의 유럽지도에서 동아시아의 지리 정보는 매우 미약
하게 묘사되어 있다. 특히 조선의 경우 거의 표현되지 않는 경우가 대부분이
며, 일본은 부분적으로 묘사되어 있다. 이는 일본과 유럽의 교류에 기인한다.
서양 기록 중 포르투갈인 토메피레스(Yome Pires, 1468~1540)는 비록 지도는
아니지만 동양의 관습에 대해 정리한 그의 저서 『동양요록(A Suma Oriental)』
에서 일본을 'Jampon'이라고 표기하였다. 16세기 대표적인 모험가인 멘데스 핀
토(Fernao Mendes Pinto, 1509~1583)는 포르투갈의 대항해시대 극동아시아 지
역까지 항해했던 인물로 1614년 그의 여행기록을 담은 『편력기(Peregrinacao)』
에서 일본을 소개하였다. 포르투갈인들은 이와 같이 다양한 탐험을 통해 얻은
중국이나 일본 열도에 관한 정보를 해도와 지도를 통해 유통시켰고, 이러한
정보는 유럽인들이 중국과 일본의 존재를 이해하는데 많은 도움을 주었다. 특
히 1549년에 하비에르(St, Francisco Xavier, 1506~1552)가 일본으로 건너가 카톨
릭을 전파하면서 일본에 관한 많은 정보를 유럽사회에 소개하였다. 1550~
1560년대 이탈리아 지도제작자인 포르라니(Paolo Forlani)와 가스탈디(Giacomo
Gastaldi)는 스페인 선교사인 하비에르의 기록을 바탕으로 지도를 작성하였다.

정확하게 묘사되어 있을 뿐 아니라 지명도 토착 한자 지명으로 기재하였다. 중국의 모습은 전통적인 중국 지도의 형태를 따르고 있다. 북방 경계의 표현에서 북으로는 만리장성과 나란히 험준한 산지를 그리고 북쪽에 사막을 표현함으로써 이민족과 경계를 나타냈다. 서쪽과 남쪽에는 산지 묘사를 통해 주변 국가와 분리되는 이미지로 묘사되어 있다. 중국 내 지명으로 15개성과 성도省都의 지명을 기재하고 있으며 중국 대륙을 가로 지르는 황하강과 양자강의 유로가 강조되어 그려져 있다.

조선의 경우 반도의 모습으로 그려져 있으며 팔도 지명과 함께 '고백제', '고부여', '고신라' 등의 지명이 기재되어 있다. 동해상에 조선국을 설명하는 주기를 통해 중국 제1의 조공국이라는 내용을 담고 있다.15) 조선의 동쪽에 『행기도』의 형태로 묘사된 일본이 그려져 있다. 지금의 홋카이도, 혼주, 시코쿠, 규슈 등 4개의 섬이 그려져 있으며 61곳에 지명이 기재되어 있어 동아시아 국가 중 지명의 밀도가 가장 높다. 지도의 동남쪽에 일본의 위치와 크기, 풍속과 산물, 왕위계승 방법 등과 관련된 내용의 주기가 기재되어 있다16) 동아시아에서

그러나 당시 극동에 파견된 선교사들의 주된 관심은 카톨릭 선교에 있었기 때문에 일본이나 중국 이외의 다른 나라의 정보는 소홀히 다루었다(김기혁, 2005).

15) 주기 내용은 다음과 같다. "조선(朝鮮)은 기자(箕子)가 봉한 나라인데 한나라와 당나라 때는 모두 중국의 도읍이었다. 지금은 조공국 가운데 첫 번째 국가이다. 예전에는 삼한(三韓), 예맥(穢貊), 발해(渤海), 실직(悉直), 가락(駕洛), 부여(扶餘), 신라(新羅), 백제(百濟), 탐라(耽羅) 등의 나라가 있었으나 지금은 모두 [조선에] 병합되었다."

16) 주기 내용은 다음과 같다. "일본(日本)은 바다 가운데의 큰 섬으로 길이는 3,200리이나 폭은 600리에 불과하다. 지금은 66개 주이다. 각 주에는 왕이 있으며 풍속은 강력함을 숭상한다. 비록 총왕(일왕)이 있으나 권력은 항상 유력한 신하에게 있다. 무예를 하는 자는 많으나 문을 익히는 자는 적다. 토산물로는 은(銀)과 철(鐵)과 후추(好漆) 등이 있다. 왕은 아들을 낳아 그 아들이 서른 살이 되면 아들에게 왕위를 물려준다. 보석을 귀하게 여기지 않으며

유럽 지도와도 많은 차이를 보이는 것은 마테오리치가 『곤여만국전도』를 그리면서 중국인 혹은 일본에서 체류한 선교사들로부터 구한 자료를 이용하였음을 보여준다.

4) 북아메리카

북아메리카의 형태는 비교적 단순하게 표현되어 있다. 서쪽으로 대동양大東洋, 동쪽으로 대서양大西洋에 연해 있으며 남쪽으로는 지금의 파나마 지협이 묘사되어 있다. 북쪽으로는 북해 일대의 섬들이 표현되어 있다. 위도상으로 북위 10°~75°, 경도상으로 200°~350° 사이에 그려져 있다. 산지 묘사와 하천의 유로도 비교적 단순하게 묘사되어 있으며, 로키 산지와 5대호는 그려져 있지 않다.

지명은 총 118개로 아시아, 유럽, 아프리카 권역에 비해 매우 적다. 지명은 중남미 지역에 비교적 밀도 있게 기재되어 있다. 지명의 구성을 보면 국가 및 지방 지명이 88곳이며 산지 지명과 하천 지명, 해양 지명은 각각 7곳, 8곳, 10곳에 불과하다. 〈표 8〉은 지도에 기재된 유형별 지명이다. 산지 지명은 대부분 대륙의 서안인 태평양 연안에 기재되어 있다. 알래스카 지방에 '수조봉水潮峰'과 지금의 코스트산맥 일대에 '맹다제봉孟多齊峰'과 '설산雪山' 지명이 기재되어 있다.

지금의 캘리포니아 반도에는 '몽산曚山' 지명이 있으며 서쪽 가까이의 연안에 '역안농봉亦安農峰' 지명이 있다. 태평양상에 연안 가까이에 3개의 섬이 묘사되어 있으며 '별산別山'이 기재되어 있다. 이 섬은 오르텔리우스 지도에 표기된 'Los bolcanes' 혹은 'La farfana'를 번역한 지명으로 추정되나 구체적으로 지금의 어느 곳인지는 확실하지 않다. '소아랍산蘇亞蠟山'은 대륙의 중앙에 '제정하帝靜河'의 발원지로 표

다만 금(金), 은(銀), 도자기(古窯器) 등을 중시한다."

〈표 8〉 북아메리카 권역의 자연 지명

유형		지명
산지	산지	孟多齊峰, 矇山, 別山, 雪山, 蘇亞蠟山, 水潮峰, 亦安農峰
하천	하천	何皮六河, 哥入河, 狗河, 多朵德亞河, 亞沙河, 帝靜河, 衆仙河
	호수	哥泥白斯湖
해양	섬	河摺亞諾滄, 鬼島, 如裏漢島, 第三起島, 怕霧打島, 鶴島, 仙如漢島, 古巴島, 對島, 色氏測島

현되어 있다. 오르텔리우스의 지도에는 'Suala mons'로 표기되어 있어 음역한 지명임을 보여준다.

　하천 지명은 9곳에 기재되어 있다. 이중 가장 유로가 넓게 그려진 하천은 북극해로 유입하는 것으로 묘사된 '하피육河何皮六河'로 지금의 메켄지 강으로 추정된다. 북극해로 유입하는 다른 하천으로는 '가입하哥入河'가 있으며, 대서양으로 유입하는 하천으로 '구하狗河'와 '중선하衆仙河'가 있다. '구하'는 지금의 보스턴 일대에 유입하는 하천으로 묘사되어 있으며 오르텔리우스 지도에 'R. grande' 지명이 기재되어 있어 새롭게 만든 지명인 것으로 생각된다. 플로리다 반도 서쪽에는 멕시코 만으로 유입하는 유로에는 '중선하衆仙河'가 기재되어 있다.

　태평양으로 유입하는 하천 유로 중 지명이 기재된 하천은 2곳이 있다. 캘리포니아 만의 북부에는 세 하천이 유입하는 것으로 묘사되어 있으며(〈그림 8〉 참조) 그중 한곳에 '제정하帝靜河'가 있다. 다른 유로 상류에는 '아사하亞沙河', 하류에 '다타덕아하多朵德亞河' 지명이 있다. 오르텔리우스 지도의 동일한 곳에 'Axa'와 'Totpteac' 지명이 있는 것으로 보아 이들 지명은 음역의 결과로 보인다.

　호수 지명은 한 곳에만 있다. 지금의 '그레이크베어호'로 추정되며 이곳에 '가니백사호哥泥白斯湖'로 기재되어 있다. 이곳에서 발원하여

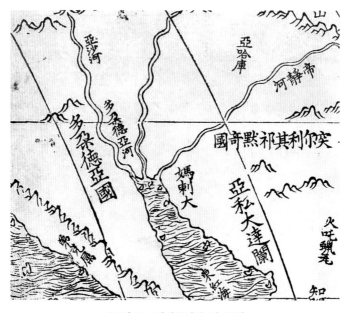

〈그림 8〉 캘리포니아 만 일대

북극해로 유입하는 하천은 '하피육하何皮六河'로 명명되어 있다. 5대호
는 지도상에 그려져 있지 않고, 내륙 깊숙히 형성된 만입부로 묘사되
어 있다.

섬 지명으로는 9개 지명이 기재되어 있으며 대부분 대서양과 카리
브해에 그려져 있다. 대서양의 세인트로렌스 만 일대에 '귀도鬼島'와
'여리한도如裏漢島'가 기재되어 있다. 지금의 뉴펀들랜 섬과 앤티코스
티 섬을 그린 것으로 추정되나 확실하지 않다. 가장 큰 글씨체로 기
재된 '하접아낙창河摺亞諾滄' 지명은 유럽 권역의 대서양에 기재된 지
명과 동일한 것이다. 지금의 포르투갈령 아조레스 군도를 그린 것으
로 보인다. 이 지명의 좌측에 기재된 '파무타도怕霧打島'와 '색저측도色
氐測島'는 'La bermuda'와 'Sept citeis'를 음역한 것이며, 대서양 동쪽 끝에
기재된 '제3기도第三起島'의 경우 'Tercera' 지명을 의역한 것으로 보인
다. 카리브해에 기재된 '고파도古巴島'는 지금의 쿠바 섬을 지칭한 것

으로 'Cuva'를 음역한 것이다. '선여한도仙如漢島'는 오르텔리우스 지도에서 지금의 푸에르토리코를 지칭한 'Saint Ioanis'를 음역한 지명이다.

5) 남아메리카

남아메리카는 실제보다 동쪽으로 왜곡되어 묘사되어 있다. 서로는 태평양에 '패로해孛露海'와 '동남해東南海' 지명이 기재되어 있으며 동으로는 대서양이 묘사되어 있다. 남으로는 '묵와납니협墨瓦蠟泥峽(지금의 마젤란해협)'을 경계로 남극 대륙과 대하고 있다.

지형의 묘사는 북아메리카에 비해 비교적 상세하게 그려져 있다. 대륙의 서쪽에 안데스 산지가 줄기로 묘사되어 있으며 이곳에 페루[孛露]와 칠레[智里] 등의 국가 지명이 기재되어 있다. 아마존 강과 라플라타 강의 유로가 매우 상세하게 그려져 있으며 강폭의 크기를 통해 하천의 규모를 나타내고 있다.

남아메리카에 표현된 지명은 114곳으로 남·북극 권역을 제외하고 가장 적다. 이 중 지방 지명이 84곳이다. 〈표 9〉는 이곳에 표현된 자연 지명이다. 산 지명은 '선마리아봉仙瑪利亞峯' 등의 지명이 7곳에 기재되어 있으며 대부분 해안 일대에 기재되어 있다. '선마리아봉'은 대

〈표 9〉 남아메리카 권역의 자연 지명

유형		지명
산지	산	苦峯, 白峯(아르헨), 白峯(브라), 仙瑪利亞峯, 椰林峯, 潮水峯, 北度西山
하천	하천	馬良溫河, 何勒利西那河, 鳥水河, 白剌那大江, 黑江, 吳路漢河, 白氐河, 銀河, 何剌佛江, 革那非所河
	호수	金魚湖, 麻剌加嶽湖
해안·섬	섬	靑珠島, 椰子島, 無名島, 半島, 沙島
	곶	第一角, 三角

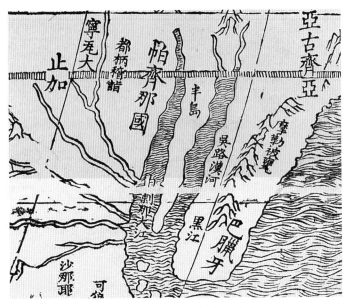

〈그림 9〉 라플라타 강 하류 지명

륙의 남단에 기재되어, 지금의 피츠로이 산(Mt. Fizroy, 3375m)을 지칭한 것으로 보인다. 지명은 오르텔리우스 지도에 기재된 'Saint Maria' 지명을 음역한 것이다.

　대륙 동남부의 대서양 연안의 라플라타 강 하류 인근에 '고봉苦峯', '조수봉潮水峯', '백봉白峯'이 있으며 이들은 지금의 파타고지아 산지에 속한 지명으로 보인다. 아마존 강이 대서양으로 유입하는 연안에 '백봉白峯'과 '야림봉椰林峯'이 있다. 안데스 산맥의 볼리비아에 속한 곳에 '북도서산北度西山'이 있다. 오르텔리우스 지도에 'Potossi' 지명이 있어 이와 연관이 있는 것으로 추정된다.

　하천 지명은 10곳에 기재되어 있으며 주로 지금의 아마존 강과 라플라타 강의 본류와 지류에 있다. 아마존 강 하류에 '마량온하馬良溫河'와 '하륵리서나하何勒利西那河' 지명이 있으며 상류에 '조수하鳥水河'가 있다. 지명의 유래는 확실하지 않다. 라플라타 강의 하류에는 '백랄나

대강佰剌那大江', '흑강黑江'과 '오로한하吳路漢河'가, 지류에는 '백저하白氏河' 지명이 있다. '백랄나대 강'과 '오로한하'는 오르텔리우스 지도에 기재된 'Parana'와 'Uruan' 지명을 음역한 것으로 보인다. '흑강'은 'R. negro'를 음역한 것이다(〈그림 9〉 참조). 중류의 '백저하' 지명이 기재된 곳에는 'Peti' 지명이 있다. 라플라타 강 하구에 '은하銀河' 지명이 있다.

대륙의 남쪽에 안데스 산지를 따라 남쪽으로 흐르는 하천의 유로가 그려져 있고 이곳에 '하랄불강何剌佛江'이 기재되어 있다. 오르텔리우스 지도에 동일한 위치에 기재된 'Orafes'를 음역한 지명으로 보이며, 지금의 아르헨티나 산타크루스 일대를 유입하는 하천을 지칭한 것으로 추정된다. '혁나비소하革那非所河' 지명은 브라질 고원에서 대서양으로 유입하는 하천의 유로에 표시되고 있다.

호수 지명은 하천의 상류에 기재되어 있다. 아마존 강의 지류의 발원지에 '금어호金魚湖'와 '마랄가악호麻剌加嶽湖'가 있다. 이중 '마랄가악호'는 오르텔리우스 지도에 표기된 'Maragnon' 하천 지명의 이름을 빌어 음역한 것으로 보인다. '금어호'는 주기로 "이 지방에는 이름이 해猲인 짐승이 있으나 사람들이 일찍이 그 짐승을 먹는 것을 보지 못하였다"라는 내용이 있는 것으로 보아 지명을 의역한 것으로 보인다.

곶 지명으로 대륙의 남단에 '제1각第一角'이 있으며 대서양 연안에 '삼각三角' 지명이 있다. '제1각'은 오르텔리우스 지도의 'C. Primiero' 지명을, '삼각'은 'C. de 3 puntas'를 의역한 것으로 보인다. 섬 지명으로는 6곳이 있다. '청주도靑珠島'는 지금의 트리니다드토바고에 해당하는 지명이다. 오르텔리우스 지도에 동일한 곳에 "P. de. galea' 지명이 있으나 관련성은 확실하지 않다. 태평양상에는 '야자도椰子島'와 '무명도無名島'가 있다. 무명도는 오르텔리우스 지도에 'Anfule incognite' 지명을 의역한 것이다. 사도沙島는 대륙 남단에 기재되어 있다. '반도半島' 지명은 라플라타 강 하류의 삼각주에 기재되어 있다.

6) 북·남극

(1) 북극 권역

북극 권역은 유라시아 대륙의 북쪽에 스발바르 제도, 그린란드, 노바야젬랴 섬, 북아메리카 북쪽에 엘즈미어, 데번 섬, 배핀 섬으로 추정된 섬들을 묘사하고 지명을 기재하였다. 지도에 표현된 위도상 범위는 북위 70° 이북이다. 북극에는 총 33곳의 지명이 기재되어 있다. 이중 국가·지방 지명이 18곳이다. 산 지명은 5곳, 하천 지명은 2곳, 해양 지명은 3곳에 기재되어 있다.

북극에 기재된 자연 지명은 〈표 10〉과 같다. 산 지명 중 '납봉納峯', '익옹봉匿翁峰', '청이산聽尔山'은 그린란드에 있으며 대부분 해안에 표기하고 있다. '감봉甘峯', '향봉香峯'은 북아메리카 북쪽의 배핀 섬으로 추정되는 섬에 기재되어 있다. 오르텔리우스 지도에서 북극에 기재된 지명은 거의 없는 것으로 보아 다른 자료를 바탕으로 지도를 그린 것으로 보인다. 하천 지명은 그린란드섬에 '불다이하佛多尔河', 배핀섬에 '한하寒河'가 기재되어 있으나 유로는 표현되어 있지 않다. 섬 지명은 유럽의 북쪽에 묘사된 섬에만 기재되어 있다. 그린란드에는 '와란적아대주臥蘭的亞大州' 지명이 큰 글자체로 기재되어 있으며 지금의 스발바르제도로 추정되는 곳에 '도력都力'이 표기되어 있다. 이외에 '대다답도大茶笿島'가 있다.

〈표 10〉 남·북극 권역의 자연 지명

권역	유형	지명
북극	산지	納峯, 匿翁峰, 聽尔山, 甘峯, 香峯
	하천	寒河, 佛多尔河
	섬	臥蘭的亞大州, 都力, 大茶笿島
남극	산지	白峯1(서), 仙歐梧丁峯, 美峯, 白峯2(동), 師峯, 其三嶺,
	하천	仙歐吳私丁河, 大江, 瓶河
	해협	墨瓦蠟泥峽

(2) 남극 권역

남극은 지도의 남쪽에 동서로 넓게 그려져 있으며 지도에서는 대륙 중 가장 넓게 묘사되어 있다. 가운데 남극을 배치하고 지도의 중앙에 지금의 오스트레일리아 대륙의 북부 지역으로 추정되는 육지가 그려져 있다. 묘사 범위는 위도상 남위 40° 이남 지역이다. 대륙 이름인 '묵와납니가墨瓦蠟泥加'는 이곳을 지나 세계 일주를 한 마젤란의 이름에서 비롯되었다. 남아메리카 대륙의 서쪽에 기재된 주기에서

> 예부터 남북아묵리가南北亞墨利加와 더불어 묵와납니가墨瓦蠟泥加에는 사람과 땅이 있는 줄 몰랐는데, 백 년 전에 구라파歐羅巴인들이 배에 올라 바다 주변 지방에 이르러 땅이 광활하고 사람들이 교활한 것을 알았다. 지금까지 지방 내 각국의 사람들과 풍속은 분명하지 않다.

라 하여 유럽인들이 이곳을 인식한 내용에 대해 설명하고 있다. 남극 권역에는 21개의 지명이 기재되어 있으며 대부분 동남아시아와 남아메리카에 인접한 곳에 표기되어 있다. '묵와납니가墨瓦蠟泥可'지명 유래에 관련된 내용이 주기에 수록되어 있다.[17] 이 내용에서는 대륙 지명이 처음으로 세계 일주에 성공한 마젤란(Ferdinand Magellan, 1480~1521, (포)Fernão de Magalhães 페르낭 드 마갈량이스 (스)Fernando de Magallanes 페르난도 마가야네스)의 이름에서 비롯된 것임을 보여준다.

자연 지명 중(〈표 10〉) 산지 지명은 6곳이 있다. 지금의 호주 일대로 추정되는 곳의 해안에 '백봉白峯', '선구오정봉仙歐梧丁峯', '미봉美峯'이 있으며 서쪽에 '선구오사정하仙歐吳私丁河'와 '병하瓶河'가 유로 묘사와 함께 있다. 오르텔리우스(아시아) 지도에 인근에 'S. Augustino'와 'S.

---

17) 주기 내용은 다음과 같다. "묵와납니(墨瓦蠟泥)는 불랑기국(拂郎幾國) 사람 이름이다. 60년 전 처음으로 이 지협에 지나갔고 연이어 이 땅에 이른 까닭에 구라파(歐羅巴) 사람이 그 이름으로 지협과 바다와 땅 이름을 지었다."

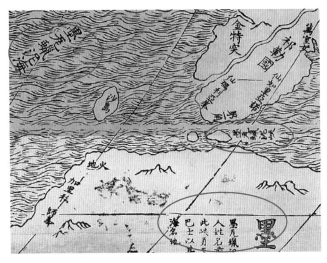

〈그림 10〉 마젤란 해협 일대 지명

Lorenzo' 지명이 있으나 관련성은 확실하지 않다. 남아메리카와 인접한 대륙에는 '백봉白峯', '사봉師峯', '기삼령其三嶺' 지명이 있으며 인근에 '대강大江' 지명이 유로와 함께 기재되어 있다. 해협 지명으로 남아메리카의 경계에 '묵와랍니협墨瓦蠟泥峽'이 있다(〈그림 10〉 참조).

4. 해양 지명에 재현된 세계

『곤여만국전도』에는 38개의 해양 지명이 수록되어 있다. 이는 전체 1,134개 지명 중 3.4%에 불과하나 지명이 지칭하는 범위는 매우 크다. 지명의 후부 요소로 '양洋'인 지명은 '대동양大東洋', '소서양小西洋', '소동양小東洋', '대서양大西洋' 등의 4개이며 나머지는 '해海'로 되어 있다. 지도에서 글자체는 〈그림 11〉 및 〈표 11〉과 같이 4유형으로 구분된다. 큰 겹글씨체로 쓰인 지명은 '서남해西南海', '남해南海', '동남해東南海' 등 3곳으로, 대부분 남반구에 기재되어 있다. 동일한 크기의 글

〈표 11〉 글자체별 해양 지명

글자체	지명
大(겹)	西南海, 南海, 東南海
大	大西洋, 大東洋, 小東洋, 小西洋, 利未亞海, 曷剌比海, 地中海, 榜葛剌海, 墨瓦蠟泥海, 寧海, 大明海, 太海, 孛露海, 北海(북극), 氷海(유럽), 氷海(북미), 氷海(북극)
中	西紅海, 上海, 下海, 日本海, 波的海, 白海, 角利弗尒海, 北高海, 新以西把你亞海, 東紅海
小	伯尒昨客海, 北海(유럽), 窩窩所德海, 墨生丁海, 默羅它海, 肥良的海, 亞大蠟海, 死海

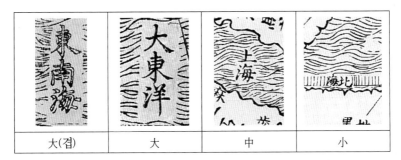

大(겹)	大	中	小

〈그림 11〉 해양 지명의 글자체

씨체로 쓰인 곳은 '대서양大西洋', '대동양大東洋' 등 후부 요소가 '양洋'인 지명과 '리미아해利未亞海'(현 아프리카 서부), '갈날비해曷剌比海'(현 아라비아해), '지중해地中海'(현 지중해), '방갈랄해榜葛剌海'(현 인도 벵골만) 등 비교적 큰 규모의 해양 지명이다. 가장 작은 글씨체로 쓰인 곳은 '백이작객해伯尒昨客海'(현 바렌츠해), '북해北海'(현 카렌츠해 일대), '와와소덕해窩窩所德海'(현 발트해), '사해死海'(현 사해) 등 연안이나 육지로 둘러싸인 작은 규모의 바다이다.

1) 지명의 번역

〈표 12〉는 지도에 기재된 해양 지명을 오르텔리우스 지도와 비교하여 분류한 것이다. 총 38곳의 지명이 기재된 곳 중 오르텔리우스 지도에 지명이 기재된 곳은 25곳이며 나머지 13곳은 『곤여만국전도』에 새롭게 나타난 지명이다. 25곳의 지명 중 음역音譯된 지명은 6곳, 의역된 곳은 9곳이며, 원래 지명과 관계없이 새로운 지명이 명명된 곳은 10곳이었다. 이에 따라 38개의 지명은 다음과 같이 4유형으로 분류되었다.

(1) 제1유형

첫째 유형은 오르텔리우스 지도의 지명을 음역한 것이다. 아프리카 서부의 '아대랍해亞大蠟海'(현 대서양)는 'Atlanticus Oceanis'를 번역한 것이다. '아대랍해' 지명은 대륙의 해안에 그려진 '아대랍산亞大蠟山'과 관련이 있으며, 이 지명은 대서양의 옛 지명인 아틀란틱Atlantic을 음역한 지명에서 비롯된 것이다. 인도 연안의 '방갈랄해榜葛剌海'(현 벵골만)와 아라비아 반도 동쪽의 '묵생정해墨生丁海'(현 패르시아만)는 각각 'Bengala'와 'Mensendin'을 음역한 것이다.

아시아 서부의 '북고해北高海' 지명은 오르텔리우스 지도에 'Mar de Bachu olim Caspui'로 기재되어 있다, 연안에 'Bachu' 지명이 있는 것으로 보아 '북고北高' 지명은 음역의 결과임을 보인다. 한편 북고해 옆에 "북수北水는 매우 넓고 넓은데 대해와 통하지 않는 까닭에 바다라고 할 지 호수라고 할 지 의심스럽다. 그 물은 소금기가 있어 임시로 바다라고 하였다"는 내용이 주기로 기재되어 있다. 북미 캐나다의 '묵나타해默羅它海'(현 허드슨만)는 'Meluto Mare'를, 북아메리카의 '각리불이해角利弗尔海'(현 캘리포니아만)은 'California'의 번역에서 비롯된 것이다.

〈표 12〉 해양 지명의 유형 분류

	지명(한글독음)	오르텔리우스 지명	한글 지명(권역)	번역 유형
1. 음역(音譯) 지명				
1	亞大蠟海(아대랍해)	Atlantcus Oceanis	대서양(아프리카)	어음(語音)
2	榜葛剌海(방갈랄해)	Golfo di Bengala	벵골만(아시아)	
3	墨生丁海(묵생정해)	Mar Mesendin	페르시아만(아시아)	
4	北高海(북고해)	Bachu, mare de	카스피해(아시아)	
5	默羅它海(묵라타해)	Melotuo, mare	허드슨만 (북아메리카)	
6	角利弗尔海 (각리불이해)	California, C.	캘리포니아만 (북아메리카)	
2. 의역(意譯) 지명				
1	白海(백해)	Bianco, mar	백해(북극)	형태
2	太海(태해)	Maggior, Mare	흑해(아시아)	
3	寧海(영해)	el Mar Pacific	태평양(남아메리카)	
4	地中海(지중해)	Mare Mediterrian	지중해(유럽)	위치
5	北海(북해)(북극)	Nord, mare del	추코트해(아시아)	
6	西南海(서남해)	Sud-ovest, mare del	인도양(아프리카)	
7	小西洋(소서양)	Piccolo Oceano Occidentale	아라비아해(아시아)	
8	大西洋(대서양)	Occidentalis Oceanus	대서양(유럽)	위치+형태
9	西紅海(서홍해)	Mar Rosso olim Sinus Arabicus	홍해(아시아)	
3. 『곤여만국전도』 수정 지명				
1	曷剌比海(갈랄비해)	Mar de India	아라비아해(아시아)	(지방) 曷剌比亞
2	利未亞海(리미아해)	Oceanus Ae Thiopcus	대서양(아프리카)	(지방)利未亞
3	肥良的海(비량적해)	Oceanus Germanicus	북해(유럽)	(지방) 肥良的亞
4	波的海(파적해)	Illnicus Sinus	핀란드만(유럽)	(지방)波的亞
5	伯尔昨客海 (백이작객해)	Mare Septen Trionale	바렌츠해(유럽)	(지방)미상
6	窩窩所德海 (와와소덕해)	Suevicum Mare	발트해(유럽)	(지방)미상

7	大明海(대명해)	Cina, mare di	동중국해(아시아)	(지방)明
8	上海(상해)	Mare Adriati	아드리아해(유럽)	위치
9	東紅海(동홍해)	Mar Vermeio	캘리포니아만 (북아메리카)	위치+형태
10	大東洋(대동양)	Mare Pacificum	태평양(아시아)	
4.『곤여만국전도』의 새로운 지명				
1	新以西把你亞海 (신이서파니아해)	-	멕시코만 (북아메리카)	(지방) 新以西把你亞
2	孛露海(패로해)	-	태평양(남아메리카)	(지방)孛露
3	日本海(일본해)	-	동해(일본해) (아시아)	(지방)日本
4	墨瓦蠟泥海 (묵와납니해)	-	태평양(남아메리카)	(지방)Fretum Magellanicum
5	氷海1(빙해, 북극)	-	북극해(북극)	
6	氷海2(빙해, 북미)	-	베핀만(북극)	형태
7	氷海3(빙해, 유럽)	-	그린란드해(북극)	
8	下海(하해)	-	티레니아해(유럽)	
9	南海(남해)	-	자바해(아시아)	위치
10	東南海(동남해)	-	태평양(남아메리카)	
11	北海2(북해, 러시아)	-	카라해(북극)	
12	小東洋(소동양)	-	태평양(아시아)	위치+형태
13	死海(사해)	-	지중해(아시아)	형태

(2) 제2유형

둘째 유형은 오르텔리우스의 지명을 의역한 지명으로 10곳이 있
다. 이중 원래 지명이 형태 속성을 갖고 지명 중 흰색 바다의 의미를
지닌 'Bianco Mar'는 '백해白海'로, 큰 바다의 의미를 지니는 'Maggior,
Mare'는 '태해太海'(현 흑해)로 번역되었다. 남아메리카의 '영해寧海' 지
명은 태평양의 의미를 빌었다. 오르텔리우스 지도에는 같은 지점에
'Pacific' 지명이 기재되어 있다. 마젤란이 해협을 벗어나 바다의 고요
함을 보고 태평양으로 명명하였다는 사실과 관련이 있는 것으로 추
정된다.

육지 안의 바다라는 의미를 지닌 'Mare Mediterrian'는 '지중해地中海' (현 지중해)로, 북쪽 바다라는 의미의 'Nord, mare del'은 '북해北海'(현 추코 트해 일대)로 번역하였다. 아프리카 연안의 인도양에 기재한 'Sud-ovest, mare del'는 '서남해西南海'로, 아라비아해의 'Piccolo Oceano Occidentale'은 '소서양小西洋'으로 번역하였다.

한편 '대서양大西洋'(현 대서양) 지명은 오르텔리우스 지도에 '서쪽에 있는 큰 바다'라는 의미인 'Occidentalis Oceanus'으로 기재되어 있어 이 를 의역한 지명이다. 원래 지명은 'Atlantic Ocean'으로 그리스 신화의 아틀라스에서 비롯된 것이다. 홍해는 '서홍해西紅海'로 지칭되어 있다. 오르텔리우스 지도에는 'Mar Rosso olim Sinus Arabicus'로 기재되어 있다. 'rosso'는 라틴어로 붉다는 의미로 홍해 지명을 의역意譯하고 위치를 나타내는 '서西'자를 추가한 것이다.

(3) 제3유형

세 번째 유형은 원래 지명이 기재되어 있으나 『곤여만국전도』에 서 새로운 지명으로 바꾼 곳으로 10곳이 있다. 이 중 7곳은 바다 부근 의 지방 이름을 이용하여 새롭게 명명한 곳이다. 이중 '갈랄비해曷剌 比海'(현 아라비아해)는 오르텔리우스 지도에 'Mar de India'로 기록되어 있으나 지도에는 인근의 'Calaite'를 '갈랄비아曷剌比亞'로 번역하고 해 양 지명으로 사용한 예이다.

지금의 북해인 '비량적해肥良的海'는 '비량적아肥良的亞'(Frisia)와 관련 이 있으며 지금의 북해에 해당된다. 오르텔리우스 지도에서는 'Oceanus Germanicus'로 기재되어 독일의 바다라는 의미를 담고 있다. 이 바다가 지금 프리지아해(Mare Frisicum)로도 부르고 있으며 관련 지명인 '비량적 아肥良的亞'가 지금의 프리지아 지방에 기재된 것으로 보아 '프리지아' 를 음역한 것으로 보인다.

'파적해波的海'는 지금의 핀란드만 일대에 기재되어 있으며 오르텔리우스 지도에서는 'Illnicus Sinus'로 기재되어 있다. 이 지명은 유럽 북쪽에 있던 국가 이름인 '파적아'와 관련이 있는 것으로 보인다. 오르텔리우스 지도에 '파적아' 지명이 있는 곳에 'Pechora' 지명이 있으나 관련성은 확실하지 않다. 한편 이곳에 '왜인국矮人國'이 기재되어 있으며 옆에 "나라 사람 남녀의 키가 몇 척에 그친다. 5세에 자식이 생기고 8세에 늙는다. 항상 황새와 새매의 먹이가 되므로 그 사람들은 땅을 파서 거주하면서 새를 피한다. 매년 여름 3개월 동안 나와서 그 알을 기른다고 한다. 양을 타고 다닌다"라는 내용이 있다. 이 왜인국은 북극 지방 일대 유목민 부족을 설명한 것으로 보인다.

'와와소덕해窩窩所德海'는 지금의 발틱해 일대에 기재되어 있다. 오르텔리우스 지도에는 'Suevicum Mare'로 기재되어 있다. 이 지명은 게르만족의 분파인 수에비족에서 비롯된 것이다. 발트해는 여러 국가에 의해 둘러싸여 있기 때문에 다양한 명칭으로 부른다. '와와소덕해' 지명은 북해를 생활 영역으로 삼는 집단의 이름으로 추정되나 유래는 확실하지 않다. '백이작객해伯尔昨客海'는 유럽의 북극해 연안에 위치한 바렌츠해 일대에 기재되어 있다. 오르텔리우스 지도에는 'Mare Septen Trionale'로 기재되어 있다. 음을 빌어 번역한 지명으로 추정되나 일대에 관련 지명은 보이지 않는다.

'대명해大明海'(현 동중국해)의 경우 오르텔리우스 지도에는 'Cina, mare di'로 되어 있으나 '명明'나라와 '크다[大]'는 의미를 합친 지명을 기재하였다. 다른 세 곳의 지명은 위치 속성을 이용한 지명으로 바뀐 예이다. 이탈리아의 'Mare Adriati'(현 아드리아해)는 '상해上海'로, 캘리포니아만은 'Mar Vemeio'를 '동홍해東紅海'로, 'Mare Pacificum'은 '대동양大東洋'으로 번역하여, 각각 '동쪽에 있는 홍해'와 '큰 동쪽의 바다'로 번역하여 위치와 형태 의미를 동시에 포함한 지명이다.

(4) 제4유형

네 번째 유형은 11곳으로 오르텔리우스의 지도에 지명이 없는 곳에 새로운 지명이 기재된 것이다. 이 중 4곳은 인근 지방의 이름을 빌어 명명한 경우이다. 지금의 멕시코만에 기재된 '신이서파니아해新以西把你亞海'는 멕시코 지방의 '신이서파니아新以西把你亞(Espania)'를 이용한 것이다. '패로해孛露海'해는 '패로孛露(Peru)'를, '일본해日本海'는 '일본日本' 지명을 이용하였다. 남아메리카 남단의 '묵와납니해墨瓦蠟泥海'는 인근에 '묵와납니협墨瓦蠟泥峽'이 있으나 별도로 기재된 해양 지명이다. '묵와납니墨瓦蠟泥'는 남극 대륙의 지명[墨瓦蠟泥加]에도 이용되었다. 한편 '묵와납니협墨瓦蠟泥峽'은 오르텔리우스 지도에 해협의 의미를 담은 'Fretum Magellanicum' 지명이 기재되어 있다.

바다의 형태 속성을 이용하여 명명한 경우는 3곳이 있다. '빙해氷海' 지명은 형태를 표현한 것이다. 위치 속성을 이용하여 명명한 지명으로 지중해 티레니아해는 '하해下海'가 있다. 아시아의 자바해에는 '남해南海'를, 남아메리카 서부의 태평양에는 '동남해東南海'를 겹글자체로 기재하였다. 러시아 북쪽에는 '북해北海' 지명을, 일본의 태평양 연안에 '소동양小東洋' 지명을 기재하였다.

죽은 바다의 의미인 'Dead Sea'는 '사해死海'(현 사해)로 번역되었다. '사해'에는 "이 바다는 생산되는 것이 없어서 이름이 사해死海이다. 물의 성질이 항상 떠오르므로 사람이 그 가운데에 빠져도 가라앉지 않는다"라는 주기 내용을 기재하여 바다의 속성을 설명하고 있다.

2) 해양 지명과 세계표상

지도에서 해양 지명의 번역 유형을 보면 기존의 지명을 음역과 의역을 통해 명명한 것은 38곳 중 15곳에 불과하고, 다른 23곳은 장소를 새롭게 해석하여 지명을 기재하고 있다. 이는 지명의 번역에서 마테

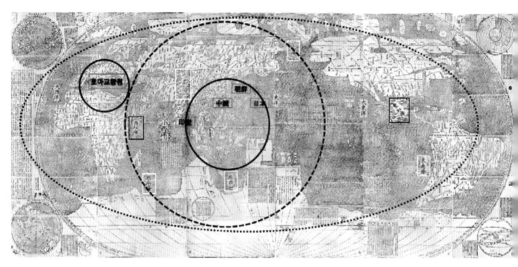

〈그림 12〉 해양 방위 지명에 나타난 중국 중심 세계의 표상

오리치가 구성하려고 한 세계의 표상과 관련이 있음을 의미한다.〈그림 12〉는 해양 지명에서 방위를 이용한 위치 속성을 지닌 지명의 위치를『곤여만국전도』에 나타낸 것이다.

지도에서 '대서양大西洋'-'대동양大東洋', '소서양小西洋-소동양小東洋', '서남해西南海-동남해東南海', '서홍해西紅海'-'동홍해東紅海'는 실제 위치에서도 방위상 대칭관계에 있음을 보인다. 이들 지명에서 구대륙이 묘사된 지도의 좌측에 기재된 지명들은 오르텔리우스 지도의 속성을 이용하여 의역한 지명들이 주로 분포하고 있는 반면에 우측에 기재된 오르텔리우스 지도에 기재되어 있지 않았던 지명들이어서 주목을 끈다. 또한 남반구에 '남해南海' 지명을 기존에 북극에 있던 '북해北海' 지명과 새롭게 기입함으로써 의도적인 대칭 관계를 형성하고 있다.

이와 같은 방위 지명의 위치는 해양 지명을 이용하여 세계의 표상을 재구성하려는 마테오리치의 의도가 반영되어 있다. 즉 이들 방위 지명을 바탕으로 상대적으로 형성된 중심 위치는 세계의 중심일 수 있다는 것이다. 해양 지명을 이용하여 나타난 세계의 표상을 보면 중국이 중심에 위치한다. 북으로는 '북해北海'와 남으로는 '남해南海'가 있고 서로는 '소서양小西洋'-'서남해西南海'-'대서양大西洋', 동으로는 '소동양小東洋'-'동남해東南海'-'대동양大東洋'으로 단계적으로 확대된다. 이들 지명을 이용하여 중국은 새로운 천하天下인 세계世界의 중심임을 지도에 표현한 것이다.

한편 지중해 일대에도 방위 지명이 기재되어 있다. 이탈리아의 북동부의 아드리아해를 '상해上海'로 하고 지명이 기재되어 있지 않은 남서부 연안을 '하해下海'로 명명하였다. '하해下海'는 남쪽의 현재 티레니아해에 해당되나 오르텔리우스 지도에서 지명은 표기되어 있지 않다. 지도에서 로마를 '리마羅馬'로 표기하고 주기로 "이 지방을 교화하는 왕은 결혼하지 않고 오로지 천주天主의 가르침을 행한다. 구라파 제국이 모두 종주로 삼는다"를 기재하여 유럽 세계의 중심임을 나타내고 있다. 이곳에서 이탈리아를 중심으로 방위 지명을 기재한 것은 마테오리치의 또 다른 의도를 보여준다. 앞의 지명들이 대부분 중국을 중심으로 하는 지명인데 반하여 '상해'와 '하해'는 교황청이 위치한 로마를 중심으로 명명된 지명이다. 이는 카톨릭의 중심인 로마의 교황청도 중국과 함께 또 하나의 중심이 될 수 있음을 표현한 것이다.

5. 요약 및 결론

본 글은 『곤여만국전도』(1602)에 수록된 자연지명과 해양 지명을 대상으로 이전에 제작된 유럽지도와의 비교를 통해 지명의 번역과정을 분석하여, 마테오리치가 구성한 세계의 표상을 확인하고자 하였다. 지도에 수록된 1,134개의 지명 중 산지, 하천, 해안·섬 지명을 이용하여 대륙의 지리를, 해양 지명을 통해 세계 표상의 구성 내용을 파악하였다.

지도의 지명을 번역하는 과정을 보면 마테오리치는 기존 유럽 지도의 내용을 등가성 원칙에 의해 번역한 것이 아니라 중국인들이 쉽게 읽을 수 있도록 새롭게 지도를 제작하는 차원에서 내용을 구성하였다. 기존의 내용을 바탕으로 하되, 지나치게 상세한 지리정보와 지명은 생략하는 대신 새로운 내용을 첨가하였다. 또한 지명의 의역意譯을 통해 지리적인 내용을 전달하고자 하였으며 주기로서 장소의 내용을 담았다.

유럽 대륙을 그리면서 중국과의 교류 관계를 설명하고 이곳이 천주 세계의 중심임을 전달하였다. 유럽에서 중심은 로마 가톨릭 교황청이 있는 이탈리아이며, 이를 해양 지명의 구성을 통해 보여주었다. 유럽이 동쪽과 아시아의 서쪽이 접하는 지금의 이스라엘 일대를 예수가 태어난 성지聖地로 표현함으로써 아시아도 천주 세계의 영향 범위 안에 있을 수 있음을 암시하였다.

아시아의 표현에서는 번역 지명과 동아시아 고유의 지명을 함께 기재함으로써 중화 세계와 직방 바깥의 세계가 공존할 수 있음을 보여 주었다. 중국과 외부 세계의 경계를 산지로 구분함으로써 중화세계의 범위를 간접적으로 표현하고 있다. '대명일통大明一統'을 대륙 지명과 동일한 글자체로 표기함으로써 중국 대륙의 위상을 나타냈다. 동쪽 바다에 '대명해大明海'를 기재하고, 태평양에 '소동양小東洋'-'대동양大東洋'을 기재함으로써 중화 세계가 외연으로 확대할 수 있다는 가능성을 보여 주었다. 아프리카와 신대륙에는 'Saint'의 의미를 담고 있는 지명을 '선仙'으로 음역하여 기재함으로써, 유럽 국가가 확장되면서 신대륙이 로마 가톨릭의 범위에 속한 땅임을 보여주었다.

마테오리치가 구성하고자 한 세계의 표상은 해양 지명의 번역에서 잘 나타난다. 구대륙에 기재되었던 해양 지명을 바탕으로 방위상 대칭관계로 새로운 지명을 구성하면서 중국이 세계의 중심이며, 동시에 교황청이 있는 로마도 서구 세계의 중심임을 보여주었다. 이를 통해 세계는 중국과 로마를 중심으로 구성되어 동양과 서양 세계가 공존할 수 있음을 설득한 것이다. 또한 태평양의 해양 지명을 재구성함으로써 이곳이 중화의 무대가 될 수 있음을 중국인들에게 유혹한 것이다.

마테오리치는 지명뿐만 아니라 지도의 구성 요소를 최대한 활용하였다. 지도에 유럽 지도와는 다르게 충분히 여백을 남겨 둠으로써 보는 이에게 생각의 여백을 유도하였다, 지도 크기를 사람 키 이상의 높이로 된 병풍으로 만들어 중국인들이 서서 보게끔 하였다. 그리고 '대명일통大明一統' 글자를 시선이 가장 편안하게 닿는 곳에 각인해 놓고, 마테오리치와 천주교 신자였던 중국인들이 쓴 발문은 허리를 숙여 보게 하였다.

마태리치의 지도 제작은 번역(translation)에서 시작되었다. 번역은 어떤 언어로 쓰인 글을 다른 언어로 된 상응하는 의미의 글로 전달하는 행위이다. 그러나 제작 목적이 단순한 지리 정보의 전달이 아니라 중국인들에게 천주관에 입각한 세계를 보여주고 설득하는 것이었기 때문에 등가等價의 번역차원을 뛰어 넘을 수밖에 없었다. 그는 이를 위해 지명 번역이 아니라 지명 맥락의 재구성을 시도한 것이다. 따라서 이 지도는 번역의 결과물이라기보다는 새롭게 제작한 수준의 지도로도 평가될 수 있다. 『곤여만국전도』가 설득과 소통의 능력을 보여주는 최고의 지도로 평가받는 이유는 이 때문이다.

지도는 관념 세계와 현실 세계를 연결하는 무대이며, 지명은 무대의 구성 요소 역할을 한다. 마테오리치는 유럽 지도의 지명을 중국 어법으로 번역하여 『곤여만국전도』에 담았으며 이를 통해 세계를 재구성하여 보여주었다. 중국인들에게 관념의 세계에만 있던 직방 바깥의 세계가 지명을 통해 재구성되어 현실의 장소로 다가온 것이다. 그 '장소성'은 예수회 선교사인 마테오리치에 의해 만들어진 것이다.

참고문헌

국토지리정보원(2008), 『외국 고지도에 표현된 우리나라 지도 변천과정 연구』

김기혁(2007), 「우리나라 고지도의 연구 동향과 과제」, 『한국지역지리학회지』 13(3), 301-320.

_____(2005), 「마테오리치의 『곤여만국전도』 연구(1)」, 『지리학논총』 45, 141-163.

_____(2013), 「『황여전람도』 조선도의 모본母本 지도 형태 연구」, 한국고지도 연구학회, 춘계학술대회발표논문집.

김양선(1965), 「한국 고지도 연구(초)」, 숭대 10, 62-68, 숭실대학교,(1972, 매산국학산고, 1, 215-252 숭실대학교 박물관에 재수록).

나상역 역(2009), 『노나카의 지식경영』, 21세기북스』.

노정식(1982), 「한국 고세계 지도의 특색과 이에 대한 외래적 영향에 관한 연구」, 『대구교육대학 논문집』, 18. 21-52.

동북아역사재단(2012), 『국토의 표상-한국고지도집-』.

박성래(1983), 「마테오리치와 한국의 서양과학 수용」, 『동아연구』 3, 27-49.

배우성(2000), 「서구식 세계지도의 조선적 해석」, 『한국과학사학회지』 22(1), 51-79, 한국과학사학회.

소현수(1996), 『마테오리치-동양과 서양의 정중한 만남-』, 서강대학교 출판부.

오상학(2001), 「조선시대의 세계지도와 세계인식」, 서울대학교 박사학위논문.

이 찬(1971), 「한국의 고세계지도에 관한 연구」, 문교부학술연구논문.

장보웅(1976), 「리마두利瑪竇의 세계지도에 관한 연구」, 『동국사학』, 13. 85-118. 동국대학교 사학회.

허우긍(2011), 「지도와 사회」, 대동여지도150주년 기념 종합학술대회 논문집.

히라카와 스케이로(1997), 『마테오리치-동서문명 교류의 인문학 서사시-』(노영희역(2002), 동아시아).

『中國古代地圖集』全三卷(戰國-元, 明代, 淸大), 1994, 文物出版社, 北京.

『中華古地圖珍品選集』, 1998, 中國測地科學硏究院編纂.

Baddley, J. F(1917), Father Matteo Ricci's Chinese World-maps, 1584-1608, Geographical Journal, 51(4), 254-270.

Bernard, Henri(1935), Matteo Ricci's Scientific Contribution to China, Hyperion Press.

Giles, Lionel, M. A., and Litt, D(1918), Translation from the Chinese world map of Father Ricci, Geographcal Journal 52(6).

Ledyard, G(1994), Cartography in Korea, in Harley, J. B. The History of Cartography, vol 2.2, The University of Chicago Press.

Needam, Joseph(1961), Science and Civilization in China, Cambridge Press(이석호 외 역(1986), 中國의 科學과 文明, 1-3, 을유문화사).

Schopenhauer, Arthur, Die Welt als Wille und Vorstellung(권기철 역(2008), 의지와 표상으로서의 세계, 동서문화사).

Spence, Jonathan D(1983), The Memory Place of Matteo Ricci(주원준 역(2002), 마테오리치, 기억의 궁전, 이산).

Whitfield, Peter(1994), The Image of the World-20 Centuries of World Maps-, The British Library, London.

Yee, Cordell D. K(1994), Traditional Chinese cartography and the myth of westernization, in Harley, J. B. The History of Cartography, vol 2.2, The University of Chicago Press.

미국 의회도서관 http://ww.loc.gov

일본 교토대학 도서관 http://www3.kulib.kyoto-u.ac.jp/index-e.html

실학박물관의 봉선사/규장각본 『곤여만국전도』 복원기

정기준 | 서울대학교 명예교수/대한민국학술원 회원

1. 프롤로그

이 글은 한국 전쟁의 와중(1951년)에 소실된 봉선사奉先寺 장본藏本 『곤여만국전도』가, 2011년 실학박물관에 의하여, 사진 한 장으로부터 8폭 병풍으로 복원되기까지의 과정을 설명하는 복원기復元記. 그 복원의 시도는, 소실된 봉선사 장본 『곤여만국전도』의 고해상도 사진 한 장이 서울대학교 규장각에서 확인되면서 시작된다.

2. 봉선사장본『곤여만국전도』와 규장각의 사진 한 장

『곤여만국전도』의 한 판본板本이 봉선사에 보관되어 있었다는 것과 그것이 한국전쟁 중에 소실되었다는 것은 널리 알려진 사실이다. 그리고 소실 전에 그『곤여만국전도』를 본 인사들은 하나같이 그 판본의 우수성을 증언해 주고 있기 때문에, 그 소실에 대한 아쉬움은 컸다.

필자는 고지도 전문연구가는 아니지만『곤여만국전도』에 관심을 가지고, 그 내용을 판독해보고 싶은 생각에 여러 가지로 판독가능한 판본을 국내외로 수소문하던 중에 서울대학교 규장각이 소장하고 있는『곤여만국전도』를 열람하게 되었다. 그러나 그것은 실물이 아니라 한 장짜리 사진이었다. 8폭의 병풍을 한 장의 사진으로 찍은 것이니, 판독은 아예 불가능해 보였다.

이 사진『곤여만국전도』는 이미 그 존재가 비교적 널리 알려지고 소개되어 있었지만, 그 사진의 내력은 규장각 내외에 전혀 알려진 것이 없었다. 그리고 사진이 워낙 흐려 보였기 때문에, 그 사진에 찍힌 8폭 병풍 실물『곤여만국전도』의 내용을 그 사진에서 판독하는 것은 아무도 시도해보지 않았던듯하다.

판독가능한『곤여만국전도』판본을 구하는 데 어려움을 겪던 나는, 그 사진이라도 자세히 검토해 보리라는 생각에서, 고배율의 확대경으로 사진을 들여다보고 놀랐다. 모든 글자와 그림이 판독 가능했다. 보관상태가 매우 좋은 피사체被寫體를 고해상도를 유지할 수 있게 찍은 사진이었기 때문이다.

나는 이 사실을 확인한 후, 이 사진의 피사체가 소실된 봉선사장본奉先寺藏本『곤여만국전도』라는 것을 증명하는 글을, "규장각재생본奎章閣再生本『곤여만국전도坤輿萬國全圖』(2010)의 원본原本은 옛 봉선사장본奉先寺藏本이다"라는 제목으로, 2011년『규장각』38호에 실었다. 아래에 이를 간추려 소개한다.

3. 규장각 사진의 피사체가 봉선사장본『곤여만국전도』라는 사실의 증명

1) 규장각의『곤여만국전도』

나는『곤여만국전도』를 본격적으로 판독해 보고 싶은 생각으로, 그 실물에 접근해 볼 마음을 먹었다. 그리하여 서울대학교에도 한 부가 소장되어있다는 이야기를 듣고, 규장각을 찾았다. 규장각의 도서를 검색하여보니 과연『곤여만국전도』가 있었다. 그러나 그것은 A4 용지 2장을 가로로 길게 늘인 모양(정확하게는 29×62cm)의 오래된 사진 한 장뿐이었다. 그러나 귀중품 대접을 받고 있었다. 8폭의 병풍인『곤여만국전도』를 찍은 이 사진을 확대경으로 자세히 보니, 그 병풍은 숙종무자추구월肅宗戊子秋九月(1708년 9월)에 우리나라에서 만든 모사본模寫本이었다. 당시 영의정인 최석정崔錫鼎의 발문跋文도 붙어 있었다. 그러나 사진의 글자가 작아서 그 사진을 판독한다는 것은 불가능한 일이었다. 그 사진의 내력의 설명도 찾을 수 없었다. 다만, 서울대학교 박물관에 또 하나의 『곤여만국전도』가 있음을 확인할 수 있었다.

2) 서울대학교 박물관의 『곤여만국전도』

서울대학교박물관소장 『곤여만국전도』의 실물은 이미 "보물"로 지적된 물건으로 접근이 쉽지 않았다. 그러나 어렵사리 높은 해상도의 사본을 얻어 검토해 보니, 규장각의 『곤여만국전도』의 사진과 같지 않았다. 역시 숙종 때 만든 모사본이지만, 규장각본 보다 한 달 앞선 무자추구월戊子秋八月(1708년 8월)에 만든 것으로 되어 있었다. 똑같은 최석정의 발문이 있고, 8폭으로 되어 있었지만 형태와 배열이 달랐다. 규장각본은 리마두의 장문의 총서總序와 "論地球比九重天之星遠且大幾何"가 첫 폭이고, 최석정의 발문이 마지막 폭인데 반하여, 박물관본은 총서만 첫 폭이고, "論…幾何"와 최석정의 발문이 마지막 폭이다. 박물관본은 훼손도 심했다.

3) 또 하나의 숙종모사본肅宗模寫本 : 일본 대판大阪 북촌방 랑장본北村芳郎藏本

나는 서울대학교 화학과 임종태林宗台 교수(과학사 전공)를 통해서 황시감黃時鑒/공영안龔纓晏의 『리마두세계지도연구利瑪竇世界地圖研究』(2004, 상해)라는 훌륭한 연구서가 있음을 알게 되었다. 이 책은 그야말로, 리마두 세계지도의 종합연구서로서, 여러 판본版本의 현존 상황도 세계적으로 조사하여 설명해주고 있었다. 거기에는 서울대학교박물관본도 잘 소개되어 있었다. 그리고 숙종 모사본으로 1951년 전쟁으로 소실된 봉선사본奉先寺本과 일본에 현존하는 또 하나의 판본을 소개하고 있었다. 그러나 규장각본에 관해서는 언급이 없었다. 남아있는 것이 사진 한 장뿐이니 당연했다.

일본에 현존하는 또 하나의 숙종 모사본이란, 대판大阪의 북촌방랑장본北村芳郎藏本으로 이는 규장각 사진본과 같이 1708년 9월에 만들어진 것이었다. 그러나 우선 폭 수가 10폭이다. 위의 연구서에 실린 사진을 보면 첫 폭과 마지막 폭은 규장각본과 똑같다. 그러나 지도 본체를 8폭으로 늘였기 때문에 구도 자체가 달랐다.

4) 규장각본의 원본이 봉선사본일지 모른다는 의심

나는 규장각사진본을 여러 번에 걸쳐서 자세히 검토하였다. 그리고 검토하면 할수록 그 품질의 우수성에 압도되었다. 그 품질이란, 사진으로서의 품질과, 지도 작품으로서의 품질 모두에 해당한다. 사진으로서의 품질이 우수하기 때문에 현재의 전자기술로 정밀스캔한다면, 모든 글자가 판독될 수 있을 것 같았다. 규장각 노태돈盧泰敦 원장에 건의하여 이 일을 실현하였다. 결과는 기대 이상이었다. 이제는 이를 8폭 병풍으로 재생해도 볼만한 물건이 될 수 있을 것 같았다. 이 건의 역시 받아들여졌다. 그 결과 역시 기대이상이었다. 이 재생본은 현재 규장각의 주요 일반 전시물이 되고 있으며, "규장각본 『곤여만국전도』(2010)"이라고 불러도 손색이 없을 정도의 물건이 되었다.

규장각본 『곤여만국전도』의 내용과 제작에 쏟은 정성을 보면, 박물관본과는 작품으로서 비교할 수 없을 만큼 우수하다. 나는 이 규장각본이야말로 숙종의 어명御命으로 제작하여 숙종에게 바친 "어람용御覽用"이라고 생각했다.

그렇다면 그렇게 중요한 어람용의 원본은 어떻게 되었기에, 규장

각에는 사진만 남아있다는 말인가? 나는 그 원본이 불타버린 봉선사
장본奉先寺藏本일 것이라는 강한 심증을 가지게 되었다. 그러나 그 믿
음을 뒷받침해 줄 강력한 증거, 소위 "이성적 의심의 여지가 없는 증
거"가 있는가?

5) "규장각본 『곤여만국전도』의 원본이 봉선사본이라는 증거" 추적과정

(1) 봉선사 방문

봉선사에『곤여만국전도』가 있었다는 것은 김양선金良善 선생이나
이찬李燦 교수의 글에 자세히 기술되어 있다. 그러면 봉선사는 어떤
절인가? 경기도 남양주시 광릉수목원 안에 있는 봉선사는 세조世祖의
원찰願剎이다. 이처럼 궁宮과 연고가 깊은 사찰이기 때문에 숙종의 귀
중한『곤여만국전도』의 보관처가 되기에 충분했다. 그러나 한국전쟁
중에 봉선사는 건물과 유물을 깡그리 잃었다. 현재의 건물은 모두 다
시 지은 것이다.

나는 2010년 여름, 봉선사와 연고가 있는 고려대학교의 이재창李載
昌 교수와 함께 봉선사를 방문하기로 했다. 규장각본『곤여만국전도』
사진 한 장을 휴대했다. 사진을 자세히 보면, 8폭 병풍을 네 폭씩 둘
로 갈라서, 똑같은 자리에 놓고 따로 찍은 다음 이어 붙였다. 찍은 장
소는 그리 크지 않은 건물의 툇마루인데, 아마도 「곤여도」의 손상을
막기 위해서, 밑에 멍석 같은 것을 깔고, 그 위에 병풍 네 폭을 세워
놓았다. 병풍 뒤에는 한식韓式 문의 창살과, 기둥의 주련柱聯이 보인다.
그 주련柱聯의 첫 글자는 눈 "설雪"자가 또렷하다. 사진에는 그 "설雪"
자가 좌우에 두 개 있는데, 이는 같은 자리에서 찍은 두 사진을 이어
붙였기 때문이지 그런 주련이 둘 있는 것은 아니다.

나는 휴대한 사진을 봉선사 월운月雲 큰스님에게 보였다. 월운스님
은 한국전쟁 발발 이전에 스님이 된 분으로 봉선사 주지, 동국대학교
역경원譯經院 원장院長을 역임한 분이다. 사진을 본 월운스님은, "내가
중이 된 것은 6·25 이전이나 그때 봉선사에 있지는 않았기 때문에 불
타기 전의 모습은 모르며, 건물을 식별할 수 있는 사진도 남아있는
것은 없다"고 확인하면서, "봉선사에 전해오는 이야기에 의하면, 「곤
여도」는 일제시대에 총독부總督府의 요청으로 일시 반출된 일이 있다
고 들었는데, 이 사진을 보니 그 「곤여도」는 봉선사영정각奉先寺影幀閣
에 보관되어 오다가 반출할 때 그 건물 앞에 세워놓고 찍은 듯하다"
고 말하였다. 즉, 사진은 그 「곤여도」가 맞는 것 같고, 배경은 영정각
일 것이라는 것이다. 그러나 그것은 월운스님의 심증일 뿐 물증은 없
었다.

(2) 「규장각도서한국본종합목록」의 『곤여만국전도』 항의 내용

봉선사를 다녀온 후에, 나는 『규장각도서한국본종합목록』에 기재
되어 있는 『곤여만국전도』 항을 다시 검토해 보았다. 그 내용은 다음
과 같다.

[湯若望(獨)作] [年紀未詳]/1枚 寧眞版 29×62cm

本文中：萬曆壬寅(萬曆30年 1602 宣祖35年)/序：戊子秋九月(1708 肅宗34年)

(奎)25289

여기서 '탕약망湯若望(獨)作'이라고 한 것은 최석정崔錫鼎의 발문跋文에 그렇게 되어있는 것을 그대로 인용한 것일 뿐, 사실이 그러한 것은 아니다. 이 내용 중에서 주목할 표현은 사진의 성격을 설명하는 "영진판寧眞版"이란 표현이다. "영진판" 또는 "영진寧眞"이란 숙어는 사전에서 찾을 수 없었다. 그러면 그 뜻은 무엇일까? 출가한 여자가 친정부모를 찾아뵙는 일을 영친寧親이라고 하는데서 알 수 있듯이, "영寧"은, "문안드리다, 찾아뵙다" 등의 뜻이 있다. 『한자원류자전』(2007, 북경)에 의하면, "영寧"은 "귀歸"의 뜻이 있고, "진眞"은 "유정본留正本"의 뜻이 있는 것으로 설명되어 있다. 그러므로 영진판은, "피사체被寫體의 보관처를 직접 방문하여 그 곳에서 찍은 사진"이란 뜻일 것으로 추측된다. 그리고 이 사진이 정성스럽게 상자에 따로 보관되고, "규장각 도서"의 고유번호, (規奎)25289를 가지고 있을 정도의 귀중품 대접을 받고 있다는 것은, 그 피사체가 얼마나 중요한 물건인지를 짐작하게 한다.

(3) 1932년 『조선고지도전관목록朝鮮古地圖展觀目錄』

봉선사본「곤여도」즉『곤여만국전도』를 본 일이 있다는 생존인물은 아직 찾지 못했다. 이를 확실히 본 분은 고 김양선 선생이고, 고 이찬 교수도 이를 보지는 못한 듯하다. 그러나 그는 나에게 중요한 단서를 주었다. 그의 대저『한국의 고지도』에서, 그는 정상기鄭尙驥의「팔도도八道圖」를 이야기하는 중에, 그「팔도도」에 대한 언급이 1932년 경성제국대학의『조선고지도전관목록』에 나와 있다고 소개하고 있는 것이다. 나는 이 구절을 보고 눈이 번쩍 뜨였다. 그런「목록」이 있

다면 거기에는 분명히 『곤여만국전도』가 언급되어 있을 것이기 때문
이다.

나는 그 목록을 규장각에서 찾아보았다. 없었다. 그러나 그것을 서
울대학교중앙도서관의 고문서 속에서 찾을 수 있었다. 그 목록은 총
37페이지짜리로, 전관지도展觀地圖 120점에 대한 간단한 해설을 실었
는데, 내가 찾던 『곤여만국전도』는 77 및 78번째에 소개되어 있었다.
그 목록 가운데서 우리의 관심사항을 뽑아보면 다음과 같다.

표지:

「朝鮮古地圖展觀目錄」

京城帝國大學

昭和七年十月十五日開學式記念

序:

本學開學式을 擧行함에 맞추어 朝鮮古地圖類를 展列하여 널리 江湖에 紹介하게
되었다. …

昭和七年十月十五日

京城帝國大學附屬圖書館長

본문:

七七　坤輿萬國全圖　　　利瑪竇　　　　　　　　奉先寺藏

寫彩色　　　一隻　　　170 × 494 cm

明의 萬曆12年(朝鮮 宣祖17年, 日本 天正12年, 西紀1584年)伊太利人利瑪竇
(Matteo Ricci 西紀1552年生) 廣東省肇慶府에서, 西洋從來의 世界地圖와 달리, 中國
을 地圖의 中央에 位置시키고, 中國語로 飜譯改刻했다. 이것이 곧 「坤輿萬國全圖」
로 되는데, 그 後 南京 및 北京에서 再刻을 거듭했다. 京都 및 東北 兩帝國大學所藏
의 地圖는 그 第三版인데, 이 地圖에서 보는 것과 같은 珍奇한 動物, 船舶 등의 그

림이 없고, 처음으로 北京古宮博物館所藏의 「坤輿萬國全圖」에서는 그 그림이 보인
다. 이 地圖는 아마도 이와 같은 種類의 地圖를 模寫하고 崔錫鼎의 序文을 加한 다
음, 또 六帖을 八帖으로 바꾼 것임에 틀림없다.

七八   坤輿萬國全圖   利瑪竇   本學藏
寫彩色   一隻   170 × 533 cm
이 地圖는 前揭奉先寺藏本과 전혀 同一種의 寫本이다. 또는 그 模寫本일까.

이 목록을 근거로 하여 우리는 다음 사실을 확인할 수 있다.
(1) 칠칠七七 봉선사장본奉先寺藏本의 설명은 규장각사진본의 내용
    과 완전히 부합한다.
(2) 칠팔七八 본학장본本學藏本은 현재의 서울대학교박물관본이다
    (나는 박물관본이 1928년부터 경성대학장본京城大學藏本으로 된 것을 박물
    관에서 직접 확인하였다).
(3) 그 둘이 모두 소화昭和 7년(1932년) 경성제국대학 개학식 기념전
    관에, 즉 개교기념일 행사의 일환인 기념전람회에 출품되었다.
(4) 전관행사주관은 당시 규장각도서를 관장했던 경성제국대학
    부속도서관이었다.

6) 확인 및 정리

나는 이상의 추적과정으로 규장각본『곤여만국전도』의 원본이 봉
선사본奉先寺本이라는 증거, "이성적 의심의 여지가 없는 증거"(evidence
beyond reasonable doubt)가 얻어졌다고 본다. 위의 모든 증거를 종합한 나의
시나리오는 다음과 같이 정리될 수 있다.

(1) 경성제국대학 부속도서관은 1932년 제국대학 개교기념행사의

하나로 조선고지도전관행사朝鮮古地圖展觀行事를 가지기로 방침을
세우고 기관 및 개인 소장의 고지도 120점을 수집하였다.

(2) 『곤여만국전도』 1척隻은 1928년부터 이미 경성제국대학이 소장
하고 있었으나 훼손이 심했고, 이미 우수한 품질이 알려져 있
던 봉선사장본奉先寺藏本의 『곤여만국전도』를 동시에 전시하기
를 원했다.

(3) 그러나 봉선사는 조선왕실의 원찰願刹이기 때문에, 경성제국대
학은 봉선사의 반출허가에, 조선총독부의 도움을 받았다.

(4) 허가를 받은 경성제국대학 부속도서관은, 반출과정에 우수한
사진기와 사진사를 대동하여, 봉선사의 영정각影幀閣 앞에서 『곤
여만국전도』 병풍의 고해상도 사진을 촬영하였다.

(5) 경성제국대학 부속도서관은, 그 사진을 "규장각도서"의 하나로
분류하여 귀중품으로 영구보존하게 되었다(규장각도서는 이미
1928년과 1930년 사이에 3차에 걸쳐서 동 도서관으로 이관되어 있었다).

(6) 경성제국대학이 해체되고 모든 자산이 서울대학교로 이관되
면서, 이 사진 역시 규장각도서의 하나로 이관되었고, 1992년
규장각이 도서관으로부터 독립하면서, 그 사진 역시 서울대학
교 규장각한국학연구원으로 이관되었다.

(7) 이미 경성제국대학이 소장하고 있던 『곤여만국전도』는 1946년
서울대학교박물관이 발족하면서, 박물관에 이관되어 현재에 이
르고 있다.

(8) 이 사진은 흑백이지만, 봉선사 원본은 채색이었다.

규장각은 이 사진의 중요성을 인식하고, 정밀한 스캔을 통하여, 쉽
게 판독할 수 있는 길을 열었을 뿐 아니라, 실물보다는 약간 작게, 8
폭 병풍으로 재생하여, 이를 규장각 주 전시장에서 전시하였다.

4. 실학박물관의『곤여만국전도』복원

실학박물관에서는 2011년 8월 30일에 봉선사/규장각본『곤여만국전도』를 디지털로 복원하였고 9월 30일 '곤여만국전도, 세계와 우주를 그리다' 특별전에 맞추어 공개하였다. 복원과정을 소개하면 다음과 같다.

1) 복원계획의 확정 및 일정

(1) 복원방침의 확정
이 봉선사/규장각본『곤여만국전도』는 조선의 실학 발전과정에서 핵심적인 중요성을 가진 것이지만 사진 소유자인 규장각의 재생품은 초보적인 복원에 불과한 것임을 알게 된 실학박물관은, 그 본격적인 복원이 의미 있는 사업임을 인식하고, 그 복원에 관심을 갖게 되었다.

(2) 복원계획의 진행
이『곤여만국전도』복원을 위해 2011년 1월 25일에 자문회의가 개최되었다. 이 자문회의에 김시업(실학박물관장), 안병직(초대 실학박물관장), 정기준(서울대 명예교수)과 김성환(학예팀장), 정성희(팀원)가 참석하여 복원 사업에 관한 회의를 진행하였다. 이 회의에서 결정된 사항은 다음과 같다.

○ 복원 자문팀 구성(정기준, 송영배, 양보경 교수)
○ 실무 지원(김성환, 정성희)
○ 복원과 함께 특별전 개최

구체적인 복원을 위해 2011년 3월 10일 김시업 실학박물관장과 실무자인 정성희(학예팀원)가 서울대학교 규장각한국학연구원을 방문하여 노태돈 원장을 만나, 봉선사/규장각본『곤여만국전도』의 복원과 복제를 허락해 줄 것을 요청하였던바, 노태돈 원장은 이 요청을 흔쾌히 받아들이고, 규장각의 1차 복원된 디지털 이미지도 제공하였다(참석자 : 노태돈 소장, 박숙희 규장각한국학연구소 팀장, 김시업 실학박물관장, 정성희 실학박물관 학예팀원).

(3) 복원연구 팀 구성

2011년 5월 1일 복원 프로젝트 연구팀이 구성되었다. 구성은 다음과 같다.

> 정기준(서울대 경제학과 명예교수)
> 송영배(서울대 철학과 명예교수)
> 양보경(성신여대 지리학과교수)
> 정성희(실학박물관 학예팀원)

(4) 복원을 위한 회의

2011년 6월 30일에 복원을 위한 회의가 개최되었다. 참석자는 다음과 같다.

> 참석자 : 정기준, 송영배, 양보경, 김시업, 김성환, 정성희

이 회의에서 기본적인 복원원칙을 논의하였다.

2) 구체적 복원과정

복원작업은 전문 복원업체에 의뢰하고, 수시로 복원연구팀이 작

업을 지시하였다. 구체적인 작업 내용은 다음과 같다.

(1) 마모된 글자의 복원

잘못된 글자, 마모된 글자는 무리하게 복원하지 않는다는 원칙을 세웠다. 잘못된 글자는 1602년판부터 비롯된 것도 있다. 지도 가장자리에, '六十六度三十分'을 '六十三度三十分'으로 했다든지, "黃赤二道錯行"圖에 '穀雨/處暑'와 '小滿/大暑'의 위치가 바뀐 것은 1602년판부터의 잘못이고, "總論橫度里分"표의 설명에 '六十分爲一度'를 '六分爲一度'로 한 것은 봉선사본의 과오다. 이들을 모두 그대로 두었다. 다만 마모된 글자의 경우, 1602년의 북경판이 가장 완벽한 판본임을 고려하여, 그 현존본인 미네소타본과 교토대본을 토대로 마모된 글자의 복원작업을 진행하였다. 복원에는 디지털 기술이 최대한 활용되었다.

(2) 탈색과 채색

염료의 산화과정이 일정하지 않기 때문에, 사진에서 산맥에 사용한 염료는 과다하게 흑화黑化되어 있다. 가능하면 복원과정에서 이를 탈색하는 것이 바람직하다. 봉선사장奉先寺藏 원본이 색채가 있었다는 것은 흑백사진에서도 농담의 차이에서 확인할 수 있다. 그러나 어떤 색이었는가의 문제가 있다. 이 문제는 서울대학교박물관에서 보물본의 정밀칼라사진을 제공받아 해결할 수 있었다. 채색은 가능한 한 엷게 하여, 원본의 이미지를 살리려 노력하였다.

(3) 극심한 훼손 부분

염료의 산화과정으로 일부 그림은 완전히 흑화黑化된 경우가 있다. 일월식도日月蝕圖와 황적이도착행도黃赤二道錯行圖가 그것이다. 이 둘에 대하여는 과감한 조치를 취하였다. 즉 이 흑화된 부분을 제거하고, 그 자리에 경도대본의 그림을 디지털기술로 이식한 것이다. 이는 복원의 원칙이란 면에서 보면 문제가 될 수 있으나, 제거된 부분이 아무런 정보가치도 없었음을 감안하면, 용인될 수 있는 일이라고 본다. 다른 부분에는 그런 일이 없었다.

3) 복원 완료 및 관련 행사

복원된『곤여만국전도』의 병풍제작은 2011년 8월 30일에 완료되었다. 그리고 실학박물관의 특별전 "곤여만국전도, 세계와 우주를 그리다"가 2011년 9월 30일부터 2012년 2월 말까지 개최되었다. 또 2011년 10월 28일에는, 학술회의 "마테오 리치의『곤여만국전도』와 조선후기의 세계관"이 개최되었다.

4)『곤여만국전도』복원본의 봉선사 기증

2011년 9월 30일, 특별전 개막행사에는 봉선사의 월운 큰스님도 참석하였는데, 이 자리에서 8폭 병풍의『곤여만국전도』복원본을 하나 더 제작하여 봉선사에 기증하는 것이 좋겠다는 의견이 실학박물관에 의해 채택되었다. 그리하여 기증을 위한 병풍이 2011년 12월 9일 제작 완료되었다.

복원된 봉선사/규장각본『곤여만국전도』의 기증식은 2012년 3월 27일 남양주시의 봉선사 현장에서 있었다. 봉선사장본『곤여만국전도』가 1951년 소실된 지 61년 만에 복원품을 소장하게 된데 대하여 봉선사의 월운 큰 스님과 주지 스님을 비롯한 많은 스님들이 감격해 하였다. 이 기증식에는 실학박물관의 김시업 관장, 안병직 초대관장 및 복원관련 인사들을 비롯하여, 실학박물관의 상급기관인 경기도의 김문수 지사, 실학박물관/봉선사 소재시인 남양주시의 시장을 비롯한 다수 인사들도 참석하였다.

5. 복원된 『곤여만국전도』와 다른 판본들과의 비교

『곤여만국전도』는 1602년 북경본이 원본이고, 1603년에는 「양의현람도」라는 이름으로 북경에서 다시 판각되었다. 조선에서 숙종때 모사된 『곤여만국전도』는 소실된 봉선사장본奉先寺藏本을 포함하여 셋이 알려져 있고, 현전하는 것은 둘이다. 하나는 서울대학교박물관소장본이며, 또 하나는 일본 대판大阪의 북촌방랑소장본北村芳郎所藏本이다. 이들을 비교하면 다음 표와 같다.

1602년 북경판 『곤여만국전도』와 구별되는 세 숙종판의 공통적인 특징은 이것이 숙종의 명에 의하여 모사되었고, 영의정 최석정의 발문이 들어있다는 점이다. 발문의 내용은 세 판이 동일하나 박물관본은, 그의 문집인 『명곡집明谷集』의 것처럼 1자가 더 많다("有自(有)不可率爾卜破耆"의 괄호 안의 "有"). 다만 일자日字가 다른데, 이를 제작일로 본다면, 박물관본의 제작이 다른 둘보다 빠르다.

	북경원본	봉선사/규장각본	서울대 박물관본	일본북촌본	양의현람도
제작연월	1602	1708.9	1708.8	1708.9	1603
폭 수	6폭	8폭	8폭	10폭	8폭
예수회 표지	없음	3개 있음	없음	3개 있음	있음
위선(횡선)	있음	있음	없음	있음	있음
리마두총설	첫폭 우전단	첫폭 위	첫폭 전체	첫폭 위	첫폭
논지구...기하	끝폭 좌중간	첫폭 아래	끝폭 우전단	첫폭 아래	끝폭
최석정 발문	-	끝폭 전체	끝폭 왼쪽	끝폭 전체	-
구중천도/천지의	첫폭 우상/하단	첫폭 상하단	첫폭 상하단	독립된 첫폭	첫/끝폭 위
북/남 반구도	끝폭 상/하단	끝폭 상하단	끝폭 상하단	독립된 끝폭	첫/끝폭 아래
동물선박그림	없음	있음	있음	있음	없음
보관상태	-	고해상도사진	비교적 훼손	비교적 양호	비교적 양호
채색	무채색	원본채색/사진흑백	채색	채색(추정)	무채색
내용신뢰도 순위	1	3	4	정보없음	2

세 판의 형식은 조금씩 서로 다르다. 박물관본보다 1개월 후에 제작된 봉선사/규장각본과 북촌본北村本은, 전자의 첫 폭이 후자의 첫 별폭別幅과 끝 별폭이 서로 똑같다. 다만 후자는 지도부분을 2폭 더 늘여 총 8폭으로 함으로써, 구중천도九重天圖/천구의天球儀, 그리고 북/남반구도北/南半球圖가 여유 있게 자리잡을 수 있도록 구도를 잡았다.

이 셋 가운데 어람용御覽用으로 가장 정성들여 만든 것이 규장각본임은 의심의 여지가 없다. 규장각본과 박물관본의 세세한 부분의 비교를 통해서도 알 수 있고, 규장각본의 모본母本이 소장되어 있던 봉선사가 왕실의 원찰願刹이라는 점에서도 이 사실이 뒷받침된다.

여러 판본 중 내용이 가장 충실한 것은 1602년 북경판이다(현존하는 1602년판 중에 경도대학본과 미네소타대학본은 온라인 상에서 자유롭게 검색할 수 있다). 리마두가 정성 들여 직접 감독하여 제작한 것이 분명하다. 1603년 북경에서 판각된 「양의현람도兩儀玄覽圖」는 구중천도九重天圖를 십일중천도十一重天圖로 바꾸는 등 내용의 변화가 있다. 그러나 기본 내용은 그대로다. 「양의현람도」 역시 리마두의 감독 하에서 만들어졌을 것이지만 소홀하게 처리된 부분이 있다.

숙종 모사본의 모본母本은 1602년 북경 목판본에 채색을 더하고 나아가서 공백에 동물과 선박의 그림을 그려 넣은 이른바 회입본繪入本이다. 봉선사/규장각본은 숙종의 어명을 받들어 조선 최고의 엘리트들이 제작에 참여했을 터이지만, 내용에 대한 이해가 부족하기 때문에, 그리고 판독의 오류 때문에 저지른 잘못이 있다. 서울대학교 박물관본은 "연습으로" 만들었다고 밖에는 볼 수 없는 단순한 오류들이 많다. 이처럼 내용의 신뢰도에 "순위"를 매길 수 있었던 것은 리마두가 보여주는 천문지리의 정보를 그가 사용한 방법을 복원하여 점검할 수 있었기 때문이다(이 책의 필자의 논문 참조).

6. 『곤여만국전도』지도본신地圖本身의 공통적 특징

1) 지도본신의 특징

⑴ 도법圖法 : 지도의 전체 모습은 남북 양극간의 거리를 1변으로 하는 정사각형을 가운데에 배치하고, 그 좌우에 양변의 중점을 중심으로 하는 반원을 첨가하여, 지도의 중횡선中橫線인 적도는 그 길이가 남북극을 잇는 종직선의 2배가 되도록 했다. 지도의 투영법으로 말하면, 일종의 편의적 도법이다.

⑵ 경선經線 : 현행의 지도와 똑같이, 적도에서 양극까지 90도로 나눈 위선緯線을 10도 간격으로 그려 넣었다. 이 위선들은 모두 직선이며, 간격이 같다.

⑶ 위선緯線 : 전체 360도인 적도를 10도 간격으로 나누어, 경선經線 즉 자오선子午線을 그려 넣었다. 경선간의 간격은 적도에서 가장 넓고, 양극으로 갈수록 좁아져서, 곡선을 그리게 된다. 곡률 曲率은 중심에서 가장 작아서, 남북극을 잇는 직선이 되며, 중심 에서 좌우로 멀어질수록 커져서, 좌우 가장자리는 반원이 된다. 경선의 값은 동쪽으로 갈수록 커지게 되어있다.

⑷ 경도經度 0도인 본초자오선本初子午線 : 본초자오선은 당시, 아프 리카 서쪽에 있는 "복도福島"를 지나는 자오선이었다. 그런데 북 경의 경도는, 당시 리마두의 개념으로, 130도 정도였다. 지상의 어떤 지점이든지 그 위치를 경선과 위선으로 일의적으로 나타 낼 수 있다는 생각은 동아시아에서는 없었다. 그리고 이 리마 두의 소개에도 불구하고, 동아시아에서는 그것이 쉽게 수용되 지 못하였다.

⑸ 중국의 위치 : 중국인의 정서를 감안해야했던 리마두는, 중국 즉 "대명일통大明一統"을 지도의 가운데에 놓이게 하기 위하여,

본초자오선의 위치를 지도 왼쪽 가장자리에서 10도 떨어진 경
선이 되도록 지도의 구도를 잡았다. 그러므로 지도의 좌우 가
장자리는 모두 경도 350도의 경선이 된다. 서양식 세계지도에
서 중국을 중심에 놓는 구도는 리마두의 지도가 처음이다.

(6) 아메리카 대륙의 최초 소개 : 동아시아에 아메리카대륙의 존재
를 최초로 소개하였다. 미네소타대학은 리마두의 지도가 아메
리카대륙을 동아시아에 소개한 최초의 세계지도라는 점을 중
시하여, 2009년에 1602년 목판인쇄본 『곤여만국전도』를 1백만
달러에 사들였다. 이 금액은 고지도 거래사상 두 번째의 고가
라고 한다.

(7) 엄청나게 큰 "미확인 남방대륙南方大陸"을 "메갈라니카/마젤라
니카"라는 이름으로 그려 넣었다.

2) 『곤여만국전도』의 우주관의 특징

(1) 천지는 모두 구체球體로 천구天球인 하늘과 지구地球인 땅은 서
로 상응한다.

(2) 우주는 부동不動의 지구를 중심으로 하는 9겹의 동심구同心球
즉 구중천九重天의 구조를 가진다. 이 구중천은 각기 지구를 중
심으로 하는 독립적인 공전公轉 운동을 한다. 그러나 가장 빠른
종동천宗動天은 모든 중천重天들을 대동하고 하루에 한 바퀴씩
공전한다.

(3) 천세天勢에 따라 지구地球 상에서는 기후대氣候帶가 나누어진다.

(4) 지세地勢에 따라 오대주五大州가 나누어진다.

(5) 천지天地의 상응 때문에, 극고도極高度는 위도緯度와 같다.

(6) 같은 위도緯度에서는 계절이 같고, 주야장晝夜長이 같다. 리마두
는 지도의 가장자리에, 위도 5도 간격으로, 하지와 동지의 하주

장하주장長夏晝長/동야장冬夜長 등의 수치를 계산하여 제시하고 있다. 그리고 극지방에 대해서는 장주장長晝長과 장야장長夜長의 수치를 제시하고 있다.

(7) 같은 경도經度에서는 시간이 같고, 시간차는 경도차經度差로 설명된다.

7. 『곤여만국전도』 복원판의 최석정 발문

최석정의 발문은 "서양건상곤여도이병총서西洋乾象坤輿圖二屏總序"란 제목이 붙어있다. 건상도와 곤여도 둘을 각각 병풍으로 만들고, 그 둘에 대한 발문을 함께 쓴 것이다. 곤여도가 바로『곤여만국전도』다. 여기에 그 내용 전체를 싣는다. 이 글이 "숙종판肅宗版의 백미白眉"이기 때문이다.

【원문】

西洋乾象坤輿圖二屏總序

皇明崇禎初年, 西洋人湯若望作『乾象坤輿圖』, 作八帖, 爲屏子, 印本傳於東方. 上之三十四年春, 書雲監進『乾象』屏子, 上命繼模『坤輿圖』以進. 蓋本監舊有『天象分野圖』石本, 而以北極爲中央, 赤道以北纏度無差, 赤道以南纏度宜漸窄而反加濶, 與上玄本體不侔. 今西士爲二圓圈平分天體, 一則以北極爲中, 一則以南極爲中, 以天漢爲無數小星, 列宿中煤參換置. 此與石本不同, 而却得天象之眞面矣. 坤輿圖則古今圖子非一揆, 而皆以平面爲地方, 以中國聲敎所及爲外界. 今西士之說, 以地球爲主. 其言曰: 天圓地亦圓, 所謂地方者, 坤道主靜, 其德方云爾. 仍以一大圓圈爲體, 南北加細彎綫, 東西爲橫直線. 就地球上下四方, 分佈萬國名目. 中國九州在近北界亞細亞地面, 其說宏濶矯誕, 涉於無稽不經.

然其學術傳授有自, 不可率而卞破者, 姑當存之, 以廣異聞. 噫! 『乾象圖』有崇禎戊
辰字, 『坤輿圖』有大明一統字, 而睠焉. 中朝世運嬗變, 禹封周曆非復舊觀, 志士忠臣匪
風下泉之思, 庸有旣乎. 臣於是重有感焉, 模寫裝屛旣訖, 略識於左方空幅云.

歲次戊子(1708년)秋九月 日大匡輔國崇祿大夫議政府領議政兼
領 經筵, 弘文館, 藝文館, 春秋館, 觀象監事, 世子師臣崔錫鼎拜手謹跋
監董官通訓大夫前觀象監正臣李國華
通訓大夫前觀象監正臣柳遇昌

【번역】

황명 숭정 초년에 서양인 탕약망湯若望은 건상곤여도乾象坤輿圖를 그리고 나서
이를 팔첩병자로 만들었는데, 이 인본印本이 우리 동방에 전해졌사옵니다. 상 34년
봄, 서운관書雲監이 「건상도乾象圖」 병자屛子를 올리니, 상께서 명하시기를 「곤여도
坤輿圖」도 계속 모사하여 올리도록 하셨사옵니다.

본감에는 예로부터 「천상분야도天象分野圖」 석본石本이 있사온데, 북극北極이 중
앙이옵니다. 이 석본의 적도赤道이북은 전도纏度가 무차無差하나, 적도이남의 전도
는 의당 점점 좁아져야 함에도 불구하고, 반대로 점점 넓어져서, 상현上玄 본체와
맞지 않사옵니다.

이제 서사西士 탕약망은 두 원권圓圈으로 천체天體를 평분하여, 하나는 북극으
로 중심을 삼고, 하나는 남극南極으로 중심을 삼아, 천한天漢에는 무수한 소성小星
을 그렸사옵니다. 그리고, 열숙列宿 중에는 자성觜星과 참성參星을 환치換置하였사
옵니다. 이 천상도天象圖는 석본과 같지 않사오나, 오히려 천상天象의 진면眞面을 얻
었다고 할 것이옵니다.

곤여도坤輿圖는 고금의 지도가 같지 않사옵니다. 옛 지도는 모두 평면에 모습
이 지地가 방方하게 그렸고, 중국의 성교聲敎가 미치는 곳을 외계로 삼고 있사옵니
다. 이제 서사西士의 설은, 땅이 구球라고 주장하면서, 말하기를, "천天이 원圓하고
지地도 원圓하다. 소위, 지地가 방方하다는 말은 곤도坤道가 주정主靜하고, 그 덕德이

방方하다는 말이다"라 하고 있사옵니다.

그리고 하나의 큰 원권圓圈으로 체體를 삼고, 남북으로 세만선細彎綫을 가加하고, 동서로는 횡직선橫直線을 그려 놓았사옵니다. 그리고 나서는, 둥근 지구의 상하 사방에 만국萬國의 명목名目을 분포分佈하고, 중국의 구주九州는 북계北界 가까이의 아세아亞細亞 지면地面에 있다고 하니, 그 설은 굉활교탄宏闊矯誕하고, 무계불경無稽不經하다고 아니할 수 없사옵니다.

그러나 그 학술이 전傳해주는 바는, 스스로 경솔히 변파할 수 없는 무엇을 가지고 있으니, 우선은 마땅히 보존하여, 그 새로운 견문을 널리 알릴 필요가 있다고 생각되옵니다.

아아! 슬픈 일이옵니다. 건상도乾象圖에는 "숭정무진崇禎戊辰"이란 글자가 있고, 곤여도坤輿圖에는 "대명일통大明一統"이란 글자가 있어 신의 감회를 일깨우옵니다. 중조中朝의 세운世運이 선변嬗變하여, 우봉禹封과 주력周曆이 다시는 구관舊觀을 회복할 수 없게 되었으니, 지사志士와 충신이 비풍匪風, 하천下泉의 생각을 가지는 것이 어찌 지나간 일로 치부할 수 있겠사옵니까? 신은 이에 거듭 감회를 느끼옵니다.

장병裝屏의 모사가 이제 끝났으므로, 좌방左方의 공폭空幅에 약지略識하나이다.

歲次戊子(1708년)秋九月 日大匡輔國崇祿大夫議政府領議政兼
領 經筵,弘文館,藝文館,春秋館,觀象監事,   世子師臣崔錫鼎拜手謹跋
監董官通訓大夫前觀象監正臣李國華
通訓大夫前觀象監正臣柳遇昌

주) 관상감觀象監의 명목상의 수장首長은 영사領事(정일품)이고, 실질적인 수장은 정正(정삼품)이다. 그러나 영관상감사領觀象監事는 영의정領議政이 예겸例兼하게 되어 있었다.

찾아보기

차

카

타

파

필자소개(집필순)

송영배 ㅣ 서울대학교 명예교수
정기준 ㅣ 서울대학교 명예교수/대한민국학술원 회원
양보경 ㅣ 성신여대 사회과학대학 지리학과 교수
양우뢰 ㅣ 중국 항주 절강대학교 교수
김기혁 ㅣ 부산대학교 사범대학 지리교육과 교수

마테오 리치의 곤여만국전도와 조선후기의 세계관 값 16,000원

초판 인쇄	2013년 11월 22일
초판 발행	2013년 11월 29일
엮 은 이	경기문화재단 실학박물관
	472-871 경기도 남양주시 조안면 다산로 747길 16
펴 낸 이	한정희
펴 낸 곳	경인문화사
편 집	신학태 송인선 김지선 문영주 조연경
주 소	서울특별시 마포구 마포동 324-3
전 화	02)718 - 4831~2
팩 스	02)703 - 9711
홈페이지	http://kyungin.mkstudy.com
E-mail	kyunginp@chol.com
등록번호	제10-18호(1973. 11. 8)

ISBN : 978-89-499-0996-7 (93910)
ⓒ 2013, Kyung-in Publishing Co, Printed in Korea